aruco
オーストラリア
Australia

こんどの旅行も、みんなと同じ、お決まりコース？

「みんな行くみたいだから」「なんだか人気ありそうだから」
とりあえず押さえとこ。そんな旅もアリだけど……
でも、ホントにそれだけで、いいのかな？

やっと取れたお休みだもん。
どうせなら、みんなとはちょっと違う、
とっておきの旅にしたくない？

『aruco』は、そんなあなたの
「プチぼうけん」ごころを応援します！

★女子スタッフ内でヒミツにしておきたかったマル秘スポットや穴場のお店を、
　思い切って、もりもり紹介しちゃいます！

★観ておかなきゃやっぱり後悔するテッパン観光名所 etc. は、
　みんなより一枚ウワテの楽しみ方を教えちゃいます！

★「オーストラリアでこんなコトしてきたんだよ♪」
　帰国後、トモダチに自慢できる体験がいっぱいです

そう、オーストラリアでは、
もっともっと、
新たな驚きや感動が
私たちを待っている！

さあ、"私だけのオーストラリア"を見つけに
プチぼうけんにでかけよう！

> arucoには、
> あなたのプチぼうけんをサポートする
> ミニ情報をいっぱい散りばめてあります。

本誌で紹介した人気のツアーは内容を一覧スケジュールにわかりやすくまとめました☆

知っておくと理解が深まる情報、アドバイスetc.をわかりやすくカンタンにまとめてあります☆

女子ならではの旅アイテムや、トラブル回避のための情報もしっかりカバー☆

右ページのはみだしには編集部から、左ページのはみだしには旅好き女子のみなさんからのクチコミネタを掲載しています☆

クランダ鉄道＆スカイレールの旅
TOTAL 8時間半
オススメ時間 9:00～17:30　予算 $190

初めてならツアーがラクチン＆バリュー
効率よく回るならホテル送迎もあるツアーが便利で料金もおトク。往路でスカイレール、復路で鉄道と両方楽しめちゃう。

プチぼうけんプランには、予算や所要時間の目安、アドバイスなどをわかりやすくまとめています☆

■発行後の情報の更新と訂正について
発行後に変更された掲載情報は「地球の歩き方」ホームページ「更新・訂正情報」で可能なかぎり案内しています（ホテル、レストラン料金の変更などは除く）。ご旅行の前にお役立てください。
URL book.arukikata.co.jp/support/

物件データのマーク

- 🏠 … 住所
- ☎ … 電話番号
- 📞 … 日本での問い合わせ先
- 🕐 … 営業時間、開館時間
- 休 … 休日（祝日は省略）
  ※マークのない物件は定休日なし
- 料 … 料金（入場料、予算など）
- Card … クレジットカード
  A：アメリカン・エキスプレス、
  D：ダイナース、J：ジェーシービー、
  M：マスター、V：ビザ
- 予 … 予約の必要性
- 日 … 日本語メニューあり
- 📖 … 日本語会話OK
- 交 … 交通アクセス
- URL … URL
- ✉ … E-Mailアドレス

別冊MAPのおもなマーク

- 🔴 …… 見どころ、観光スポット
- Ⓢ …… ショップ
- Ⓡ …… レストラン
- Ⓑ …… ビューティスポット、スパ
- Ⓒ …… カフェ
- Ⓗ …… ホテル

本書は正確な情報の掲載に努めていますが、ご旅行の際は必ず現地で最新情報をご確認ください。また、掲載情報による損失などの責任を弊社は負いかねますのでご了承ください。

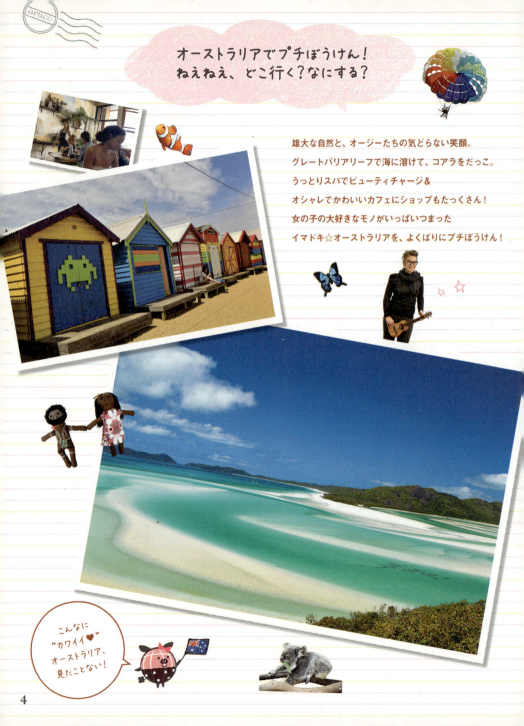

オーストラリアでプチぼうけん！
ねえねえ、どこ行く？なにする？

雄大な自然と、オージーたちの気どらない笑顔。
グレートバリアリーフで海に溶けて、コアラをだっこ。
うっとりスパでビューティチャージ＆
オシャレでかわいいカフェにショップもたっくさん！
女の子の大好きなモノがいっぱいつまった
イマドキ☆オーストラリアを、よくばりにプチぼうけん！

こんなに
"カワイイ♥"
オーストラリア、
見たことない！

世界遺産の自然や街で、スペシャルな体験しちゃお☆

透き通るキラキラの海に広がるサンゴ。
グレートバリアリーフでサカナ気分♡
P.24 P.50 →

上空から眺めるハートリーフは
LOVE運アップのおまじない！
P.42 →

オーストラリアの世界遺産 aruco的ナビ！

ケアンズのレインフォレストで
原始時代の地球にタイムトリップ！
P.60 →

恐竜と同じ景色を目撃?!
ゴンドワナ多雨林をトレッキング
P.112 →

ウルル（エアーズロック）の雄大で
息をのむような赤い大地に言葉を失う
P.22 →

やっぱりコレをバックに写真をパチリ！
シドニーのアイコン、オペラハウス
P.126 P.128 →

ユーカリの香りの青い空気に
包まれる、ブルーマウンテンズ
P.144 →

メルボルンの街の中心に佇む
王立展示館
P.150 →

定番中の定番だけど、やっぱコレ！
コアラをだっこでハイ、チーズ☆ P.30

世界最大級の気球に乗ってふわり。
空中さんぽは朝焼けが最高！ P.64

どこまでも続く海岸線と奇岩が
織りなす美しい自然の風景を体感！ P.166

アドレナリン最高潮！
スリル満点のアクティビティに挑戦☆ P.62

スコーンにフルーツ、アサートン
高原は地元グルメの宝庫！ P.58

やりたいことも
食べたいものも
買いたいものも
たくさんすぎ！

体重計とはしばらくオサラバ！
オーストラリアはおいしいものだらけ♡

メルボルンはカフェの街
お気に入りのカフェ見つけよ P.154

彩りもサービスもピカイチ☆
モダンオーストラリアンをワインと堪能！ P.130

わお！コレがあのお肉……？
ブッシュタッカーディナー！ P.82

もう、お財布と相談するヒマなし！
帰りの荷物、入らないかも!?

もうカバンいっぱい！

何足でも買って帰りたい！
本場メイドのアグブーツ♡
P.32
P.70

週末マーケットでローカル
アーティストの作品発掘♪
P.80
P.142

ひと足お先にキレイ☆
注目のオーガニックコスメ
P.76

最旬おしゃれスポット、
パディントン＆サリーヒルズ
P.136
P.138

小さな街にカワイイがぎっしり☆
メルボルンはショッピングヘブン！
P.158

赤い大地にたたずむオアシス
「セイルズ・イン・ザ・デザート・ホテル」
P.104

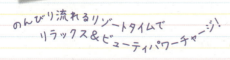
のんびり流れるリゾートタイムで
リラックス＆ビューティパワーチャージ！

オシャレなバイロンベイで
オトナのゆるリゾート♡
P.114

どこにしようかしら？

ハートリーフを見るなら
ハミルトン島で極上ステイ♪
P.44

7

Contents

aruco オーストラリア

- 10 ざっくり知りたい！オーストラリア基本情報
- 12 aruco オススメのオーストラリアぼうけん都市はココ！
- 14 ケアンズ＆ウルル 4泊7日 aruco的究極プラン
- 16 ケアンズ＋1都市周遊アレンジプラン
- 18 エリア＆テーマ別 オーストラリア☆アクティビティNAVI

21 オーストラリアの大地を100％満喫できる プチぼうけん！

- 22 ①刻々と表情を変える真っ赤な大地 ウルル（エアーズロック）のサンライズ＆サンセット！
- 24 ②グレートバリアリーフに浮かぶサンゴでできた楽園！ ゴージャスなミコマスケイ・クルーズへ
- 26 ③絶景★鉄道とスカイレールのプチトリップ！ 世界遺産の森にあるマーケット村クランダへ
- 30 ④オーストラリアに来たらやっぱり撮りたい！ キュートなコアラとハイ、チーズ♥
- 32 ⑤「どこで買ったの？」って言われたい！ 世界にひとつのマイUGG（アグ）ブーツづくり☆
- 34 ⑥ブライトン・ビーチ VS ボンダイ・ビーチ オーストラリアで一番のおしゃれビーチはここ！
- 36 ⑦キーワードはローカル＆オーガニック シドニーのオシャレ最旬グルメシーンへ！
- 38 ⑧ハミルトン島へのプチトリップ ハートリーフとホワイトヘブンビーチへ！
- 46 Plus! ここはドルフィンアイランド♥ モートン島で野生のイルカに餌付けしちゃお！

ケアンズ 47 グレートバリアリーフ＆熱帯雨林、ふたつの世界遺産を満喫！

- 48 世界遺産の海・グリーン島を7時間で遊びつくせ！
- 50 アウターリーフのポントゥーンでアクティビティざんまい
- 52 ズータスティック5 VS どきどき動物探険ツアー
- 54 固有種がいっぱい！オーストラリア動物図鑑
- 56 パロネラさんの夢の世界、パロネラパークへようこそ♡
- 58 アサートン高原の厳選グルメをイッキにつまみぐい☆
- 60 世界最古の熱帯雨林へようこそ☆
- 62 アドレナリン系アクティビティで興奮度マックス！
- 64 世界最大級の気球に乗って感動のサンライズビュー！
- 66 ケアンズの街なかでショッピング＆アートめぐり♪
- 68 買って帰ろ☆オーストラリアの注目ブランド
- 70 本場のアグブーツ、どれにする？
- 72 ローカルメイドのちょっといいもの
- 74 夜までOKのスーパーマーケット探険☆
- 76 オーストラリアのマストバイコスメたち
- 80 ラスティーズ・マーケット VS サンデーマーケット
- 82 オーストラリアのブッシュタッカーディナー
- 84 ケアンズのとっておきレストラン
- 86 ケアンズのナイス☆カフェ8軒

 アクティビティ 見どころ おさんぽ グルメ ショッピング  ビューティ 泊る 情報

一度は行きたい！ 赤い大地のアボリジニの聖地

- 90 ウルル＆カタ・ジュタ絶景☆フライト！
- 92 ウルルベースウォークを歩いてみよう☆
- 94 アボリジニってどんな人たち？
- 96 アボリジナル文化を体験してみよう！
- 98 南半球オーストラリアの星座ガイド
- 100 キングスキャニオンのリムウォーク
- 102 ウルル滞在中はエアーズロックリゾートの住人です
- 104 贅沢ステイ、セイルズ・イン・ザ・デザート

解放感120％のビーチリゾートをとことん楽しむ！

- 106 サーファーズパラダイスでショッピング＆グルメを満喫！
- 108 ゴールドコーストで憧れのサーファーデビュー☆
- 110 ゴールドコーストのおいしいレストラン
- 112 世界遺産スプリングブルック国立公園で奇跡の絶景を発見☆
- 114 バイロンベイの休日はローカル気分でのんびりと
- 116 バイロンベイのおいしい＆カワイイ街歩き☆
- 120 快適シーサイドドライブ♪レンタカーでさあLet's Go！

オーストラリアいちの大都会を楽しんじゃお☆

- 124 2階建てバスに乗ってシドニーの見どころをひとめぐり♪
- 126 世界遺産オペラハウスのいろんな楽しみ方、教えます！
- 128 シドニーの絶景をぜーんぶ見に行こう☆
- 130 美食の街シドニーで"おいしい"を食べつくそ☆
- 132 シドニーのパワーブレックファスト☆
- 134 デリシャス＆リーズナブルなディナーを探せ☆
- 136 パディントンへおしゃれパトロール☆
- 138 サリーヒルズでヴィンテージファッションの宝探し☆
- 140 最旬エリアアレクサンドリアへプチトリップ！
- 142 散財カクゴ！シドニーの週末マーケット
- 144 世界遺産ブルーマウンテンズ＆ジェノランケーブを探険☆
- 146 ポートスティーブンスで大自然と遊ぼう‼

ヨーロピアンな趣の古都を歩こう！

- 150 トラムにごとごとゆられて歴史名所をまわってみよう！
- 152 メルボルンのクラシックなアーケードめぐり
- 154 おしゃれカフェとトレンドショップが集う3つの最旬エリアへ
- 160 グルメをうならせる、メルボルンの名店はココ！
- 162 $10前後！メルボルンのチープイート厳選7店！
- 164 メイド・イン・メルボルンを探しに行こ☆
- 166 メルボルンの人気ショートトリップ BEST3

171 安全・快適　旅の基本情報

- 172 おすすめ旅グッズ
- 173 知って楽しい！　オーストラリアの雑学
- 174 オーストラリア入出国かんたんナビ
- 176 空港から市内へ　各都市アクセスガイド
- 178 旅の便利帳
  …お金・クレジットカード／電話／インターネット／電源・電圧／郵便・小包／ショッピング／レストラン／トイレ／マナー／TRS／水／チップ
- 180 旅の安全情報／困ったときのイエローページ
- 186 オーストラリアの歴史かんたんガイド
- 188 インデックス

182 おすすめホテルカタログ

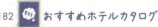

- 88 オーストラリア動物標識コレクション
- 122 バイロンベイ近くのヒーリングスポットへ！
- 148 オーストラリアワッペンコレクション
- 170 オーストラリアのカフェメニュー

旅立つ前にまずチェック！

ざっくり知りたい！オーストラリア基本情報

お金のコト

通貨・レート A$1（オーストラリアドル）＝ 約70円 （2020年4月現在）
オーストラリアの通貨単位はA$（オーストラリアドル）

両替 大きめの都市ならどこでもOK

オーストラリアドルは日本の空港でも取り扱いがあるほか、現地でも日本円からオーストラリアドルへの両替が可能。現地では銀行のほか、街なかの土日や夜間も営業している両替所での両替が便利。手数料やレートはそれぞれ異なるので数軒を比べてみて決めてもいい。

通貨記号 A$（オーストラリアドル）

本書内では$と表記。オーストラリア国内でも$が一般的。

これだけ知っておけば安心だね

チップ 基本的に不要

原則として、日本同様オーストラリアにはチップの習慣はない。ただし高級レストランで食事をした場合は10〜15％のチップを置くのがマナー。また高級ホテルやタクシーで荷物を運んでもらったときも$1〜2硬貨を渡すのがスマート。

物価 日本より高い

【例】🍶（600mL）=$2〜4　🚃=$2.2〜

詳細はP.178

クレジットカード 各地で使用可

ほとんどのところでVISAなどの国際ブランドが使える。ATMからのキャッシングも可。金利には留意を。

ベストシーズン 通年（都市で異なる）

北半球の日本とは季節が真逆になる南半球のオーストラリア。ケアンズのベストシーズンは春〜夏にあたる9〜12月ごろ。この時期ケアンズは晴天が多く、湿気も少なく、水温も泳ぐのに十分。ウルルは暑くなりすぎない4〜6月（秋）、9〜11月（春）がベスト。シドニー＆メルボルンは10〜3月の春・夏も旅行しやすい。

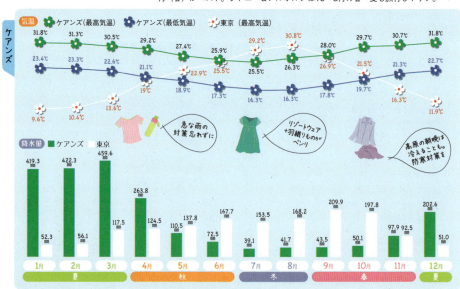

出典：気象庁（東京）、オーストラリア気象庁（オーストラリア）　※気温は月平均値

ハミルトン島の気候はケアンズと似ています。ゴールドコーストとともにベストシーズンは9〜12月ごろ。

日本からの飛行時間
約7時間半〜（東京・大阪→ケアンズ＝約7時間半、東京・大阪→シドニー＝約9時間半、東京→ゴールドコースト・ブリスベン＝約9時間、東京→メルボルン＝約10時間）

時差
+1時間（ケアンズ、ハミルトン島、ゴールドコースト、シドニー、メルボルン）、**+30分**（ウルル）
※シドニー、メルボルンは10月最終日曜から3月第1日曜までサマータイムを実施（日本との時差は+2時間）

ビザ
短期の観光でも必要 詳細はP.175

言語
英語
オージーイングリッシュと呼ばれる独特の言い回しも。

旅行期間
1都市でも最低3泊5日は必要
ケアンズ+1都市を旅するなら4泊以上はほしい。

交通手段
ツアー送迎のバスや市バス、レンタカーが便利
各都市で市バスやタクシーも活用。別冊MAPの交通ガイドをチェックしてね。

フリーペーパーで地元情報をゲット☆
街の情報は現地のフリーペーパーで仕入れるのも◎。『ケアンズリンク』や『リビングインケアンズ』、『日豪プレス』など旅行者にも使える情報がたくさん。日系旅行会社などで手に入る。また、シドニーのロックスにあるビジターセンター（www.sydneyvisitorcentre.com）はあらゆる観光情報が充実。
Map 別冊P.18-A2

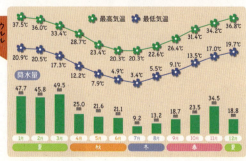

祝祭日&イベント（オーストラリア全土）

1月1日	元旦
1月26日	オーストラリア・デー（建国記念日）
4月1日	イースター・デー
4月2日	グッド・フライデー☆
4月4日	イースター・サンデー☆
4月5日	イースター・マンデー☆
4月25日	アンザック・デー
6月14日	クイーンズ・バースデー（QLD、西オーストラリア州を除く）
10月4日	レイバー・デー☆（2020年は10月5日）
12月25日	クリスマス
12月26日	ボクシング・デー

※日付は2021年の祝祭日。☆がついたものは年によって日が前後するので要注意

オーストラリアの詳しいトラベルインフォメーションは、P.171〜をチェック！

メルボルンの気候はシドニーと似ているけど南に位置するため、シドニーよりもう少し冬は寒い。

arucoオススメの
オーストラリアぼうけん都市はココ！

ひとめでわかる

世界最小の大陸で、世界最大の島、オーストラリア。
一度で全部は欲張れないから、aruco編集部イチオシの楽園都市をご案内。
青い海も、緑の森も、めいっぱい遊びつくそ☆

動物アイランド♡

海と緑！ 大自然を満喫

1 ケアンズ Cairns
海と森、ふたつの世界遺産！
世界遺産

グレートバリアリーフに世界最古の熱帯雨林、大自然の中で思いっきりアクティブなバカンスを過ごせる場所。やっぱココはハズせない！
P.47

2 ハミルトン島 Hamilton Island
ハート♡リーフ見てみたい！
世界遺産

オーストラリア最大級のリゾートアイランドはハートリーフ＆ホワイトヘブンビーチへの玄関口。ラグジュアリーステイも楽しも☆
P.38

I ♥ AUSTRALIA

ダーウィン Darwin

ノーザンテリトリー NT

西オーストラリア州 WA

大自然が創ったアート！

奇岩群ピナクルズ　　ウェーブロック

西オーストラリアの美しい州都

パース Perth

東京から直行便で約10時間。ケアンズから約5時間、シドニーから約5時間、ブリスベンから約5時間半、メルボルンから約4時間

赤く染まる大地！ この絶景は一生モノ

3 ウルル＆カタ・ジュタ Uluru & Kata Tjuṯa
燃えるような大地に感動！
世界遺産

大自然の神秘を見せつけられるような絶景、夕陽に照らされて赤く染まるウルル（エアーズロック）とカタ・ジュタ（オルガ）。一度は見てみたい！
P.89

4 キングスキャニオン Kings Canyon
連なる奇岩は絶景の連続！

オーストラリアのほぼ中心、ウルルからの日帰りトレッキングが人気のキングスキャニオン。どこまでも続く大パノラマの絶景や砂漠のオアシスを歩こ。

P.100

めいっぱいリゾート気分

5 ゴールドコースト Gold Coast
サーファーたちのメッカ！ 世界遺産

世界のサーファーたちを惹きつけてやまないナイスビーチにマリンアクティビティ、世界遺産の森探険までリゾート三昧するならココ！

P.105

6 バイロンベイ Byron Bay
ゆるリラックスな心地よさ

オーストラリア最東端の街、バイロンベイはヒッピームード漂うゆるりとした雰囲気が魅力。気持ちもカラダものびのびリラックスしちゃお。

P.114

ケアンズ近郊MAP

- モスマン（モスマン渓谷）→P.60
  🚗 2時間
- ポートダグラス →P.30,81
  （ワイルドライフ・ハビタット）
  🚗 1時間10分
  🚌 1時間半
- アウターリーフ →P.50
  1.5〜2時間
  ⛴ 1時間
- クランダ →P.26
  🚗 1時間弱
  🚂 1時間45分
- グリーン島 →P.48
  ⛴ 45分
- ケアンズ ★
- アサートン高原 →P.52,58
  🚗 1時間半
  🚗 1時間半〜2時間
- イニスフェイル（パロネラパーク） →P.56

アボリジニカルチャーもね

1 ケアンズ Cairns

2 ハミルトン島 Hamilton Island

クイーンズランド州 QLD

4 キングスキャニオン Kings Canyon

3 ウルル&カタ・ジュタ Uluru & Kata Tjuta

南オーストラリア州 SA

ブリスベン Brisbane

5 ゴールドコースト Gold Coast

6 バイロンベイ Byron Bay

ニューサウスウェールズ州 NSW

アデレード Adelaide

7 シドニー Sydney

ビクトリア州 VIC

キャンベラ Canberra

8 メルボルン Melbourne

タスマニア州 TAS

ホバート Hobart

オシャレに街歩きを楽しむ

7 シドニー Sydney
オーストラリア最大のビッグシティ！ 世界遺産

オーストラリア最大の商業都市シドニー。最旬ショッピングにグルメに世界遺産まで！なんでも欲張りに楽しめちゃう活気あふれるオシャレシティ！

P.123

暮らすように旅したい

8 メルボルン Melbourne
ヨーロピアンな街並みが美しい 世界遺産

"世界で最も住みやすい街"としても有名なビクトリア州の州都メルボルン。文化、グルメ、ショップがたっぷり詰まった美しい街並みは歩くだけでも楽しい☆

P.149

世界遺産の絶景もコアラだっこも！

ケアンズ&ウルル4泊7日 aruco的 究極プラン
（エアーズロック）

青い海、青い空、さわやかな緑、せっかくケアンズに来たんだから、アレもコレも楽しみたい。
さらに一生に一度は行ってみたい、憧れの世界遺産ウルルへも！
よくばり女子も大満足のプランをご紹介。ケアンズ+1都市アレンジ（P.16）もチェック！

2大人気都市へプチぼうけん！

Day 1~2 ケアンズに到着！初日から全開で遊ぼ☆

日本を夜出てケアンズには早朝到着。飛行機の中でたっぷり眠って、朝からGBRの海へ繰り出しちゃお！

早朝 ケアンズ国際空港に到着
バス約20分

6:30 ホテルに到着。荷物を預けてツアー出発準備！

7:00 早朝オープンのカフェ
「ブルー・マリーン・ビストロ」のパンケーキで朝ごはん
朝食はあま〜いパンケーキ！
P.86

8:00 ミコマスケイでグレートバリアリーフ満喫！
P.24 世界遺産
一面のサンゴ！

アレンジのヒント 1 こちらの海プランもおすすめ！
☑ グリーン島エコアドベンチャー P.48
☑ グリーン島&グレートバリアリーフ・アドベンチャー P.50
☑ グリーン島ステイ P.183

17:30 ホテル帰着。部屋にチェックイン

18:30 夕食は「オーカーレストラン」でブッシュタッカーグルメ P.83

Day 3 オージーアニマル&ラフティングで興奮度MAXの1日！ショッピングもね♪

朝から夜まで見どころいっぱいのケアンズ。動物まみれ&ずぶ濡れカクゴのわくわくデー！

9:00 なんでそんなにカワイイの？
オージーアニマルいっぱい！

「ケアンズ・ズーム&ワイルドライフドーム」で
キュートなコアラをだっこしてパチリ！ P.30

アレンジのヒント 2 こちらの動物プランもおすすめ！
☑ クランダ・コアラ・ガーデン P.28, 30
☑ ズータスティック5 P.52
☑ ワイルドライフ・ハビタット P.30

12:30 ランチはオーストラリア名物
ミートパイをぱくり P.87

14:00 アドレナリン全開！
バロン川半日ラフティングツアーへ
解放感ハンパない2時間！ P.62

18:00 「フジイストア」やナイトマーケットで
ブランド&おみやげショッピング P.67, 72
アグブーツ！

P.78
こんなおみやげ買っちゃいました

パパイヤのコスメ $7.95
地元産カカオチョコ $0.80 P.72
カンガルーファーのぬいぐるみ $34.95〜 P.72
アボリジニドール 各$79.95 P.73

14

Day 4 ケアンズ最終日は世界遺産の森をマンキツ！

名残惜しいけど、もうケアンズ最終夜。心残りがないように、めいっぱい満喫しちゃお☆

世界遺産 オーストラリアの世界遺産8つ制覇?!
- ☑ グレートバリアリーフ（ケアンズ）
- ☑ 北クイーンズランドの湿潤熱帯地帯（ケアンズ）
- ☑ ウルル＝カタ・ジュタ国立公園（ウルル＝カタ・ジュタ）
- ☑ シドニー・オペラハウス（シドニー）
- ☑ グレーター・ブルーマウンテンズ地域（シドニー）
- ☑ オーストラリアの囚人遺跡群（シドニーなど）
- ☑ ゴンドワナ多雨林地帯（ゴールドコースト）
- ☑ 王立展示館とカールトン庭園（メルボルン）

4:00 熱気球ツアーで空中散歩 P.64
今日のサンライズは最高！

9:00 絶景クランダ鉄道&スカイレールでヒッピーなクランダの街へ 世界遺産 P.26

アレンジのヒント3 こちらの森プランもおすすめ！
- ☑ アサートン高原グルメツアー P.58
- ☑ 世界遺産モスマン渓谷とポートダグラスツアー P.60

16:00 パロネラパークでロマンチックな最後の夜☆ P.56

アレンジのヒント4 こちらのナイトプランもおすすめ！
- ☑ どきどき動物探険ツアー P.53
- ☑ ナイトファイヤー・バイ・ジャブカイ P.94

Day 5 海の街ケアンズからいよいよ憧れのウルルへ！

出発前にケアンズで腹ごしらえ☆いよいよオーストラリアのアウトバック、ウルルへ！

5:00 早起きして朝ごはんはラスティーズ・マーケットへ！ P.80

7:20 ケアンズ国際空港発

早朝のおいしい一杯淹れるよ！

9:45 エアーズロック（コネラン）空港到着
無料バスで約20分

12:00 エアーズロックリゾートを探険&ランチ P.102

14:00 真っ赤に染まる大地を目撃！ウルルのふもと散策とサンセットツアーへ P.23 世界遺産

ここが赤い大地のアウトバック

18:00 夜は星空の下でサザンスカイBBQディナー！ P.98

Day 6 オーストラリア最終日は赤い大地を思いっきり堪能！

いよいよ旅も最終日。でもやりたいことはたくさん！早起きしてたっぷりウルルを楽しんじゃお。

6:00 ウルルサンライズ&カタ・ジュタツアーへ P.23

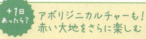

午後 エアーズロック空港から各都市（シドニーなど）乗継で日本へ。翌朝着

+1日あったら？ アボリジニカルチャーも！赤い大地をさらに楽しむ
やりたいことリスト
- ☑ ウルル&カタ・ジュタの遊覧飛行 P.90
- ☑ 絶景キングスキャニオンへのデイトリップ P.100
- ☑ ブッシュタッカーフードを体験！ P.96
- ☑ カタ・ジュタの散策道、風の谷ウォークへ P.91

要チェック！ 乗継地での延泊やウルルからの行程スタートもおすすめ！
上記の行程の場合、DAY6の乗継地であるシドニーやメルボルンで延泊して3都市周遊するのも◎。ケアンズ&ウルルの2都市なら、フライトの乗継を考えると、初日ケアンズ空港からそのまま乗継いでウルルを満喫したあと、ケアンズに滞在し、直行便で帰国するのがより効率的です。

テーマで選ぶ☆

ケアンズ ＋ 1都市 周遊アレンジプラン

せっかくだからもういっちょ!

都市ごとに違う表情があるオーストラリア。せっかくだから、P.14〜のプランと自由に組み合わせてさらなる魅力を探険しちゃお☆

＋ ハミルトン島2泊（計5泊7日）

ハートリーフを見てみたい!

あのハートリーフを見たいならここから。アクティビティ充実のリゾートステイも最高!

Day 1-2
- 9:25 日本からケアンズ乗継でハミルトン島へ到着
  - 無料バスで約10分
- 14:30 日本語ガイダンスのあとホテルにチェックイン
- 16:00 日本語バギー観光で島内をぐるりと一周 P.38
- 17:30 バギーでワンツリーヒルへ。サンセットを見ながらカクテルタイム P.39
- 19:30 夕食は「マリーナ・タバーン」でカジュアルにパブめし♪ P.44

Day 3
- 7:30 「ワイルドライフ」でコアラと一緒に朝食! P.44
- 10:30 世界遺産 ハート型のサンゴ礁群、ハートリーフを上空から眺める憧れの遊覧飛行! P.42
- 13:15 半日ツアーで世界で最も美しい純白のホワイトヘブンビーチへ P.40

ヒルインレットは1日ツアーで♪

- 17:00 ホテル帰着
- 18:00 ハミルトン島最後の夜はロマンチック「ボミーレストラン」でドレスアップディナー P.44

Day 4
- 9:50 ハミルトンアイランド空港からケアンズへ

＋ ゴールドコースト3泊（計6泊8日）

もっとリゾート三昧したい!

ビーチ＆サーファーが青い空によく映えるリゾート＆エンタメシティを遊びつくしちゃお!

Day 5
- 9:00ごろ ケアンズからブリスベン国際空港に到着
  - 電車＆バスで約2時間＋
- 11:00 ホテルにチェックイン
- 11:30 「アグ・シンス1974」で工場見学＆アグブーツオーダー! P.32

1足ずつ手づくり!

- 17:30 世界遺産 スプリングブルック国立公園でツチボタル観賞 P.113
- 22:00 ホテル着

Day 6
- 8:00 ゴールドコーストからレンタカーでバイロンベイへ! P.120
  - 車で約1時間30分
- 10:00 バイロンベイに到着。ビーチや街でのんびり P.114
- 13:00 「ザ・ファーム」でランチ P.115
- 22:00 ホテル着

オーストラリア最東端!

Day 7
- 8:00 サーフィンのメッカで初波乗り! P.108
- 13:30 「ビーチカフェ」でランチ後、サーファーズパラダイスでショッピング! P.107
- 19:30 最後の夜は「ソルト・ミーツ・チーズ」でプチ女子会! P.110

Day 8
- 午前 ゴールドコーストまたはブリスベン発。夜、日本着

＋1日あったら？ モートン島で憧れのイルカにこんにちは!! P.46

キュートなイルカに餌付け!

やりたいことリスト
- ☑ スノーケリングや難破船ダイビング
- ☑ 砂丘すべり ☑ 野生のイルカに餌付け

16

＋ シドニー2泊（計5泊8日）

オーストラリア最大の都市シドニーは観光もショッピングもグルメも楽しめるアクティブな街！

Day 5
- タクシー 約25分 / 9:00ごろ ケアンズ国際空港からシドニー国際空港到着
- 10:00 ホテルに荷物を預けて街へLet's Go!
- 11:45 シドニーのアイコン、世界遺産 オペラハウスへ P.126
- 14:00 ビッグバス・シドニー P.124 バスに乗って、シドニー名所めぐり
- 19:00 ディナーは話題のモダンオーストラリアンレストラン「モノポール」でワインとディナーに舌つづみ P.130

Day 6
- 7:00 早朝出発、ブルーマウンテンズへ 世界遺産
- 10:00 ブルーマウンテンズの絶景ポイント スリーシスターズの青い空気に深呼吸！ P.144
- 12:20 世界最古の鍾乳洞 P.145 ジェノランケーブへ
- 20:00 ホテル着

3億年ぶんの風景だ！

Day 7
- 8:00 「ビルズ」で世界一おいしい?! 朝食をのんびり堪能。ホテルに荷物を預けてチェックアウト P.133
- タクシー 約10分 / 10:00 ブリッジクライムでシドニーハーバーのてっぺんに P.128
- タクシー 約10分 / 13:00 シドニーいちのおしゃれエリア パディントンでショッピング P.136
- 18:00 荷物を整理して空港へ
- 夜 シドニー国際空港発、翌朝日本着

ぜんぶほしい！

＋1日あったら？ エキサイティングでおしゃれなシドニーを遊びつくす！
やりたいことリスト
- ☑ ポートスティーブンスでイルカと遊ぶ！ P.146
- ☑ サリーヒルズで古着＆ヴィンテージショッピング P.138
- ☑ 週末マーケットのハシゴ！ P.142

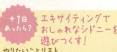

＋ メルボルン2泊（計5泊8日）

徒歩＆トラムでコンパクトに動き回れるメルボルンの街。
暮らしてるような気分で探険しちゃお☆

Day 5
- バスで 約30分 / 10:30ごろ ケアンズ国際空港からメルボルン国際空港到着
- 11:30 ホテルに荷物を預けて街へ！
- トラムで 約15分 / 12:00 オシャレカフェ「セントアリ」でランチ＆周辺ショッピング！ P.156
- 15:00 フィリップ島のペンギンパレード・ツアーへ！ P.169

Day 6
- 8:00 グレートオーシャンロード・ツアーへ出発！ P.166
- 12:30 野生のコアラ＆カラフルな鳥たちに遭遇 トリが来た！
- 13:30 アポロベイで海沿いのんびりランチ
- 14:30 オトウエイ国立公園でプチ温帯雨林トレッキング 空気がおいしい〜
- 16:30 サンセットタイムに「12使徒」に到着！
- 20:00 メルボルン到着。行列のできるレストラン「ミートボール＆ワインバー」でカンパイ☆ P.161

夕暮れは迫力の絶景タイム！

Day 7
- 8:00 「オークションルーム」でモーニング P.154
- トラムで 約15分 / 9:30 メルボルン中心部のアーケードや名所探訪 P.152
- トラムで 約8分 / 13:00 ランチがてらQVマーケットへ P.151
- トラムで 約10分 / 15:00 フィッツロイでショッピングざんまい♡ P.158
- 20:00 ホテルで荷物をピックアップして空港へ
- 深夜 メルボルン国際空港発、翌朝日本着

17

楽園大陸を120%満喫する！

エリア&テーマ別 **オーストラリア★アクティビティNAVI**

「たくさんあって選びきれない！」そんなアナタのために、arucoスタッフが実際に体験したなかからテッパン☆アクティビティを教えちゃいます。ツアー選びの参考にしてね。

arucoスタッフおすすめ 人気ツアー

スタッフ厳選 おすすめアクティビティ Best3

ケアンズ＆グレートバリアリーフ
Cairns & Great Barrier Reef

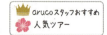

オレたちだけの無人島だ！

Best1 ミコマスケイ・クルーズ

白い砂、青い空、透き通る海！写真みたいな風景がそのまんま目の前に出てくるイメージ通りのグレートバリアリーフツアーがコレ。ミコマスケイではスノーケリングするだけでもダイビング並みにいろんな海の生き物が見られるので、どこか1ヵ所といわれたらゼッタイここがオススメ！

Best2 アサートン高原グルメツアー

このツアーでオーストラリアのグルメに対するイメージが変わりました！こんなにオイシイものだらけだったなんて。地元の人々とのふれあいも◎。

Best3 バロン川半日ラフティング

とにかく楽しい！リピート必至、次回はタリー川ツアーに行きたい。ずぶ濡れになって、アタマもカラッポにするのが気持ちいい！ガイドさんも上手！

ウルル＆カタ・ジュタ
Uluru & Kata Tjuta

キレイ！

Best1 サンライズ＆サンセットツアー

やっぱりテッパン、ウルル来たらこれに参加しなきゃ！実物を目の前にすると、写真で見るのとは違って、感動もMaxです。とくにサンセットがキレイ。

シドニー
Sydney

Best1 世界遺産 ブルーマウンテンズとジェノランケーブ

正直に言います！ブルーマウンテンズよりも、見どころはジェノランケーブです。3億年以上という時間の流れと自然の造形に圧倒されます。

ゴールドコースト
Gold Coast

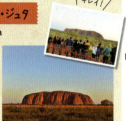

Best1 タンガルーマ・ワイルドドルフィン・リゾート

野生イルカにふれあえるユニークさに一票！やっぱり実物もカワイイんです♡ 昼間も砂丘すべりなどアクティビティたくさんで、飽きるヒマなし！

メルボルン
Melbourne

Best1 グレートオーシャンロード日帰りツアー

日帰りツアーはドライブも長くて辛いかな……と思いましたが、いろんな寄り道があって飽きません。夕刻のロマンチックな12使徒は必見です！

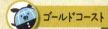

テーマで選ぼ！

ひと目でわかる！オーストラリアの人気ツアーリスト

 ぜんぶやりたい！

ケアンズ＆グレートバリアリーフ

■世界遺産グレートバリアリーフ満喫！

ミコマスケイ・クルーズ 1日
サンゴでできた小さな島・ミコマスケイでスノーケリングやダイビングを楽しめるツアー
P.24
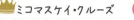

グリーン島エコ・アドベンチャー 1日
日帰りでグレートバリアリーフのグリーン島を楽しむ。島内でのアクティビティも充実
P.48

グリーン島＆グレートバリアリーフ・アドベンチャー 1日
アウターリーフに浮かぶポントゥーンで本格的にグレートバリアリーフの海を楽しむツアー
P.50

■世界遺産の熱帯雨林で遊ぶ！

クランダ観光フリーコース 1日
往復にはクランダ観光鉄道、スカイレールに乗車。熱帯雨林の村クランダを自由に散策
P.26

アサートン高原グルメツアー 1日
ケアンズの台所ともいわれるアサートン高原の農場やレストラン、カフェめぐりツアー
P.58

モスマン渓谷とポートダグラスツアー 1日
モスマン渓谷のボードウォークとリゾート地ポートダグラスのハイライトをめぐるツアー
P.61

ドリームタイム・ゴージ・ウォーク 午前 午後
文化や歴史、動植物などディンツリー国立公園の森についてアボリジニがガイドしてくれる
P.61

バロン川半日ラフティング 午後
熱帯雨林に囲まれたバロン川の急流を、6人乗りのゴムボートで下る約2時間のラフティング
P.62

■動物に会いに行く！

ワイルドライフ・ハビタット 午前 午後
ポートダグラスにある動物園。100種以上の動物を飼育。世界でここだけの鳥ジャビルーも
P.30

ハートリーズ・クロコダイル・アドベンチャーズ 午後
広大な敷地にワニをはじめ、オーストラリアの希少動物が多く暮らす動物園。ワニショーも
P.31
 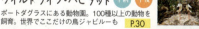

ズータスティック5 午前
コアラなど希少動物5種類に直接ふれられる1日6名限定のスペシャルプライベートツアー
P.53
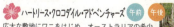 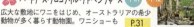 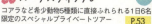

どきどき動物探険ツアー 午後
アサートン高原の動物たちを見るツアー。ハイライトは夕方の野生のカモノハシウォッチング
P.53

ケアンズ・ズーム＆ワイルドライフドーム 午前 午後
ケアンズ中心部にあるドーム内動物園。園内のアスレチックアクティビティのズームも人気
P.30,63

■ケアンズその他

ライトアップ☆パロネラパーク 夜
ホセ・パロネラが造ったロマンチックな夢の城のナイトツアー。イタリアンディナーつき
P.56

熱気球ツアー 午前
世界最大級の気球に乗って、アサートン高原からサンライズを見る。帰国日の朝でも参加OK
P.64

ポートダグラス・サンデーマーケット 午前
ポートダグラスで毎週日曜開催のサンデーマーケットに合わせたケアンズからの往復シャトル
P.81

ナイトファイヤー・バイ・ジャプカイ 夜
アボリジニの炎のセレモニーや音楽ダンスをビュッフェディナーとともに楽しむ夜のツアー
P.94
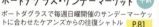

ハミルトン島

ホワイトヘブンビーチ＆ヒルインレット1日ツアー 1日
ホワイトヘブンビーチとヒルインレットを訪れるツアー。展望台へのガイドトレッキングも
P.40

ドリームツアー 午前 午後
ハートリーフとホワイトヘブンビーチの水上ヘリ遊覧飛行。1時間ほどビーチにも立ち寄る
P.42

ウルル＆カタ・ジュタ

ウルルサンライズ＆カタ・ジュタツアー 午前
早朝に出発してウルルのサンライズを見たあと、ふもとのクニヤウォークとカタ・ジュタのウォルパ渓谷を散策
P.22

ウルルふもと散策＆サンセットツアー 午後
午後にウルルふもとのマラウォークを散策したあと、夕暮れの時間に合わせて真っ赤なウルルを鑑賞。絶景！
P.22

セグウェイ・ツアー 午前 午後
ウルル1周12kmをセグウェイに乗ってまわるツアー。ガイド付きプログラムもあり
P.93
 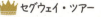

19

ヘリコプター・フライト 午前 午後
ウルル&カタ・ジュタを上空から見下ろすヘリコプター遊覧飛行。15分、30分コースあり P.90

先住民ブッシュフード体験 午後
アボリジニが昔から食べてきたオーストラリア大陸原産の植物を食べてみよう！ 先住民族の知恵に触れる体験 P.96

キャメル・トゥ・サウンド・オブ・サイレンス 午前 午後
リゾート内のキャメルファームで催行。サンライズやサンセットに合わせたツアーもあり P.98

サウンド・オブ・サイレンス・ディナー・エクスペリエンス 夜
ウルルを真正面に望む専用会場でサンセットカクテル＆ディナー。星空観測も楽しめる P.98

サザンスカイBBQディナー 夜
国立公園内でバーベキューディナーを楽しんだあとは、満天の星空のガイドトーク！ P.98

ウルル・ナイトスカイ 夜
南十字星や天の川と一緒に記念撮影！ 満天の星空にまつわるロマンチックな物語に耳を傾けてみて P.99

フィールド・オブ・ライト 午前 午後
ウルルのふもとに広がるフォトジェニックな光の草原。期間限定の5万個のイルミネーション！ P.23

🌸 キングスキャニオン・ウォーク 1日
奇岩が織りなす絶景のキングスキャニオンへの日帰りトレッキング。難易度の低いコースも P.100

ゴールドコースト

👑 タンガルーマ・ワイルドドルフィン・リゾート 1日
イルカとふれあえるモートン島の1泊2日プラン。アクティビティもいろいろ。日帰りツアーも P.46

サーフィン半日レッスン 午前 午後
まったくの初心者でもOKのサーフィンレッスン。3時間程度でボードに立てるように！ P.108

3大マリンスポーツ 午前 午後
ジェットボートライド、パラセイリング、ジェットスキーなどにトライ！ P.108

🌸 スプリングブルックの奇跡 1日
ゴンドワナ大陸時代の名残を残す3種類の多雨林とユーカリの森を歩くエコガイドツアー P.112

🌸 ナチュラルブリッジ・ツチボタルツアー 夜
オーストラリア最大の生息地、スプリングブルックでツチボタルを見るツアー P.113

ゴールドコーストはテーマパークめじろ押し！
海がテーマの「シーワールド」(Map別冊P.13-C1)や映画のテーマパーク「ワーナーブラザーズ・ムービーワールド」(Map別冊P.12-B2)、動物園と絶叫マシン盛りだくさんの「ドリームワールド」(Map別冊P.12-B2)など行きつくせないほどいっぱいです！

思いっきりはしゃぎたい！

シドニー

オペラハウスツアー＆テイスティングプレート 午前 午後
オペラハウスの内部見学ツアーと「オペラキッチン」のテイスティングプレートがセットに P.126

ブリッジクライム 午前 午後
命綱をつけてハーバーブリッジを歩くアトラクション。2時間からOKで時間帯も選べる P.128

👑 ブルーマウンテンズ＆ジェノランケーブツアー 1日
世界遺産ブルーマウンテンズと奇岩スリーシスターズ、世界最古＆最大の鍾乳洞を見るツアー P.144

ポートスティーブンス日帰りツアー 1日
イルカウォッチング、砂丘すべり、動物園、ブリュワリー訪問などエキサイティングなツアー P.146

クルーズ船からシドニーを眺めてみちゃう？
シドニー湾のクルーズもシドニーの定番人気アトラクション。サンセットタイムのカクテルディナーや豪華ディナー＆ショーを楽しむコースなどバリエーションもいろいろ！ ツアー予算や時間帯に合わせて選んでみて。
キャプテンクックルーズ URL www.captaincook.com.au

夜景もショーも楽しめる！

メルボルン

👑 グレートオーシャンロードツアー 1日
美しい海岸線と奇岩の絶景が楽しめるグレートオーシャンロードのみどころを1日ツアーで P.166

ワイナリー・テイスティング・ツアー 午前
メルボルンからほど近いワイン生産地ヤラバレーのワイナリーを訪れる。ワイン好きはぜひ！ P.168

🌸 ペンギンパレード・ツアー 午後
夕暮れに野生のペンギンたちが次々と海からあがってよちよち歩く姿がたまらなくキュート♡ P.169

メルボルンの絶景スポット！
高いところから景色を楽しみたいなら「ユーレカ・スカイデッキ」(P.151)。高さ約300メートルのタワーから突き出たガラス張りのキューブから街を見下ろせる。大きな観覧車「メルボルン・スター」(P.151)もオススメ。ガラス張りの20人乗りキャビンに乗って30分の空中散歩が楽しめます。

街を上から眺めよう！

世界遺産の
海も森も！

オーストラリアの大地を100％満喫できるプチぼうけん！

広い大地に魅力いっぱいのオーストラリアへようこそ！
遥かな時の流れが創り出した大自然と、そこに暮らす動物たち、
ここは見るものすべてがドラマチック。
知ってるようで、まだ知らない、オーストラリアの
ワクワクを探すプチぼうけんに、さあ出発！

LET'S GO！

プチぼうけん① 刻々と表情を変える真っ赤な大地
世界遺産 ウルルのサンライズ＆サンセット！
（エアーズロック）

一生に一度は絶対見てみたい、真っ赤に染まったウルル！平原にぽっかりと浮かぶ神秘的な赤いウルルを見ると、なんとなくここが聖地である理由が実感できちゃうのです。

なぜ夕暮れにウルルが赤く輝くの？
七色の光の中で波長の長い赤がいちばん遠くまで届くから。朝と夕方は太陽の光が斜めから入るので、水分や塵が浮遊する大気の層が一番厚くなり、赤い光だけがウルルを照らすことになるんです。

日没5分前くらいからがシャッターチャンス！

やっぱりハズせない世界遺産！
ウルル＝カタ・ジュタ国立公園
Uluru = Kata Tjuta National Park

Map 別冊P.10 ウルル周辺

☎08-8956-1100 ◎5:00〜21:00（12〜2月。月によって異なる）8:00〜16:30（公園事務所）⑤$25（公園入場料 3日間有効）※2021年1月より$38 URL www.environment.gov.au/parks/uluru
詳細は→P.89

分刻みで色が変わるウルル
サンセットのウルルが一番美しい色に染まるのは、日没の5分前から。そして日没後、まわりの空が深い藍色に染まっていくシーンも見逃せない！

日没5分前 | 5分前 | 日没 | 10分後

ウルルとカタ・ジュタを満喫
ウルルサンライズ＆サンセットツアー
せっかくここまで来たのなら、ぜひともどちらも見たいもの。ちょっとフンパツしてでもサンセット＆サンライズ両方の参加がおすすめる。

★AATキングス ☎02-9028-3555
URL www.aatkings.com.au ✉inbound1@aatkings.com.au ⑤ウルルサンライズとカタ・ジュタツアー$199、ウルルふもと散策とサンセットツアー$189、サンライズとフィールド・オブ・ライト$175

日の出・日の入り時間に注意
ツアーは、日の出・日の入り時間によってスケジュールが変更されます。時間の目安は以下のとおり。

	日の出	日の入
3月	7:00	19:00
6月	7:45	18:00
9月	6:45	18:30
12月	6:15	19:30

22

朝はサンライズ観賞＆カタ・ジュタへ！

バスが着いたら、太陽が昇る前に展望台へ急いで！　赤く染まるウルルの向こうにはカタ・ジュタも見えます。その後はカタ・ジュタのふもとへ移動して、ウォルパ渓谷ウォークを楽しみます。

ウルルサンライズ＆カタ・ジュタツアー

- オススメ時間：日の出90分前
- 予算：$199
- TOTAL 5時間～

冬の朝は冷え込みにも注意！
出発は日の出90分前。夏は5時前、冬でも6時前にエアーズロックリゾート発。

朝食はどうする？
日本から申し込んだツアーであれば、リゾートのほうでお弁当を用意してくれる。現地で申し込んだ場合は、前日にリゾート内のスーパーマーケットでパンなどを買っておこう。現地でお茶やコーヒーのサービスはあり。

1. サンライズ・ビューイングエリアへ
夜明け前にリゾートを出発したバスは一路ビューイングエリアへ。駐車場ではコーヒーや紅茶のサービスも。まずは朝食を食べてから、展望台へ移動！

06:15 Good morning!

2. ウルル
幻想的な色の時間はほんの一瞬。見逃さないで

プチぼうけん 1
ウルルのサンライズ＆サンセット！

SUNRISE 06:30

3. クニヤウォーク＆ウォルパ渓谷へ
まずはウルルのふもとのクニヤウォーク（P.92）へ。ハート型のくぼみを探してみて！　その後カタ・ジュタへ移動して、ウォルパ渓谷を散策。

07:30

/見どころいっぱい

光の草原を散策
フィールド・オブ・ライト

ウルルのふもとに散りばめられた5万個の幻想的なイルミネーション。これはイギリス人の現代美術家ブルース・ムンロのアート作品。2016年に公開されてから2020年で5年目に突入。期間限定の企画なので、お見逃しなく！！早朝発のツアーがおすすめだけど、夕方発のツアーもあります。

電力はソーラー！

夕方からはウルル散策＆サンセットツアー♪

午後早めに出発して、まずはカルチュラルセンターへ。さらにウルルのふもとをさんぽ。サンセットビューポイントでは、シャンパン片手に真っ赤に染まるウルルにカンパイ♡

ウルルのふもと散策とサンセットツアー

- オススメ時間：16:00～19:30
- 予算：$189
- TOTAL 3時間～

温度調節できる重ね着で
日差しがあると暑いけど、強風が吹いたり、太陽が沈むころには肌寒くなることも。

オプションでBBQディナーも
ウルルのサンセットを堪能したあと、カルチュラルセンター近くにある専用のBBQエリアで、満天の星を眺めながら、豪快にBBQディナーが楽しめる「サザンスカイBBQディナー」（P.98）もオプションで参加可能。

1. カルチュラルセンターへ
まずはカルチュラルセンターでアボリジニ文化をのぞいてみよう。トイレもここですませておいて。

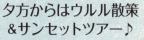
16:15

2. ウルルのふもとに到着。マラウォークを散策
アボリジニの伝説が残る、壁画や水場のある遊歩道（P.92）を散策。トータルで1時間ほど。アボリジニの文化に触れるチャンス。

16:45

3. ウルル・サンセットビューイングエリアへ
日暮れちょっと前にバスはビューイングエリアに到着。スパークリングワインが用意されています。グラス越しにウルルを見ると、逆さまになったウルルが映る！

Good night!
18:15

プチ
ぼうけん 2

世界遺産
グレートバリアリーフに浮かぶサンゴでできた楽園！
ゴージャスなミコマスケイ・クルーズへ

ケアンズの北東43kmに位置するサンゴ礁でできた小島、ミコマスケイ。スノーケリングでもダイビング級に海の世界を楽しめちゃうほどグレートバリアリーフを満喫できる秘密のスポットなのです。

ミコマスケイ・クルーズ

TOTAL
9時間半

オススメ時間 8:00～17:00　予算 $212.5

☀ 日焼け対策はマスト
ミコマスケイには木陰やパラソルなど日差しを遮るものがまったくありません。帽子や日焼け止めなどをお忘れなく！

世界最大のサンゴ礁をひとり占め！

グレートバリアリーフが世界遺産である理由

グレートバリアリーフ(GBR)はオーストラリア大陸の北東部沖に広がるサンゴ礁群。長さなんと2300km！日本列島がすっぽりおさまってしまうほどなのです。ここには約940の小島があり、約2900種のサンゴが生息する場所。固有種も多く、ユニークな生態系で水中生物たちの世界が広がります。

1周360mほどの小島だけど、環境保護のため立ち入りができるのはその1/10のビーチのみ。手つかずの自然を残してるからこそ、美しいサンゴ礁と青い海を楽しめるのです。

Map 別冊P.6-A3

さ、ビーチよ！

ゴージャス 1 ツアー客しか入れない！

ミコマスケイに上陸できるのは、このオーシャンスピリットを含めたった3社のツアーのみ。だから混み合うことがないんです。

島へはビーチバギーで上陸！

大きなビーチタオルを持っていって、ごろりと昼寝もいい感じ♪

オッケー？

ゴージャス 2 ガイドがおもしろい！

とにかくスタッフのフレンドリーさがナイス☆ 笑いの絶えない軽妙な日本語トークで海の注意事項をていねいに説明してくれる。

海のことはオレに任せて！

これだけは持ってきて！
★水着 ★タオル ★日焼け止め
★着替え、パーカーなど羽織りもの
★帽子＆サングラス

24

GBRのパラダイス！
ミコマスケイ・クルーズ
Michaelmas Cay Cruise

ケアンズから船で約2時間。野鳥の楽園としても知られるミコマスケイでの滞在時間は4時間ほど。ダイビングやスノーケリングはもちろん、ビーチでのんびりするのもいい。

★オーシャンスピリット ☎07-4044-9944 URL www.oceanspirit.com.au ✉info@oceanspirit.com.au ⑤$212.5（カタマランヨット往復クルーズ、日本人ガイド、ビュッフェランチ、モーニング＆アフタヌーンティー、スノーケル器材・ライフベスト貸出、半潜水艦、バードウォッチング、リーフタックス） Card A.D.J.M.V. ※体験ダイブ＆ファンダイブ$132（機材、スーツレンタル込） ※ケアンズ市内のホテル送迎$29

ケアンズ プチぼうけん 2

ゴージャスなミコマスケイ・クルーズへ

ゴージャス 5 船上での絶品ランチ！

ランチはビュッフェスタイル。エビやチキン、サラダまでボリューム満点！おやつにケーキ、帰港間際にはシャンパンのサービスもあり！

シャンパンどうぞ！

定期的に砂浜と船を往復しているビーチバギーに乗って、カタマラン船でのんびりランチ

ゴージャス 4 揺れにくいカタマラン船

オーシャンスピリットⅠ号は、最大150人が乗れる世界最大級のカタマランヨット。揺れも少ない高性能でフォルムもカッコいい！

ナイスクルーズ！

ゴージャス 3 グレートバリアリーフのなかでも抜群にキレイな海！

サンゴ礁の美しさと水の透明度はピカイチ。スノーケリングやダイビングで海をのぞけば、そこは美しの水中世界！不思議な感覚にとらわれます。ビーチからすぐのところでも十分楽しめちゃう！

スノーケリングでも海中の景色は最高！ダイビングもぜひ挑戦して

Schedule ToTal 9時間

8:00	リーフフリートターミナルから出港
8:30	船内で注意事項などの説明
10:30	ミコマスケイ到着
12:00	船内でランチ
14:30	ミコマスケイ出発
17:00	リーフフリートターミナル着

プチぼうけん 3

絶景☆鉄道とスカイレールのプチトリップ！
世界遺産の森にあるマーケット村クランダへ

乗り物好きでなくともケアンズでぜひ乗りたいのが、世界遺産の熱帯雨林（P.60）へ気軽にアクセスできるクランダ鉄道＆スカイレール。ピースな空気が漂うクランダ村の散策もまた楽しいのです。

絶景ポイントいっぱい！クランダ鉄道の旅

ケアンズとクランダ間の約33kmを1時間45分で結ぶ観光鉄道。急斜面や切り立った崖、雄大な滝など熱帯雨林の風景を堪能できる。鉄道好きならずとも一度は乗りたい憧れの列車。

クランダ鉄道＆スカイレールの旅
TOTAL 8時間半
オススメ時間 9:00～17:30
予算 $190

初めてならツアーがラクチン＆バリュー
効率よく回るならホテル送迎もあるツアーが便利で料金もおトク。往路でスカイレール、復路で鉄道と両方楽しめちゃう。

右に左に見どころいっぱい見逃さないで！

LET'S GO! KURANDA!

熱帯雨林の大パノラマ！

見どころ **1** クラシック＆トロピカルなクランダ駅

熱帯雨林ガーデンの中にたたずむ現在の駅舎は1915年に完成。歴史的遺産のクラシックな建物

見どころ **2** 昔の趣を残した車両

車内は90年前と変わらないクラシック車両。ゴールドクラス車もあります

STONEY CREEK

見どころ **4** ストーニークリーク滝

クランダ鉄道のハイライトはココ！熱帯雨林と鉄橋と滝、ホント、絵のような風景です

見どころ **3** バロン滝駅

クランダ駅を出発したら最初の駅で10分停車。265mの壮大な滝は水量が多い季節は大迫力！撮影チャンス

今日は水量少ないな！

見どころ **5** ホースシューベンド

曲線半径100m、180度のヘアピンカーブ！窓から見ると列車がキレイな円形を描きます

レインフォレステーション
クランダ Kuranda
バロン滝 レッドピーク駅
スカイレール
カラヴォニカ駅
ケアンズ国際空港
バロン渓谷国立公園
Barron Gorge National Park
コレンジーウォーター コネクション駅
ケアンズ CAIRNS
ケアンズ駅
クランダ観光鉄道

26

世界最古の熱帯雨林を
スカイレールで空中さんぽ

ケアンズとクランダ間の約7.5kmを約1時間で結ぶスカイレールからは熱帯雨林とケアンズを一望できる。滑るように上昇したり、地形に沿って急下降したりとライド自体も楽しい。晴れた日にはグリーン島(P.48)まで見えちゃう☆

シャッターチャンスは逃さないで!
スカイレールでのシャッターチャンスは反対方向から戻ってくるゴンドラを入れると◎。

ケアンズ

プチぼうけん 3

絶景☆鉄道とスカイレールのプチトリップ!

遠くには海も見える!

タイミングが合えば列車も!
時間が合えばクランダ鉄道が運行しているところも上から見えちゃう。動く展望台のようです!

ここだけの体験さ!

これが地上545mの眺め!
スカイレールで一番高いのはレッドピーク駅の標高545m!遥か下に望むバロン川にはゴンドラの影が

ツアースケジュール例

9:00ごろ	ホテルでピックアップ
9:45	スカイレール乗車
10:45	クランダ村到着・自由時間
15:30	クランダ鉄道乗車
17:30	駅からケアンズ市内のホテルへ

途中駅では熱帯雨林さんぽ。

途中のレッドピーク駅、バロン滝駅では熱帯雨林ボードウォークも楽しめちゃいます

水陸両用車アーミーダック体験も!
クランダ中心部から車で約10分の熱帯雨林テーマパーク。アボリジニ文化体験やコアラだっこ、水陸両用の軍用車アーミーダックで熱帯雨林探検などが楽しめる。

レインフォレステーション・ネイチャーパーク
Rainforestation Nature Park

Map 別冊P.6-B2 クランダ

📍Kennedy Hwy., Kuranda ☎07-4093-9033 🕘9:00~16:00 💰$51(3種のアトラクションを含む) Card A.M.V. バタフライサンクチュアリ(P.29)前からシャトルバスあり
URL www.rainforest.com.au/jpn/

さ、クランダ村へLet's go!

クランダに詳しいプロのガイドが案内
クランダ観光フリーコース
Kuranda Tour

鉄道、スカイレール、クランダ観光がセットになったツアー。ショッピングやグルメを楽しみたいならこちら。ほかにレインフォレステーション観光がセットになったクランダ1日観光デラックスコース($240)も。

★どきどきツアーズ ☎07-4031-4141
URL www.dokidokitours.com ✉info@dokidokitours.com 💰$190(ケアンズ市内のホテル送迎、日本語ガイド、スカイレール&クランダ鉄道乗車料)

『世界の車窓から』で見た風景
クランダ鉄道
Kuranda Scenic Railway

ケアンズ~クランダ間を1時間45分で結ぶ観光鉄道。ケアンズ・セントラル(P.66)に直結したケアンズ駅から発着するのも便利。チケットは駅でも購入可能。不定期でメンテナンス運休があるので注意を。

Map 別冊P.6-B2 クランダ

☎07-4036-9333 🕘(ケアンズ駅発)8:30&9:30〈クランダ駅発〉14:00&15:30 💰片道$50、往復$76(ゴールドクラスは片道$99) Card M.V. URL www.ksr.com.au

ちょっぴりスリリングな空中さんぽ
スカイレール
Skyrail

晴れた日にはケアンズの熱帯雨林とグレートバリアリーフの海両方の景色を楽しめる。ケアンズ駅はジャプカイ・アボリジナル・カルチャーパーク(P.94)隣。ケアンズ市内のホテル送迎がセットになったプランも。

Map 別冊P.6-B2 クランダ

📍6 Skyrail Drive, Smithfield ☎07-4038-5555 🕘9:00~17:15 💰片道$55、往復$82 Card M.V. URL www.skyrail.com.au

クランダ&ビレッジの歴史

19世紀に鉱山の村として栄えたクランダ。1960年代に自由を求めるヒッピーが移り住み、現在のアーティスティックな雰囲気に。マーケットでは彼らの作品が見られるよ。Map 別冊P6-B2

ゆるヒッピーな空気ただよう クランダ村をのんびり探険

熱帯雨林の小さな村クランダは、ゆるりとした自由な雰囲気。一周15分程度の小さな村だけど、見どころはいっぱい。多くのショップは16時までには閉まるのでご注意を！

コアラと記念撮影OK

A クランダ・コアラ・ガーデン
Kuranda Koala Gardens

こぢんまりとした動物園ながらコアラだっこができたり、ワラビーに餌付けできたりとふれあい度は高い。おさんぽ中の動物に遭遇するかも！

データ→P.30

クランダ名物 食べなきゃソンだよ！

20種類のフレーバー！

B ホームメイドトロピカルフルーツアイスクリーム
Homemade Tropical Fruit Icecream

オリジナルマーケット前の屋台を見つけたらアイスクリームタイム！20種類のフレーバーは試食もOK。シングル$4～。おすすめはバナナ&レモン。

🏠 Therwine St.
☎ 04-1964-4933

これが目印！

フレンチな雰囲気のゆるカフェ

C ペティートカフェ
Petit Cafe

地元産コーヒーとスイーツ&食事系クレープを楽しめるカフェ。オリジナルマーケット内の隠れ家的おしゃれカフェでランチいかが？

🏠 Shop 34 Original Kuranda Rainforest Market
☎ 04-2179-9131
🕐 8:00～15:00
URL www.petitcafekuranda.com

カンガルーの生ハムクレープ！

日本茶×ユーカリ&マンゴー

D ジャパニーズティーハウス・バスク
Japanese Tea House BUSK

こんなところで日本茶!? ユーカリやマンゴーのフレーバーを合わせたここだけのオリジナル。アイスマンゴーほうじ茶（$5）などお茶もできます。

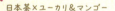

🏠 Shop 32 Original Kuranda Rainforest Market
☎ 0421-459-132
🕐 10:00～15:00 休月 50g入り茶葉$12など Card M.V. URL www.kuranda-busk.com

オージーにも密かな人気！

E 隼
Hayabusa

元デザートシェフが開いた和菓子屋さん。ユーカリ団子やランチどら焼きなどユニークなメニューも。季節限定のマンゴーかき氷もぜひ！

🏠 Shop 31A Original Kuranda Rainforest Market
☎ 0437-763-238
🕐 9:00～15:00 休火・水
Card 不可

ランチにしない？

食べ歩きにいかが？

クランダ村MAP

Kuranda Original Rainforest Market
オリジナリティ溢れるショップが並ぶクランダ最古のマーケット

教会
内部のステンドグラスが美しい村の小さな教会

クランダ鉄道駅から村のにぎやかエリアまでは歩いて約5分

記念写真も買えるよ！

Heritage Market
雑貨やコスメ、食品などいろいろなお店がぎっしりのマーケット

スカイレール駅も熱帯雨林の雰囲気漂う造り。中のショップではスカイレールグッズも販売してるよ

プチぼうけん 3
世界遺産の森にあるマーケット村クランダへ

いいなアイツだけ

人なつっこい！

ヒクイドリに会うならココ！

F バードワールド・クランダ
Birdworld Kuranda

大きなドームの中は色鮮やかな美しい鳥たちが自由に羽ばたく楽園。世界で3番目に大きな飛べない鳥、ヒクイドリにも出会えます！

📍 Kuranda Heritage Market ☎ 07-4093-9188
🕘 9:00～16:00 💰 $19 Card A.D.J.M.V.
🌐 www.birdworldkuranda.com

シアワセの蝶を探せ！

G オーストラリアン・バタフライ・サンクチュアリ
Australian Butterfly Sanctuary

大きな温室の中にヒラヒラと蝶が舞うバタフライサンクチュアリ。なんと9種、1500～2000匹もの蝶がいるんだそう。A, Fとセットでチケットを買うとおトクです（$49.5）。

📍 8 Rob Veivers Dr. ☎ 07-4093-7575 🕘 9:45～16:00 💰 $19.5
Card A.D.J.M.V.
🌐 www.australianbutterflies.com

名物おばあちゃんが焼く

アタシが焼いてんの！

H ジャーマンタッカー
German Tucker

ジューシーで食べごたえ◎なクランダ名物のホットドッグ。ビーフやポークの他ワニ、エミュ、豆腐も。ひとつ$8～。

📍 Shop 14, Thersine St.
☎ 04-4093-7398
🕘 10:00～14:00
Card 不可

ボリュームたっぷり！

自分用にも、おみやげにも

I スティルウォーター・ワークショップ
The Stillwater Workshop

地元産さとうきび100%の無香料・無着色の手づくりソフトキャンディ。マンゴーやパイン、カカドゥプラムなど、フレーバーは22種類。試食でお気に入りを見つけて！

📍 17 Therwine St ☎ 04-4093-8665

地元のこだわりコーヒー！

J クランダ・レインフォレストコーヒー
Kuranda Rainforest Coffee

ケアンズのマリーバ産コーヒーをこだわり焙煎したコーヒーショップ。お店でも飲めるし、コーヒー豆をおみやげにするのも◎。コーヒー豆は150gで$11～。

📍 17 Thongon St.
☎ 0414-790-034 🕘 9:00～15:30 休 クリスマスのみ
Card M.V. ($10～)

ここだけのハンドメイドソープ

K セティ・バスショップ
Ceti Bath Shop

ナチュラル素材で手づくりされたバスグッズショップ。自然の優しい色と香りのアロマオイル石けん（$5.5）をはじめ、入浴剤やボディミストなども◎。

📍 4/25 Coondoo St.
☎ 0428-643-118
🕘 10:00～15:30
Card M.V.

プチぼうけん

オーストラリアに来たらやっぱり撮りたい！
キュートなコアラとハイ、チーズ♥

オーストラリアのアイコンといえばコアラ。まるくてやわらかいコアラ、ぜったいだっこしてみたい！ クイーンズランド州の動物園でできちゃいます。

クランダ・コアラ・ガーデン
Kuranda Koala Gardens

ケアンズ郊外のクランダの中心にある動物園。開放的な雰囲気のなかでコアラだっこができるよ。カンガルーに餌やりもできます。

アクセス ★★☆
コスト ★★☆
動物園 ★★☆

ここがポイント！
隣には、ヒクイドリのいるバードワールドやユリシスのいるバタフライ・サンクチュアリも。

Map 別冊P.6-B2　クランダ
☎ 07-4093-9953　⏰ 9:00〜16:00
💰 入場料$19＋撮影料$24
Card A.D.J.M.V.
URL www.koalagardens.com

クランダについては→P.26

クランダの森でだっこ！

コアラだっこ時刻表
10:00〜
15:00の間
1時間おき
(10:00〜、
11:00〜…)

コアラだっこはどこでできる？

コアラだっこができるのは、ケアンズやゴールドコーストのあるクイーンズランド州のほか2州しかありません。ちなみにシドニーではできないんです。

コアラだっこ＆記念撮影
TOTAL 10分

オススメ時間：時刻表をチェック
予算：$22〜

だっこできる時間
コアラは人見知りで、とてもストレスに弱い動物なんです。そのためだっこできる時間は動物園によって決まっています。どうしてもだっこしたい場合は、時間を合わせていこう。

ケアンズ・ズーム＆ワイルドライフドーム
Cairns Zoom & Wildlife Dome

ケアンズ市街の中心に建つカジノの上にあり、アクセス◎の屋内動物園。写真データはEメールやフェイスブックに無料で送ってもらえちゃう！

アクセス ★★★
コスト ★★☆
動物園 ★★☆

ここがポイント！
日光が差し込むガラス張りのドーム内はまるで熱帯雨林！ もちろん雨の日だってへっちゃらです。

Map 別冊P.9-D2　ケアンズ中心部
📍 35-41 Wharf St.　☎ 07-4031-7250
⏰ 9:00〜20:00　💰 入場料$25、撮影のみ$28　Card A.M.V.　🏢 リーフカジノ内
URL cairnszoom.com.au

ズームについては→P.63

ケアンズの真ん中でだっこ！

コアラだっこ時刻表
9:30〜
18:30の間
1時間おき

こちらも人気の動物園！

ワイルドライフ・ハビタット
Wildlife Habitat

北クイーンズランドの自然に近い環境で100種以上、約300匹の動物たちに会える。豪州固有種の鳥ジャビルーの繁殖に成功している唯一の動物園。

Map 別冊P.6-A1　ポートダグラス
📍 Port Douglas Rd., Port Douglas　☎ 07-4099-3235
⏰ 8:00〜17:00　💰 $37（コアラだっこ$25）　Card A.M.V.
🚗 ポートダグラス市街地から車で約5分
URL www.wildlifehabitat.com.au

会いにおいでよ！

いつ来るの？

30

ケアンズ
ゴールドコースト

プチぼうけん4

キュートなコアラとハイ、チーズ♥

カワイイ♡
でもちょっと
コワイ！

ハートリース・クロコダイル・アドベンチャーズ
Hartley's Crocodile Adventures

ケアンズ近郊では最大の広さを誇る動物園。コアラだっこはもちろん、クロコダイルやパイソンなどと記念撮影や餌やり体験もできる。

アクセス ……… ★☆☆
コスト ………… ★★★
動物園 ………… ★★★

ここがポイント！
動物との記念撮影やクロコダイルショーなど1日中さまざまなアクティビティを楽しめちゃう動物園。

Map 別冊P.6-A1 ケアンズ近郊
🏠 Captain Cook Hwy., Wangetti Beach
☎ 07-4055-3576　⌚8:30～17:00
💰 入場料$41（3日間有効）＋撮影料$24
💳 A. M. V.　🚗 ケアンズから車で40分（有料シャトルサービスもあり）
🌐 www.crocodileadventures.com

コアラだっこ時刻表
9:45
12:00
14:45
16:45

ズータスティック5 → P.52

ユーカリしか食べないの？
オーストラリアに生えているユーカリは600～700種、コアラはそのうち約50種のユーカリしか食べません。ユーカリには毒素が含まれているけど、コアラは特定のユーカリだけ解毒できるんです。また葉の成分の50%以上は水分。水もほとんど飲まないそう。

むしゃむしゃ

赤ちゃんコアラ！

労働時間は1日30分
コアラは1日24時間のうち18～20時間を眠って過ごしています。またコアラはストレスに非常に弱い動物。保護の観点から、1匹のコアラをだっこできる時間は1日30分までと法律で決められているんです。

保護活動でも有名な動物園。タスマニアンデビルやキノボリカンガルーなどの珍獣も。コアラ飼育の裏側を見られる体験ツアーもある。

Map 別冊P.12-B2 カランビン
🏠 28 Tomewin St., Currumbin　☎ 07-5534-1266　⌚8:00～17:00　💰 $49.95+撮影料$29　💳 A.J.M.V.　🚗 ゴールドコーストから車で20分　🌐 www.cws.org.au

アクセス ……… ★★☆
コスト ………… ★★★
動物園 ………… ★★★

ここがポイント！
広い園内では1日中多くのショーが行われる。アスレチック体験や園内セグウェイツアーなども！

やだね！

さ！仕事よ！

1. 珍しいキノボリカンガルー
2. 園内はミニ機関車で移動OK！

カランビン・ワイルドライフ・サンクチュアリ
Currumbin Wildlife Sanctuary

オレだってたまには機敏にとぶんだ！

だっこにはちょっと大きいよ

コアラだっこ時刻表
8:00～14:00の間いつでも

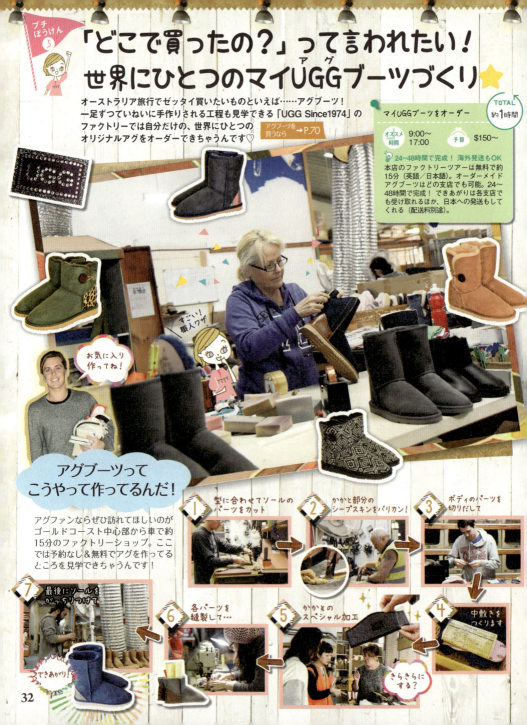

ゴールドコースト

プチぼうけん 5

世界にひとつのマイUGGブーツづくり☆

組み合わせは無限大！
お気に入りの一足をオーダー♡

見学したらオーダーしたくなるのが女子ゴコロ。ここではブーツだけじゃなく、いろんなスタイルのバッグまでオーダーできちゃうんです。色や細かい仕様など悩みどころはいっぱい、時間に余裕を持って行くのがオススメ！

この柄かわいい！

基本スタイル
ショート、ミドル、ロングなどスタイルをまず決めて。ブーツだけじゃなく、ルームシューズなどあらゆるスタイルがオーダーできちゃいます。

LET'S ORDER MY UGG BOOTS!

これはサンプルだよ！

こんなのもできるの!?

オーダーシートで注文！

CLUTCH BAG

aruco order

$94.95

色や素材
色とりどりのシープスキンは16色、ほかにもヴィンテージデニム、迷彩服など38種類のユニークな素材からチョイス！パーツごとに色を変えるのもOK。

ここも選べる！

ステッチの色やブランドラベルもチョイスできちゃう。選んだ色とコーディネートして、さらにアクセントをつけてみても◎。

スペシャルオーダー
大きなスワロフスキーのボタンやかかと部分にキラキラやイニシャルを入れたり……考えつく限りのワガママがかなっちゃうのです♡

スワロフスキー！

シンプルスタイルのかかとにキラキラをプラス♡

$309

aruco order

クラッチバッグも表裏の色やフリンジ、持ち手の部分まで選んで組み合わせが可能。ファクトリーショップではクラッチ以外のバッグのバリエーションも多数。どれもオーダーで好きな色にできちゃうんです！

SHOP DATA

アグブーツのオーダーなら！
アグ・シンス1974
UGG Since 1974

ゴールドコーストのマイアミが本店のアグブランド。全商品が一足ずつ手作りされている。工場見学は本店のみだけど、オーダーは各支店でも可能。ゴールドコーストでオーダーしてシドニーで受け取ることもできる。

ファクトリーショップ本店
Map 別冊P.12-B2 マイアミ
📍23 Christine Ave., Miami ☎07-5520-4066 🕐9:00～17:00（土～16:00）休日 ファクトリーツアー無料 Card A.J.M.V. 🚌リンクBroadbeach South駅から700番バスで10分。Christian Ave.下車、徒歩5分 予約不要 URL www.uggsince1974.com.au

カビル・アベニュー店
Map 別冊P.14-B2 サーファーズパラダイス
📍21 Cavill Ave., Surfers Paradise ☎07-5520-4066 🕐9:30～21:30 Card A.J.M.V. カビル・モールから徒歩1分

シドニー店
Map 別冊P.18-A2 ロックス
📍104 Geroge St., Rocks ☎02-9241-6711 🕐9:30～19:00 Card A.J.M.V. サーキュラーキー駅から徒歩5分

プチぼうけん

メルボルン代表 ブライトン・ビーチ VS シドニー代表 ボンダイ・ビーチ

オーストラリアで一番の おしゃれビーチはここ！

メルボルン

カワイイ小屋が並ぶ
ブライトン・ビーチ

Say cheese!

MELBOURNE Brighton Beach

カラフルな小屋が並ぶビーチ。インスタやポスターで見たことある！っていう人も多いはず。すごくモダンな風景だけど、実は1900年代初頭からあるんだって。

ブライトン・ビーチへの行き方
フリンダース・ストリート駅から13番線サンドリンガムSandringham線で約20分。ミドルブライトンMiddle Brighton駅またはブライトンBrighton駅下車。徒歩約15分。

Map 別冊P.25-D3外

ブライトン・ビーチ

TOTAL 3時間〜

オススメ時間 12:00〜17:00　予算 $10〜

💧 水と日焼け止めは必携

ビーチには日射しを避ける休憩場所がないので、水と日焼け止めは必ず持っていって。

Beach Bathing Box の正体は!?

このカラフルな小屋は「Beach Bathing Boxes」と呼ばれるもの。言うなれば個人所有の海の家。普段は鍵がかかっていて入れません。ときどき本当に使っていて、中がのぞけることも。

このあたりはハイソな高級住宅地。目抜き通りのチャーチストリートを散策がてら、お茶するのもおすすめ！

チャーチストリートにはかわいいブティックやカフェが♪

Surfers Paradise!

GOLD COAST Burleigh Heads

ゴールドコースト

サーファーの聖地 バーレイヘッズ

ゴールドコーストのサーフスポットといえばここ！ サーフシティらしいユルい空気が流れ、実はおしゃれなショップやカフェもたくさん。サーファーズパラダイスからバスで約30分。

Map 別冊P.12-A2

アイスクリームがよく似合う♪

ビーチの近くにカフェはないけど、アイスクリームカーが出ていることも。ビーチで食べるアイスは最高！！

34

近頃、インスタをにぎわすオーストラリアのビーチ。この絶景、どちらも町の中心からわずか30分ほどで気軽に行ける場所にあるんです。電車やバスに乗って、ビーチへのショートトリップへ出発！

インスタでも話題のインフィニティプール

ビーチの南側に隣接したボンダイ・アイスバーグ・クラブ Bondi Icebergs Club。ここの海と一体化したようなプールが絶景！ $9で観光客だって利用OK！

ボンダイ・ビーチ

- オススメ時間 6:00〜18:00
- 予算 $8〜
- TOTAL 5時間〜
- 高波と潮の流れに注意！
- 海水浴やサーフィンは、ライフセーバーの目が届く赤と黄色の旗の間で！

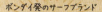
サーフィン用具のレンタルあり

ビーチ沿いのショップではサーフィン用具のレンタルもあります。サーフィンはちょっとという人にはボディボードも。

ボンダイ パビリオンは利用価値大

ビーチに面して建つボンダイ・パビリオンには、トイレやコインロッカーのほか、ショップやカフェも併設。

オーガニックショップが充実！

おなじみ「ビルズ」や「ポーチ＆パーラー」(P.133)など、おしゃれなカフェやサーフショップはもちろん、オーガニックショップも充実。

シドニー / メルボルン

プチぼうけん①

オーストラリアで一番のおしゃれビーチはここ！

コーヒー飲みにおいでよ！

ボンダイ発のサーフブランド
CRiTiCAL SLiDE (TCSS)

クリティカル・スライド（TCSS）

オリジナリティあふれるポップでキュートなデザインで人気のサーフブランド。日本でも取り扱いがあるけど、実はショップは世界中でここにしかありません。ついにレディースも展開をスタート！ コーヒーカウンターもあり！

Map 別冊P.19-D3外　サウス・ボンダイ

- 245 Bondi Rd., Bondi
- 0433-801-949
- 6:30〜17:30 (土日7:30〜)
- A.M.V.
- thecriticalslidesociety.com

ビーチカルチャーの発信地
ボンダイ・ビーチ

オーストラリアのみならず世界のビーチカルチャーの流行発信地。サーフィン、海水浴、散歩、カフェ、ショッピング……それぞれのスタイルで楽しめるのがボンダイ・ビーチ。

ボンダイ・ビーチへの行き方

シドニーCBDから333番（ノースボンダイ行き）のバスで30分。オックスフォードストリート、パディントン、ボンダイ・ジャンクションを経由。

Map 別冊P.19-D3外

これからレッスンよ！

プチ ぼうけん 8

ハミルトン島への2泊3日〜のプチトリップ
グレートバリアリーフの奇跡の2大絶景☆ ハートリーフとホワイトヘブンビーチへ！

グレートバリアリーフのほぼ真ん中、ウィットサンデー諸島の島々に囲まれたハミルトン島は、憧れのリゾートアイランド。2泊3日〜、リゾートをめいっぱい満喫できる究極プランをご紹介☆

GBRの真ん中 憧れのリゾートアイランドへ！

世界一美しいともいわれる、コーラルシーに囲まれたハミルトン島は、とっておきのバカンスにぴったり。アクティブに楽しみたい人にも、ゆっくりリゾートしたい人にもオススメです。

憧れのビーチ♡

DAY 1 まずはのんびり島を楽しんじゃおう

到着した日はツアーには間に合わないので、のんびり島を楽しんで。島内には選びきれないくらいのエンタメ＆リラックススポットのチョイスがあるんです。

島はバギーでぐるぐる Let's go!

行動範囲がグッと広がるバギーはホテル近くのレンタルショップで。料金は24時間$87。日本人のために催行される「日本語バギー観光」に参加するのもおすすめ。スタッフがバギーの運転方法や交通ルールなどを教えてくれつつ、主要なスポットを案内してくれます。特製のマリーナ散策マップつき。レンタルには、日本の運転免許証、または国際免許証の提示が必要。

島をのんびり楽しむ
オススメ時間 いつでも　予算 $40〜　TOTAL 7時間半

アクティビティはたくさん！
ハミルトン島内で行われるアクティビティは、すべてホテルやインフォメーションでスケジュールをチェックできる。その日の気分に合うものをチョイスして！

12:00 Lunch at Marina Village
マリーナビレッジ散策＆ランチ

ハミルトン島の中心となるのがここ。カフェやレストラン、ブティックから日用品を買えるスーパーマーケットや酒屋さんまであります。

ヨットを眺めてひとやすみ。潮風がきもちいい！

揚げたてクリスピーをがぶり
ポパイズ・フィッシュ＆チップス Popeye's Fish & Chips

看板メニューは店名のとおりフィッシュ＆チップス。注文を受けてから揚げてくれるのでいつもできたてアツアツ。大きなボックスにたっぷりだから、シェアして食べて。

フィッシュ＆チップスは塩コショウ＆ビネガーで！

ハミルトンアイランドバーガーも

Map 別冊P.28-A2　マリーナ
☎07-4946-8610　日〜木 10:00〜21:00、金土11:30〜深夜

Map 別冊P.3-D1

ハミルトン島へのアクセス
ハミルトン島へは国際線はないので、以下のいずれかの都市から乗り継ぐことになる。カンタス航空、ジェットスター航空のほか、バージン・オーストラリア航空なども就航している。

✈ **シドニーから**
カンタス、ジェットスター、バージン・オーストラリア航空で約2時間半

✈ **ブリスベンから**
カンタス、バージン・オーストラリア航空で約2時間

✈ **メルボルンから**
カンタス、バージン・オーストラリア航空で約3時間

✈ **ケアンズから**
カンタス航空で約1時間
※ハミルトン発のメルボルン、ケアンズ行きは午前便のみ。P.42を3日目に体験する場合は＋1泊しよう

ハートリーフを上空から発見！ →P.42

天国みたい ホワイトヘブンビーチ →P.40

プチぼうけん 8
ハートリーフとホワイトヘブンビーチへ！

14:00 *Staying at Catseye Beach*
バギーで約5分

キャッツアイビーチで海☆満喫
ホテルエリアの前に広がる遠浅のビーチ。パドルボートやスノーケリングなどのビーチスポーツもここで。運がよければウミガメに会えるかも。

Map 別冊P.28-A3

レンタルはキャッツアイビーチのビーチハットで。ホテル宿泊客は無料。有料でツアーやレッスンもあり

18:00 *Cocktail Time at One Tree Hill*
バギーで約10分

ワン・ツリー・ヒルでサンセット
サンセットの美しさで評判が高いハミルトン島。島内一の絶景が見られるワンツリーヒルはマストスポット☆

Map 別冊P.28-A1

バギーで約10分

19:00 *Dinner at Mariners*

特別な夜はぜひここで！
たくさんのヨットが停泊するハーバーを見下ろす、ハミルトン島の一等地にある高級ダイニング「マリナーズ」。新鮮なシーフードがいっぱいのZENメニューをはじめ、シェフが腕によりをかけたメニューが並ぶ。

マリナーズ Mariners
Map 別冊P.28-A2
マリーナ
☎07-4946-8628
⏰18:00～深夜
休不定期

DAY 2 天国みたいな絶景！ ホワイトヘブンビーチ

世界でも5本の指に入るほど美しいビーチ。青い海に白砂のラインが走る絶景が見たいなら、ヒルインレットまで足をのばす1日ツアーに参加してみて。

ホワイトヘブンビーチ1日ツアー
TOTAL 9時間
オススメ時間 8:00～17:00
予算 $229

🌱 **紫外線対策はしっかり！**
ホワイトヘブンビーチを楽しむなら、海でしっかり遊べる1日ツアーがベスト。日中は陽射しが強いので、日焼け対策はしっかりしてね。

WHITE HAVEN BEACH

オレは泳いでるよ！

まさに絶景！

ここは泳げないの？

Map 別冊P.28-A2

ウィットサンデー島
ホワイトヘブンビーチ
ハミルトン島

遊覧飛行→P.42

ゆったり客船で行こう！
ホワイトヘブンビーチ＆ヒルインレット1日ツアー
Whitehaven Beach & Hill Inlet Lookout Full Day

世界のベストビーチとして知られるホワイトヘブンビーチとその周辺の見どころへも出かける1日ツアー。ランチボックスと英語ガイドつき。

★クルーズウィットサンデー
☎07-4946-4662　URL www.cruisewhitsundays.com　✉info@cruisewhitsundays.com　💰$229
（クルーズ料金、ランチ、アフタヌーンティー、スノーケリング用具＆クラゲよけスーツ貸出）

半日ツアー？それとも1日ツアー？

日本人は日程や予算の都合があるから「半日ツアー」を選ぶ人が多いそう。でもarucoー的には絶対「1日ツアー」がおすすめ。上の写真のような絶景が見られるのはヒルインレット展望台へ行く1日ツアーだけ。半日ツアーの場合、最初のビーチで海水浴を楽しむだけでツアーはおしまいです。

あれ！？写真と違う

ヒルインレットへ行きたいわ！

わたしも！

Hi, girl!

ツアーガイド ジェームスさん

ツアーに全部参加しなくてもOK！
もしも途中のスノーケリングやブッシュウォークへ行かずにのんびりしたいなら、それもGOOD！オレにひとこと伝えてくれよ。

40

ハートリーフ遊覧飛行MAP

ハートリーフへ出発！

パイロット アレックスさん

フック島
この界隈ではウィットサンデー島に次いで大きな島。ここからハートリーフまでは約10分。

リーフワールド
グレートバリアリーフのなかでも最も美しいサンゴ礁が広がるハーディリーフ。ここに浮かぶポントゥーンがリーフワールド。ここでアクティビティを楽しむツアーも。

ハートリーフ
ここがあのハートリーフ！青い海に点描のように美しいハート型が浮かび上がります。

飛行機はさらに北へ！

ハミルトン島
オーストラリアでもっとも滑走路が短い空港。熟練パイロットでないと離着陸できないのだとか。

START!

Map 別冊 P.3-D1

ホワイトヘブンビーチ →P.40
世界屈指の美しさを誇るホワイトヘブンビーチ。上空からの眺めはまた格別！天候がよければ、着水してシャンパンでカンパイ♡

ウィットサンデー島
ホワイトヘブンビーチもあるこの界隈最大の島。ウィットサンデーはクック船長が名づけ親なんです。

ハミルトン島 プチぼうけん 8

ハートリーフとホワイトヘブンビーチへ！

限られた人だけ！
ハートリーフのすぐそばに新しくできた「ハートリーフ・ポントゥーン」。2億円(!)をかけて建造されたヘリポート付きのラグジュアリーなポントゥーン。船底がガラスになったグラスボートで、あこがれのハートリーフにダイレクトにアクセスできる。1日3便のみのこのツアーに参加した人だけの特典。

ジャーニー・トゥ・ザ・ハート
★ジャーニー・トゥ・ザ・ハート
○3時間(ハートリーフ・ポントゥーンの滞在時間は90分)
○$1100（グラスボートツアー、スノーケリング用品、スパークリングワイン）

一度でふたつ楽しめる！
ハートリーフ＆ホワイトヘブンビーチ遊覧飛行
Heart Reef & Whiteheaven Scenic Tour

新婚カップル、女子旅など、日本人のほとんどが参加するのがこのツアー。ハートリーフとホワイトヘブンビーチが一気に楽しめるのが人気の秘密。日本人ガイドが同行してくれるのも安心です。フライトスケジュールは予約状況などにより随時変わるので確認を。

★ハミルトンアイランドエア ☎07-4946-8249
URL www.hamiltonislandair.com
¥$599（ホテルからの送迎、遊覧飛行、ホワイトヘブンビーチでのドリンクサービス）

Schedule Total 3時間半

7:30	ホテルでピックアップ
7:45	空港でフライトについて説明
8:00	ハミルトン島離陸
8:30	ハートリーフ上空に到着
9:00	ホワイトヘブンビーチに着水
10:30	ホワイトヘブンビーチ出発
10:45	ハミルトン島帰着
11:00	ホテル到着

※当日の天候等によって、中止または着水ポイントがホワイトヘブンビーチ以外のビーチになる場合もある。また強風で着水できない場合もあり、その場合は着水なしの遊覧飛行となる。

MORE! まだまだ☆ どれにする？ハミルトン島のアクティビティ

ハミルトン島にはここでも紹介しきれないくらい、たくさんのアクティビティがあるんです。出発前にハミルトン島アプリ（無料）をダウンロードしておくのもオススメ☆

🌞 スパでリラックス

老若男女を問わず、島で人気の「ウーメディリン・スパ」。海水と紫外線をたっぷり浴びたお肌はここでリセット！必ず予約を。

スパ・ウーメディリン
Spa Wumurdaylin
Map 別冊 P.28-A3 キャッツアイビーチ

☎07-4946-8669 ⏰9:00～19:00 💰若返りパッケージ（1時間）$160など

コアラと朝食 or コアラとパチリ

島内には動物園まで！小規模ながらコアラやヒクイドリなどスター動物も。コアラと朝食（7:00～10:00）も人気。島を一周するトレッキングツアーもある。

ワイルドライフ
Wildlife Hamilton Island
Map 別冊 P.28-A3 キャッツアイビーチ

☎内線58266 ⏰8:00～17:00 💰$27（滞在中無制限に入場可。コアラと並んで撮影は$22。要予約）

🌞 オージーなカフェタイム

コバラが空いた、ちょっぴりお茶したいなというときはカフェも。テイクアウトして外で食べるのも◎。

オーストラリアの伝統菓子、絶品ラミントン

ボブズベーカリー
Bob's Bakery
Map 別冊 P.28-A2 マリーナ

☎07-4946-8281 ⏰7:00～16:00

ミートパイやチョコレートケーキもおすすめ

🌙 ドレスアップ・ディナー

ヨットクラブ内にある島内いちのファインダイニング。薄明かりの照明とモダンなインテリアに飾られたオトナな空間でいただく、新鮮素材を使った彩り美しいモダンオーストラリアンは味も文句なしの絶品。フンパツディナーに。

ボミーレストラン
Bommie Restaurant
Map 別冊 P.28-A2 マリーナ

☎07-4998-9433 ⏰18:00～深夜 休日 要予約

ピッツェリア＆ジェラートバー
Pizzeria & Gelato Bar
Map 別冊 P.28-A2 マリーナ

⏰11:00～深夜（ピザは16:00～）

あつあつのピザとつめたいジェラート

🌙 パブでワイワイ

とにかくワイワイ楽しく飲みたい！という人はマリーナにあるパブへどうぞ。ビールセレクションのなかには日本のビールもある。パブめしだけの軽食もOK。ちなみに3階はカジノフロアになっているので一攫千金にトライする!?

マリーナ・タバーン
Marina Tavern
Map 別冊 P.28-A2 マリーナ

☎07-4946-8839 ⏰11:00～深夜

スーパーマーケットとワイン

ハミルトン島にはスーパーマーケットもあるから、日用品や食品まで何でも揃う。隣のボトルショップでアルコールを買うことも。実はハミルトン島のオーナーはワイナリーのオーナーでもあるんです。

Map 別冊 P.28-A3 マリーナ

IGAスーパーマーケット 8:00～19:30
ボトルショップ 10:00～20:00

44

aruco オススメ 海を眺めて過ごす ハミルトン島、極上リゾート☆

景色も満喫したいし、バカンスらしくのんびりしたい。せっかくのハミルトン島、ステイにもこだわって。

ハミルトン島 プチぼうけん 8

ハートリーフとホワイトヘブンビーチへ！

リーフビューホテル Reef View Hotel

キャッツアイビーチから一本通りを挟んだ19階建て、全382室と島内最大規模のホテル。全室海側に向いた客室からはビーチを一望できる。通常のホテルの約2倍ある客室＆プライベートテラスの広さも自慢。フロントには日本語デスクやツアーデスクもあり何かと便利。アイランドリゾート感たっぷりのホテルです。

高級 中級 エコノミー

Map 別冊P.28-A3　キャッツアイビーチ

ガーデンビュールーム$390～550、コーラルシービュールーム$480～590、リーフスイート$760～920 URL www.hamiltonisland.com.au/accommodation/

全室オーシャンビュー

ビーチクラブ Beach Club

18歳未満は宿泊できない、まさにオトナのリゾートがここ。ホテルから一歩外に出ればキャッツアイビーチという最高のロケーションで、ゲスト専用のビーチエリアも。ホテル内はロビーから客室に至るまでモダン＆スタイリッシュかつ温かみのあるインテリア。随所にラグジュアリーを感じられるステイができる。

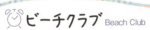

高級 中級 エコノミー

Map 別冊P.28-A3　キャッツアイビーチ

$780～ URL www.hamiltonisland.com.au/accommodation/

モダンなインテリア

まさにオン・ザ・ビーチ！オトナだけのラグジュアリー空間

リーズナブル＆使い勝手のよいバンガロータイプも人気！

ガーデンビューのこちらもオススメ！

パームバンガロー Palm Bungalow

キャッツアイビーチから徒歩3分、トロピカルガーデンに囲まれたパームバンガローは、ファミリー旅行が多いオージーにも人気。ミニキッチンも併設されているので、長期滞在でも快適に過ごせそう。ロッジには3人まで宿泊可能、比較的リーズナブルなので、女性同士の友人旅行でわいわい盛り上がれそう！

高級 中級 エコノミー

Map 別冊P.28-A3　キャッツアイビーチ

バンガロー$440～ URL www.hamiltonisland.com.au/accommodation/

アクティビティの予約はデスクでラクチン

アクティビティはリーフビューホテルもしくはリゾートセンター（MAP別冊P.28-A3）にあるアクティビティデスクで申込みを。英語が苦手な人は日本語デスク（7:00～19:00）で予約申込用紙があります。

プール　ダイニング　ランドリー　ネット接続OK　ヘアドライヤー　日本語OK

プチぼうけん Plus!

ここはドルフィンアイランド♡
モートン島で野生のイルカに餌付けしちゃお！

モートン島はブリスベン沖合のドルフィンアイランドとして知られるリゾート。野生のイルカに直接餌付けが行われている場所は世界でもほとんどないんです。カシコくてキュート、人懐っこいイルカたちに会いに行こ♪

めいっぱい島を満喫したい
タンガルーマ・ワイルド ドルフィン・リゾート
Tangalooma Wild Dolphin Resort

モートン島の中心に位置するリゾートで、ホテルタイプとヴィラタイプの客室がある。島をめいっぱい楽しむのなら、ぜひとも滞在してみたい！

Map 別冊 P.12-B1

📍220 Holt St., Pinkenba
☎07-3637-2000　💰$470〜（2名の場合。宿泊料、往復フェリー、イルカの餌付け、朝食）
URL www.tangalooma.com
※ゴールドコーストのホテルからの送迎や日帰りツアー（$89〜）もあり

野生のイルカにこんにちは！

いまから25年ほど前の1992年、リゾートのスタッフが投げ入れた魚を、偶然イルカがキャッチしたのがきっかけなのだとか。それから人間とイルカとの交流がはじまり、いまでは毎晩やってくるようになったんだって。

イルカたちの出席簿。毎日7〜11頭のイルカがやってきます

もっとちょうだい！

餌付けが始まるのは日没後の18:00ごろ（夏は19:00ごろ）から。頭のよいイルカたちは、時間になると桟橋の近くに集まってきます。

モートン島はこんなところ

ブリスベンの沖合35kmに浮かぶモートン島までは、フェリーで1時間15分ほど。総面積は185km²で、砂でできた島としては世界で3番目の大きさ。島の97％が国立公園で、多くの海洋動物が生息している。

Map 別冊 P.12-B1

ほかにもこんなことができる！
モートン島のアクティビティ

言葉が心配でもOK！日本人スタッフが常駐
リゾートでは日本語を話せるスタッフがツアーデスクでサポートしてくれるので安心して楽しめます！

スリル満点！
デザートサファリ
Desert Safari

4WDのバスに揺られて大砂丘で遊ぶ1時間半のツアー。高さ50mの砂山を頭から滑り降りるサンドボードは絶叫モノ！ひとり$49

不思議な乗り物
セグウェイ
Segway

ビーチもスイスイ！

体の重心を移動させるだけで行きたいほうにすーいすい。これ楽しい！$55〜

砂丘を爆走
4輪バイクツアー
Quad Bike Tour

ビーチや砂丘を四輪バイクで颯爽と駆け抜ける！ひとり乗りバイクなら運転免許がなくてもツアーに参加できます！$70

船にかくれた魚発見！
難破船スノーケリング＆ダイビング
Snorkel the Wrecks

沖合には15隻の難破船があり、絶好の魚礁となっているんです。気軽に沈船スノーケリング＆ダイブが楽しめます。$59

トゲトゲ〜い

ケアンズ

世界最大のサンゴ礁グレートバリアリーフに、太古の姿をとどめた熱帯雨林、
ふたつの世界遺産がある、日本から一番近いオーストラリア。
常夏リゾートケアンズは、訪れる人をトリコにしちゃう
オーストラリアのエッセンスがぎゅっとつまった場所。
アクティブに、よくばりに、新しい魅力を探しに行こ。

ケアンズへのアクセス

東京、大阪から直行便で約7時間半。シドニーから約3時間。ゴールドコースト、ブリスベンから約2時間半。
メルボルンから約3時間半。

日帰りOK☆ケアンズからいちばん近い
世界遺産の海・グリーン島を7時間で遊びつくせ!

ケアンズから高速カタマラン船でたった45分で到着!アクティビティのチョイスも多くて、島内のリゾート施設も充実。世界遺産グレートバリアリーフ(P.24)を気軽に楽しめるのがグリーン島なのです。

GBRの魅力まるごとマンキツ♪

世界遺産のサンゴ礁

オイルド・マッサージショップ
疲れたカラダはマッサージでほぐすのも◎。⏰9:30〜16:00 💰オイルマッサージ(肩・首)30分$40〜

ダイブショップ
海のアクティビティはダイブショップで申し込みOK

ビーチアクティビティも充実!

ビーチ
ライフセーバーが常駐している遠浅のビーチ。安心して遊んじゃお

クルーズ発着所

桟橋

遊覧ヘリ受付カウンター
スーベニアショップ
キャノピーグリル
マリンランドメラネシア
ボードウォーク
エメラルドレストラン
グリーンアイランドリゾート
遊覧ヘリポート

Green Island Map

ここって国立公園なんだ!

Map 別冊P.6-B3

島唯一のリゾートホテルは宿泊ゲストのみ入れるラグジュアリー空間

グリーン島ってどんな島?
ケアンズの沖合27キロ、グリーン島は最もアクセスしやすいグレートバリアリーフの島。サンゴが堆積してできた砂洲にやがて植物が生え、現在のように熱帯雨林植物が密生。島の半分以上が国立公園に指定されています。

48　グリーン島でシーウォーカーに初挑戦しました。顔が濡れないってホントらくちんで手軽!またやりたいです。(岩手県・アキ)

ケアンズ Cairns

グリーン島 遊びつくしメニュー
1日じゃ遊びきれないくらいグリーン島のアクティビティはたくさん。どれにチャレンジする？

9:30 グリーン島でのイチバン人気！
シーウォーカー Sea Walker
初めてでも心配なし！
ヘルメットをかぶるだけで酸素が供給されるシーウォーカー。メイクもメガネもそのままでOK。初めての海底散歩にチャレンジ！

★シーウォーカーオフィス ☎0407-581-096 URL www.seawalker.com.au ✉japan@seawalker.com.au ¥$180（日本語インストラクション、シーウォーカー利用料、ウェットスーツ・専用ブーツ貸出）※水中写真販売あり$30（1枚）／$100（USBメモリ）

11:00 ここが発祥！
グラスボトムボート Grass-bottom Boat
グリーン島の世界一を見に行こう
マリンランドメラネシア Marineland Melanesia
大迫力!! ワニの餌付け!!
グラスボトムボートなら、服のまま濡れずにサンゴや熱帯魚を目撃！世界一大きなワニ、カシウスくんも必見です！
🕘9:30〜16:00 ¥$19

ちびワニとパチリ☆

世界遺産の海・グリーン島を1時間で遊びつくせ！

LUNCH
食べきれない大きさ！

12:00 ココ来たら食べとかないと！
キャノピーグリル Canopy Grill
イチオシはグリーンアイランドバーガー。野菜入りのジューシーパテをガブリ！
🕘9:30〜15:30 ¥グリーンアイランドバーガー$15.5 など

15:30 熱帯雨林をくるりさんぽ
アイランドウォーク Island Walk

島を一周する約2km、約30分の散策コースも楽しい

ナンヨウクイナだよ！

Great Barrier Reef

15:00 初めてでも大丈夫！
スクーバダイビング Scuba Diving

ガイドがきちんとついてくれるから、初めての体験ダイブでも大丈夫！

13:00 やっぱサンゴ礁は見たい！
スノーケリング＆ビーチでのんびり Snorkeling & Beach
スノーケル用具やライフジャケット、ビーチパラソルなどはレンタルOK（有料）。ボートスノーケリングツアーもおすすめ！
¥ボートスノーケリング$52（約1時間）、ダイビング$172（体験ダイブ）、$122（ファンダイブ）

桟橋の南側がオススメ

安全な海はオレが守る！

他にもアクティビティいっぱい！
上で紹介したアクティビティ以外にも、ヘリコプターの遊覧飛行やパラセイリング、パドルボート、ウインドサーフィンなどが可能。スイミングプールや水中観測室などの施設も。ロッカーやシャワーも完備されているので、どのアクティビティも水着＆ビーチタオルがあればOK。日焼け対策もお忘れなく！

グレートバリアリーフを1日満喫しまくる！
グリーン島ディスカバリー・ツアー Green Island Discovery Tour
Map 別冊P.6-B3

グリーン島へは往復乗船券つきツアーで。1日3往復しているどの船でも乗船が可能。このページではケアンズ8:30、グリーン島16:30出港のプランをおすすめします。

★グレートアドベンチャーズ ☎07-4044-9944 URL www.greatadventures.com.au/japanese ✉inbound@quicksilvergroup.com.au ¥$124（高速カタマラン船往復乗車券、ケアンズ出港前のコーヒー・紅茶・ビスケットサービス、セルフ・アイランドウォーク、グラスボトムボートもしくはスノーケル用具レンタル、リゾートプール利用料、シャワー・更衣室・ランチエリアなど日帰り客用リゾート施設使用料）
※ケアンズ市内のホテル送迎$29

先住民族アボリジニのグルグル・グンガンジー族は、グリーン島を「ウンヤミー」と呼び聖地として儀式を行っていたそう。 49

アウターリーフのポントゥーンで
アクティビティざんまい☆

ナポレオンフィッシュと泳ごう！

PonToon

グリーン島だけじゃ飽き足らない！ もっとディープにグレートバリアリーフを体験したいなら日帰りクルーズでアウターリーフへ。マリンアクティビティのバリエも豊富です☆

アウターリーフってなに？
グリーン島よりさらに沖合のサンゴ礁群で、より海の透明度が高く、多くの魚やサンゴが見られる。ポントゥーンとは海の上に設置された人工の浮島のこと。アクティビティを楽しむ基地としての役割を果たしています。

気軽に海をのぞいてみよう
スノーケリング Snorkeling

水中めがねをつけて海に飛び込めば、そこはグレートバリアリーフのど真ん中。サンゴ礁や回遊する魚たちに出会える。海が凪いでて、透明度が高いとラッキー！

濡れずに海中探索
半潜水艇 Semi-Submarine

水に濡れずにディープブルーの世界を楽しめるのが、船の下が展望室になっている半潜水艇。整理券をゲットすれば無料で体験できちゃう。付近の海をこれでぐるり一周してみる？

潜ればそこはグレートバリアリーフ
ダイビング Diving

もともとダイビング用に設置されただけあって、エントリーもラクチン。グレートバリアリーフ屈指の美しいサンゴ礁の中でナポレオンフィッシュと戯れましょう。

海の中をスクーターでGO！
スクーバドゥ Scuba-Do

泳げないからダイビングやスノーケリングは苦手という人には、クイーンズランド州でもここだけでできるという水中スクーター、スクーバドゥ！操作法もカンタンです。

空の上からグレートバリアリーフ
ヘリコプター Helicopter

サンゴ礁の楽しみ方は海に潜るだけじゃないんです。晴れた日に上空から眺めるサンゴ礁はまた格別！

ようこそグレートバリアリーフの世界へ
グリーン島＆グレートバリアリーフ・アドベンチャー
Green Island & Great Barrier Reef Adventure

船はケアンズのリーフフリートターミナルから、グリーン島を経由するので、グリーン島のリゾートゲストもそのまま参加可能。ポントゥーンにはシャワー設備も完備されているので、着替えとタオルだけ持っていこう。アクティビティ後はデッキで昼寝もOKです。

★グレートアドベンチャーズ ☎07-4044-9944
URL www.greatadventures.com.au ￥$263.5（往復乗船券、スノーケル用具レンタル、ビュッフェランチ、半潜水艇乗船券ほか） オプション：スクーバドゥ$170、スクーバダイビング$172（体験ダイブ）$122（ファンダイブ）、日本語ガイドつきスノーケリング$66、シーニックフライト$189

Schedule ToTal 9時間

8:30	ケアンズの港出発
9:15	グリーン島到着
11:20	グリーン島出発
12:30	アウターリーフ到着
	アクティビティ＆ランチ
15:30	アウターリーフ出発
17:30	ケアンズの港帰着

ポントゥーン内にあるキッチンで作られたランチはできたて＆豪華で美味♪

アクティビティのあとはポントゥーン2階のサンデッキで昼寝しました。気持ちいいけど日焼けには要注意です！（青森県・R.N）

Great Barrier Reef fish picture book
グレートバリアリーフおさかな図鑑

グレートバリアリーフに生息する魚の種類は1500以上！
豊かな海の世界が広がっているんです。
ちょっと海にもぐって、彼らの世界をのぞかせてもらいましょう！

ナポレオンフィッシュ

最大体長 229cm
Cheilinus undulatus

大きいものは2mを超える大型のベラ。頭のでっぱりがナポレオンの軍帽に似ていることが名前の由来。

カクレクマノミ

最大体長 11cm
Amphiprion percula

映画『ファインディング・ニモ』の主役に抜擢されて人気爆発。イソギンチャクとなかよしです。

レッドアンドブラックアネモネフィッシュ

最大体長 12cm
Amphiprion melanopus

クマノミの仲間。群れでいちばん大きな個体がオスからメスに変身するという特徴がある。

ユメウメイロ

最大体長 60cm
Caesio cuning

黄緑色のからだに薄く黄色がかった尾びれ。海中で群れに遭遇したときの迫力と美しさは格別。

マンタ（オニイトマキエイ）
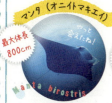
最大体長 800cm
Manta birostris

ダイバー憧れの巨大なエイ。グレートバリアリーフでは運がよければスノーケリングで会えることも。

アオウミガメ

最大体長 200cm
Chelonia mydas

「アオ」は見た目ではなく中身の脂肪の色から。最近は激減してレッドリストにも登録された。

トゲチョウチョウウオ

最大体長 23cm
Chaetodon auriga

日本のものより大きいのが特徴。白黒の美しいストライプと後ろにのびたトゲのような背びれが美しい。

オトメベラ
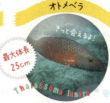
最大体長 25cm
Thalassoma lunare

全身が緑がかっていて、頭部に赤い波線が入っているのが特徴。サンゴ礁に棲む魚の定番。

ハナミノカサゴ

最大体長 38cm
Pterois volitans

海中を舞うように泳ぐ姿が優雅だけど、突き出た尾びれ&背びれは毒アリ。とっても痛いから注意！

クダゴンベ

最大体長 9cm
Oxycirrhites typus

口が管のようになっているのが名前の由来。サンゴの多い岩場に棲む。赤いチェックがキュート！

アオマダラエイ

最大体長 70cm
Taeniura lymma

色鮮やかな水玉模様が特徴。昼間は岩の下で休み、夜に活動する。尾の毒針には猛毒アリ！

オオシャコガイ

最大体長 229cm
Tridacna gigas

人食い伝説もある世界最大の貝。実際は挟まれることはないそう。青いキラキラがキレイ☆

海中写真提供：グレートアドベンチャーズ、Jack Fukushima

サンゴは生きている！
グレートバリアリーフ (GBR) は、2900ものサンゴ礁でできています。サンゴは岩のように見えますが、れっきとした生き物。褐虫藻（かっちゅうそう）と共生していて、二酸化炭素を吸収して酸素を放出するという、地球環境にとって重要な役割を果たしています。足で蹴ったり、手で触れたりしないでね。

GBRは世界最大＆最長のサンゴ群
全長2300km、総面積は35万km²で、日本と同じくらいの広さ。生命体としては地球最大のものなのです。

石のように動かないサンゴですが、実はクラゲやイソギンチャクの仲間。水中のプランクトンを食べているんです。夜には触手を動かしている姿が見られます。

GBRのサンゴの多くがこのイシサンゴという種類。石灰質の骨格のようなものを自分の下に形成していきます。これが集まったものがサンゴ礁（リーフ）です。

GBRには400種類以上のサンゴ！
世界中の約800種類のうち400種のサンゴが生息しています。でもこの数十年で激減しているんです。

キュートな
いっぱい！
ア動物図鑑

ユニークな動物の宝庫。
カンガルーなどの有袋類。
ハリモグラは珍獣中の珍獣。
いったいどの動物に出会えるかな。

ケアンズ
Cairns
オーストラリア動物図鑑

ケアンズの動物園＆ツアー　アニマルリスト	コアラ	カンガルー	ワラビー	ウォンバット	カモノハシ	クロコダイル	ヒクイドリ	エミュ
クランダ・コアラ・ガーデン ＆バードワールド・クランダ P.30	○	○	○	○		○	○	○
ワイルドライフ・ドーム P.30	○	○	○			○	○	
ワイルドライフ・ハビタット P.30	○	○	○	○		○	○	○
ハートリーズ・クロコダイル・アドベンチャーズ P.53	○	○	○	○		○	○	○
どきどき動物探検ツアー P.53		△	○			△		

※△は野生動物のため見られない場合もあり

ディンゴ
Dingo

イヌ。もともとオーストラリアにはいなかったが、約4000年前に人間に連れられてこられたものが野生化。

ワライカワセミ
Kookaburra

体長41〜47cm。人間の笑い声のような鳴き方をするのでこの名前がついた。朝晩によく鳴き声を耳にする。

キバタン
Sulphur Crested Cockatoo

体長44〜51cm。真っ白で大きなオウム。見た目はカワイイけど、鳴き声は「ギャーギャー」いってコワイ。

ハリモグラ
Echidna

体長30〜45cm。得意技は穴掘りで、好物はアリ。カモノハシと同じ単孔類の動物。よく見ると似ている!?

あ、ヒクイドリ
がいる！

ヒインコ
Lorikeet

緑や赤の色鮮やかな羽を持つインコの仲間。花の蜜が大好物で、ブラシのようになったベロで食べる。

カモノハシ
Platypus

体長40〜45cm。カモのようなクチバシと水かきのある手が特徴。タマゴを産んで、母乳で子どもを育てる。

エミュ
Emu

体長150〜200cm。オーストラリアの国章にも刻まれている飛べない大きなトリ。走ると時速50km！

ヒクイドリ（カソワリィ）
Cassowary

体長150〜180cm。クイーンズランド北部の熱帯雨林にのみ生息する絶滅危惧種。凶暴なトリとのウワサも。

ガマグチヨダカ
Tawny Frogmouth

大きなクチバシと黄色い目玉がカワイイ。夜行性で昼は木陰で休んでいる。羽の模様が木そっくり。

昼間は
ねむいんだ

「単孔類」とは排泄と生殖をひとつの穴で共通して行う動物のこと。世界でカモノハシとハリモグラだけです。

ケアンズ Cairns

夢の世界、パロネラパークへようこそ♥

夢はいつか現実に！
パロネラパーク誕生ものがたり

スペインの貧しい家庭に生まれたホセ・パロネラ。ロマンチックな少年の夢はおとぎ話のようなお城を建てること。26歳のとき一念発起してゴールドラッシュ時代のオーストラリアへ渡る。故郷に彼女を残して……。

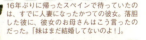

サトウキビ畑での仕事を見つけたホセは誰よりもまじめに働き、ひと財産を築く。42歳、実業家となっていた彼は故郷に残してきた彼女を迎えに、16年ぶりにスペインへ帰ることに。

16年ぶりに帰ったスペインで待っていたのは、すでに人妻になったかつての彼女。落胆した彼に、彼女のお母さんはこう言ったのだった。「妹はまだ結婚してないのよ！」。

妹のマルガリータと結婚してオーストラリアに戻ってきたホセは、長年の夢だったお城の建設に着手。1935年、念願のパロネラパークがオープン、夜も明かりの絶えることのない社交場として人気となったのでした。

Day

カップルに大人気！
1年後に届くラブレター♥

カップルに人気なのが、ツアーの終わりにキャンドルの下で1年後の相手へつづるロマンチックなラブレター。これを相手が読むころには…と想像しながら書くのもまたステキ♡。ショップで販売されている専用レターを購入して。

思い出をお持ち帰り

ツアーの参加者には「夢のかけら」をプレゼント。中身は参加者だけのお楽しみ。オリジナルグッズも要チェック！

夢のかけら / エコバッグ / 切り絵のポストカード / ロマンチックSPOT

5 パロネラ城

ここがツアーのクライマックスとなるお城。星空をバックに美しく朽ちた城がライトアップされると幻想的でロマンチックな雰囲気に

Night

社交場として栄華を極めた
パロネラパーク
Paronella Park

1935年にアミューズメントパークとしてオープン。一時は忘れられた存在だったお城は1993年現在のオーナーにより復活。

Map 別冊P.7-D3　イニスフェイル
- 1671 Japoonvale Rd., Mena Creek
- 07-4065-0000
- 9:00〜19:20（最終入園18:00）
- $46　Card A.D.J.M.V.
- ケアンズ市内から車で約1時間半
- www.paronellapark.com.au

夕暮れからが美しい
ライトアップ☆パロネラパーク
Light-up☆Paronella Park

昼間のツアーもあるけど日本人旅行者に圧倒的な人気を誇るのが夜のツアー。サプライズ演出もありロマンチックさも抜群。

★どきどきツアーズ
- 07-4031-4141
- info@dokidokitours.com
- $170（ケアンズ市内のホテル送迎、日本語ガイド、パロネラパーク入場料、懐中電灯貸出、イタリアンディナー）

ジブリ映画のモデルになった？とウワサされるパロネラパークですが、スタジオジブリはウワサを否定しているそうです。 57

ケアンズ

Atherton Tableland

アサートン高原ってどんなところ？

世界遺産の熱帯雨林に囲まれたアサートン高原は湿潤熱帯雨林と乾燥地帯が入り交じる複雑な気候。この特徴を活かした農産業はいまもこのエリアの主要産業のひとつで、ケアンズの台所的な役割も担っています。

Map 別冊P.6-B1

アサートン高原の厳選グルメ

Gourmet 4&5
ハンピーのピーナッツと季節のトロピカルフルーツ

お気に入りの味見つけてね！

おまけグルメ！マカダミアナッツ

マカダミアナッツもケアンズでは名産。こちらもいろいろなフレーバーが揃ってます！

「ハンピー」はローカルの御用達。店内には地元産の野菜やトロピカルフルーツ、ハチミツなどフレッシュな食材がいっぱい！ホットナッツバーでは自慢のオリジナルフレイバーのピーナツが並ぶ。

Gourmet 7
こだわりのトロピカルフルーツワイン

こちらじゃ評判なの

フルーツのいい香りだよ！

Gourmet 6
コーヒー産地マリーバで焙煎したての一杯

お次はマリーバの有名店「コーヒーワークス」でフリータイム。地元産のフレッシュ焙煎コーヒーをおしゃれなカフェで楽しむのも◎。もちろん豆の購入もOK。いろいろ飲み比べてお気に入りを探してみて！

シメはライチやマンゴー、ブッシュベリーなど地元でとれるフルーツを使ったワインでカンパイ☆ 一番人気はパッションフルーツ。季節ごとに10種類くらい揃っています。飲みすぎて酔っぱらっちゃわないようにご注意を。

おまけグルメ！高原の紅茶

収穫量が少なく貴重とされる地元産の紅茶。コーヒーとあわせてこちらも試してみて

チョコ！

クワの実やマンゴーでできたポート酒やハニーデューメロンのクリーミーなリキュールも

おまけグルメ！フルーツのリキュール

14:20 アサートン高原を抜けてホテル着 ← 15:30 フルーツワイナリーでテイスティング ← 17:15 コーヒー産地・マリーバのカフェで自由時間

グルメ＆自然を満喫！
アサートン高原めぐり＆グルメツアー
Atherton Tableland Gourmet Tour

アサートン高原の魅力がぎゅぎゅっとつまったグルメ＆自然が盛りだくさんのツアー。ガイドのシェーンさんは日本語堪能で解説も詳しい。地元の人々とのふれあいも楽しんで。

★トゥルーブルーツアー ☎040-149-1598 www.truebluetours.com ✉bookings@truebluetours.com
💰$165（ケアンズ市内のホテル送迎、日本語ガイド、スコーン、ランチ、チーズテイスティング、フルーツ、10種のワイン、国立公園入場料）

ボクが厳選したアサートンのベスト！

日本に連れて帰りたい！

手からエサを食べてくれる人懐っこいワラビーはカワイイ♡

このツアーに参加してガイドのシェーンさんにこの本を見せるといいことあるかも!? トライしてみて。

激流のバロン川 vs ドームのてっぺん
アドレナリン系アクティビティ どっちも興奮度マックスです！

スリル＆満足度100％だよ！

一度やるとヤミツキになるアドレナリン系アクティビティはケアンズに来たら、ぜひチャレンジしたいもの。arucoスタッフも太鼓判！ たっぷりスリルを味わって。

初心者さんでもラフティング

のんびりスポット

激流スポット

川泳ぎスポット

バロン川の両サイドは緑豊かなケアンズの熱帯雨林。流れのゆるやかなところでは、周りの景色も楽しみながら、次の激流への準備！

激流スポットが近づくとガイドさんが「つかまって！」とか「オールをあげて！」と上手にリード。もう身をゆだねて飲み込まれちゃって！

しばらくゆるやかな流れが続くところでは川にダイブ！ 照りつける日差しのなか心地よく冷たい水に浮かぶと解放感もバツグン☆

バロン渓谷国立公園で楽しむ
バロン川半日ラフティング
Barron River Rafting

ケアンズ市街から北へ車で約20分、バロン川はビギナー向けコースのなかでかなりレベルの高いスポット。天然のウォーターライドはケアンズのマストアクティビティ！ 水着＋濡れてOKの服装で着替えとタオルをお忘れなく！ やや上級者向けのタリー川1日ラフティングもあり。

Map 別冊P.6-B2　バロン渓谷国立公園

★レイジングサンダー・アドベンチャーズ
☎07-4030-7990　URL www.ragingthunder.com.au
✉japan@ragingthunder.com.au　$152（ケアンズ／パームコーブ市内のホテル送迎、ライフジャケット＆ヘルメット、日本語案内、ラフティングガイド、コーヒー＆紅茶） Card J.M.V.
※写真（USBメモリ付）$30

Enjoy! ハンパない楽しさ！

River Rafting

ラフティングは13:50～各ホテルピックアップ、ケアンズ帰着は17:45ごろ。午前中はズーム、午後はラフティングもOKです！

ケアンズの街なかで のんびりショッピング＆アートめぐり♪

あそこ行ってみて！

海が目の前にあり、碁盤の目のように整ったケアンズの街は散歩にぴったり。のんびり歩きながらおみやげやお気に入りのアート雑貨を探してみて！

TOTAL 6時間

ケアンズおさんぽ TIME TABLE

- 12:00 ケアンズ・セントラル
  ↓ 徒歩約5分
- 13:15 シティプレイス
  ↓ 徒歩約5分
- 13:45 ケアンズ・リージョナルギャラリー
  ↓ 徒歩約10分
- 14:30 セントモニカズ・カテドラル
  ↓ 徒歩約2分
- 15:00 ケアンズ水族館
  ↓ 徒歩約10分
- 16:30 アンシエント・ジャーニーズ
  ↓ 徒歩約5分
- 17:30 エスプラネード

日用品からおみやげまでなんでもある！

1 ケアンズ最大のショッピングセンター
ケアンズ・セントラル　12:00
Cairns Central

Map 別冊P.9-C3 ケアンズ中心部

ケアンズ駅に隣接した市内で一番大きなショッピングセンター。スーパーマーケットの「コールズ」(P.75)をはじめ180以上の専門店が入っている。水着もコスメも、だいたいなんでも揃える。

🏠 Cnr. McLeod & Spence St. ☎07-4041-4111
月～水金土祝9:00～17:30、木9:00～21:00、日10:30～16:00 URL www.cairnscentral.com.au

1. オーガニックコスメはラインナップ豊富　2. エコラップも実用性高し！

ビューティコンシャスな人に
ゴー・ヴィタ・チェリーズ
Go Vita Cherries

オーガニックコスメや雑貨など、環境に配慮しつつキュート＆実用性の高い品揃え！

🏠 Level 1, Shop 127, Cairns Central ☎07-4031-0018
⏰ 9:00～17:30（木～21:00）、土～17:00、日10:30～16:00）
Card A.M.V.
URL govitacairns.com.au

ここがケアンズ市街の中心地
2 シティプレイス　13:15
City Place

Map 別冊P.9-C2 ケアンズ中心部

ケアンズ市街の中心となるのがシールズ・ストリートとレイク・ストリートの交差点。2015年にリニューアルされ、イベントなども行われる。バスターミナルも新しくなった。

1. バスターミナルもリニューアル
2. このあたりは歩行者天国

入場無料！ショップも要チェック！

3 豪奢な建築にも注目！ 13:45
ケアンズ・リージョナルギャラリー
Cairns Regional Gallery

ケアンズをはじめクイーンズランド州のアーティストの作品を展示する美術館。1936年の建築。

Map 別冊P.9-C2 ケアンズ中心部

🏠 40 Abott St. ☎07-4046-4800 ⏰月～金9:00～17:00、土10:00～17:00、日10:00～14:00 ￥無料

壮大なストーリー！

4 ステンドグラスが美しい 14:30
セントモニカズ・カテドラル
St. Monica's Cathedral

壁面にはめ込まれたのは世界最大のテーマステンドグラス。天地創造の物語が描かれている。カンガルーやヒクイドリの姿が描かれているのもオーストラリアならでは。

Map 別冊P.8-B2 ケアンズ中心部

🏠 183 Abott St. ☎07-4051-2838 ⏰7:00～17:00（土～20:00、日6:00～18:00） URL www.cairns.catholic.org.au

ラグーンでひとやすみ

6月にオーストラリア旅行に行きました。こちらは6月が決算のようでどこも大セール中！買いすぎました！（岐阜県・M.S.）

5 15:00 2017年、待望のオープン
ケアンズ水族館
Cairns Aquarium

海の街ケアンズに、ついに水族館がオープン。熱帯のサンゴや海の生物に触れながら学ぶ「タッチ&トーク」などユニークなプログラムを展開。併設のレストランもチェック！

ケアンズ近郊の海の生態がわかるって！

レストラン→P.85

Map 別冊P.8-B2　ケアンズ中心部

- 5 Florence St.
- 07-4044-7300
- 9:00〜17:00（金〜19:00）※閉館1時間前までに入場
- $42
- Card A.M.V.
- URL cairnsaquarium.com.au

あっ！ペリカン！

ここからグレートバリアリーフへ！

リーフフリートターミナル

6 16:30 アボリジナルによるアボリジナルのショップ
アンシエント・ジャーニーズ
Ancient Journeys

並んでいる商品も運営もアボリジナルによるショップ。彼らの伝統的なデザインを現代に落とし込んだアイテムはおみやげにぴったり。奥にはアボリジナルのアート作品も売られている。

Map 別冊P.9-C2　ケアンズ中心部

- 53-57 Esplanade
- 07-4033-0228
- 10:00〜18:30　休日・祝
- Card A.M.V.
- URL www.ancientjourneys.com.au

1. ドライグラスを使ったカゴ　2. ワニは精霊とされる動物

エスプラネード The Esplanade

てっぺんに人魚が!!

→P.63

ナイトマーケット

リーフカジノ&ワイルドライフドーム

Shields St.

シティプレイス

Spence St.

オーケーギフトショップ

Grafton St.

ラスティーズ・マーケット →P.80

Sheridan St.

7 17:30 ケアンズ市民の憩いの場
エスプラネード・ラグーン
Cairns Esplanade Lagoon

トリニティ湾に沿ってのびるエスプラネード（遊歩道）には、広いラグーンプールのほか、バーベキュー施設などもある。周辺には夜遅くまで開いているレストランやショップが集まっている。

Map 別冊P.9-C1　ケアンズ中心部

- The Cairns Esplanade Lagoon
- 07-4044-3715
- 6:00〜21:00（ラグーンプール）　休水6:00〜12:00
- URL www.cairns.qld.gov.au/esplanade

1. 浅瀬になったラグーンプールは子どもも安心して遊べる　2. 土曜日の朝はマーケットも開催され、たくさんの人でにぎわう

ツアーから戻ってからでもお買い物OK♪

Mcleod St.

ケアンズ・セントラル

ケアンズ駅

クランダ鉄道（P.26）はここから発着します！

おみやげだったらおまかせ！
ナイトマーケット
Night Market

ユーカリのオイル！

夕方からオープンするケアンズ名物のマーケット。定番みやげや雑貨などが充実している。フードコート、マッサージ店もある。

Map 別冊P.9-C2　ケアンズ中心部

- 71-75 Esplanade
- 16:30〜23:00
- URL nightmarkets.com.au

コスメから雑貨まで定番みやげがそろうマーケット。フードコートも！

ケアンズ　Cairns　ショッピング&アートめぐり♪

「ケアンズ・リージョナルギャラリー」に併設されたテラスカフェはケアンズの人気カフェです。

定番から話題のアイテムまで
お気に入り買って帰ろ☆
オーストラリアの注目ブランド

オーストラリアブランド、どこで買える？
日本でも人気のブランド、残念ながらケアンズにはここで紹介しているブランドの個別店舗はなし。ほとんどのブランドが揃うのが「フジイストア」(P.71)。他都市のショップは別冊P.29でチェック！

日本でも定番人気のものからこれからブレイクしそうな話題のアイテムまで、本場に来たらゼッタイ買いたい！オーストラリア発の注目ブランド一気に紹介！

1. くるりと巻き上がったツバとリボントリムがかわいい。$275 2. マニッシュな印象のハット $275 2,4. 一番人気の定番の形は折りたたみできるラフィアのハットは現地でも大活躍。ツバの広さは3種類。$295～ 5. クラシックなバスケットバッグ。$320

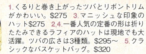

HELEN KAMINSKI AUSTRALIA
ヘレン・カミンスキー
Helen Kaminski

マダガスカル原産のラフィアでていねいに職人が編んだ帽子が有名なヘレン・カミンスキー。1980年代に強い紫外線を避けるためにヘレンさんが編んだラフィアハットが原点になったんだそう。帽子のほかラフィアのバッグなども人気で、女優のニコール・キッドマンも愛用者のひとり。

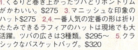
モンスタースレッズ
monsterthreads

シドニーの週末マーケットでTシャツが話題になり、ブレイクしたモンスタースレッズ。コミックタッチからほのぼのイラストまでさまざまなテイストのアーティストが描く雑貨やアパレルが人気急上昇中。

1. 学校に仕事場に持ってこ。マイボトル $29.95 2. パスポートケース $39.95 3. アロマキャンドル $12.95 4. すぐに使えちゃうレディースTシャツ $28 5. クールな柄のメンズも $35

1. 街歩きにも◎スエード $229.95 2. クラシックスタイルは $199.95 3. 5cmのヒールのレディースブーツ。$229.95 4. 女性でもカッコいいバーガンディ $299.95

Blundstone
TASMANIA AUSTRALIA・1870
ブランドストーン
Blundstone

1870年、オーストラリアのタスマニア島で生まれたサイドゴアブーツの代表ブランド。現地ではもともとヘビーワークの労働者たちの靴だった。機能性＆ファッション性が注目され、日本でも最近大人気のブランド。

 あまりの紫外線の強さにヘレン・カミンスキーの帽子を購入。高かったけど、上品なデザインで帰国後も愛用♡（岐阜県・みち）

オーストラリアの注目ブランド

ケアンズ
Cairns

Crumpler
クランプラー

1995年、3人の自転車便メッセンジャーによって立ち上げられたメルボルン発のブランド。配達のかたわら、自分たちが本当に使いたいメッセンジャーバッグを自分たちで作り始めたのがきっかけ。機能性とデザイン性を兼ね備えたバッグはカメラマンやスポーツ選手にも愛用されている。

1. 折りたためるリュック$39〜
2. ウエストポーチ$129
3. 小旅行にぴったりのダッフル$169
4. 腰＆肩で持てるサコッシュ$79
5. 街歩きに便利なワンショルダー$169

1. メルボルンのアイコンが描かれたティータオル$25
2. バンブー＆プラントベースのカップは環境にも◎。$22
3. ウォンバットマグ$20
4. ダンシングコアラのエコバッグ$15

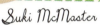

Suki McMaster
スキ・マクマスター
Suki Macmaster

メルボルン発のブランド。イラストレーター、スキ・マクマスターの手による愛らしいイラストの雑貨やホームウェアは、明るい色づかいがまたたく間に人気に。サウス・メルボルン・マーケットにもキュートなショップがある。

1,2. オーブンミトンは2タイプから。グローブ$18.95、両手タイプ$24.95
3,4. ビニールでカバーされたポーチはビーチやスパにも。$16.95〜$25.95

annabel trends.
アナベル・トレンド
annabel trends

もともとはメルボルンで創業。アンさんがキッチンやテーブル用品をデザインして小さなマーケットで販売したのが始まり。その後、娘のサリーさんがゴールドコーストに拠点を移し、現在はさまざまなファブリック製品を展開している。

ENVIROSAX
エンビロサックス
Envirosax

クイーンズランド州発のエコバッグブランド。「軽くて丈夫、水に強くて、5年は持つ」というコンセプトに加えて環境にも優しいエコバッグはキャメロン・ディアスなどセレブも愛用したことからブームに。いろんな色柄から選べるのも◎。

1〜3. かさばらないおみやげとして根強い人気！いろいろ買って選んでもらうのも◎。各$12.5

もしいくつもお目当てがあるなら複数ブランドが揃うショップでの購入がおすすめ。$300以上ならTRS（P.179）が適用されます。

69

ケアンズ

本場のアグブーツ、どれにする？

$178

ふたつボタンのミドル丈ももはや定番スタイル。スカートにもパンツにもOKです **C**

オーストラリア製かどうか、こんなタグもチェックして

「emu」のオーストラリアで作られた"プラチナライン"はかかとのタグがメタル製。日本で買えるのは革のタグ

$229.95

こちらも定番、ロングのウルトラチェストナット色。この安さ、ホントに買い☆です **A**

な本場のどれにする？

女優やモデルから火がついたファッションアイテム。やっぱり買わずにいられない！

$239

スニーカーみたいなレースアップスタイルは、一見ダグ感なく履けちゃいます **B**

もともとは室内履きとして生まれたものなんだって

くるぶしあたりまでのウルトラミニ丈も脱ぎ履きしやすくパンツによく合う **B**

洗うときはぬるま湯に洗剤を溶かして手洗い。陰干しして乾かして

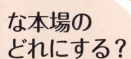

$89.95

メンズも履きこなしやすいスリッポンタイプ。室内履きにも使えます **A**

$299

$179

コーデュロイのミニ丈は、いっそう暖かい印象に。温かみのある色をチョイスして **B**

SHOP DATA

emuならココがおすすめ
フジイストア Fujii Store

品質にこだわったemuのオーストラリアメイド「プラチナライン」がお目当てならコチラ。バリエーションも豊富でスタッフも詳しい。落ち着いて試着できるのも◎。 **A**

Map 別冊P.9-D2 ケアンズ中心部

🏠 13A Spence St. ☎ 07-4041-0554 🕘 9:00～20:00（土日祝12:00～） Card A.D.J.M.V.
🌐 www.fujiistore.com シティプレイスから徒歩8分

レザー製品がバリエ豊富！
オーストラリアン・レザー・カンパニー Australian Leather Company

オーストラリアメイドにこだわったレザー製品中心のギフトショップ。アグブーツの取り扱いブランドは◎。お手ごろ価格も◎。 **C**

こちらもチェック！→P.73

Map 別冊P.9-C2 ケアンズ中心部

🏠 Shop 53-57 The Esplanade ☎ 07-4051-6711 🕘 12:00～22:00 Card A.J.M.V. 🌐 エスプラネードから徒歩3分

オーダーメイドもOK
アグ・シンス1974 UGG Since 1974

色・素材・スタイルまで完全オーダーメイドできちゃうアグショップ。店舗はゴールドコースト＆シドニーで。オーダーメイド希望ならゴールドコーストのファクトリーショップがベスト。 **B**

データ→P.33

アグブーツを買ったらお手入れ製品も一緒に買っておくと◎。ブランドによっては中敷きのみの購入もできます。

せっかく買って帰るなら
自分にもおみやげにも
ローカルメイドのちょっといいもの

ケアンズは定番みやげばかり、と思っている人にお知らせ。地元アーティストなどローカルメイドのこだわりの "ちょっといいおみやげ" 実はたくさんあるんです☆

レア動物カモノハシ $59.95
ふわふわの手触りが気持ちいいカモノハシ。実物見れなくても連れ帰って！ D

ざっくりキュート♥コアラのあみぐるみ 各$49.95
ローカルアーティストが手編みしたコアラ。ペアで連れて帰っちゃう?! B

天然染料のやさしい色合い $24.47
まるでワンちゃんみたいだけど、この子もコアラ♡デカ耳がキュートです D

オーストラリアンアニマル

キュートなナゾの生物?! $34.95
もじゃもじゃ君はエキドナ（ハリモグラ）というオージーアニマル D

あちこちで見かけたヤツ☆ $46.95
オーストラリア各地で見かけるキバタン。見てるとかわいく思えてきちゃう B

やっぱ定番コアラ&カンガルー $109.95
クイーンズランド州ギンピーで、おばちゃんが手作りしているカンガルーファーのぬいぐるみ。手触りがほかと全然違います！ D

$49.95

ぬいぐるみはすべて1点もの！

ディンツリー産のカカオチョコレート 各$9.95
モスマン近郊で収穫された地元産の贅沢チョコレート。味はダークとミルク。ちょっとフンパツみやげに AD

$14.95

オトナ風味のマーマレード $12.95
タスマニア産ウィスキーを使ったマーマレードは洋酒が香るグルメなジャム D

たくさんまとめ買いでバラマキみやげ？

Eucalyptus Lozenges $5.95

地元グルメ

さわやかな香りのキャンディ
スーパーでも購入できるユーカリキャンディはのどあめのような効果もあるスッキリフレーバーで人気 D

トロピカルな味♥ $6.5
ケアンズ産シュガーで作られた、完全無添加のソフトキャンディ。優しい味わいが A

料理やお茶に入れて $13.5
ケアンズ原産のブッシュフルーツパウダーは抗酸化作用がブルーベリーの3倍だとか。鮮やかな色もキレイ A

これなら持ち帰りOK! $9.95
ケアンズ産の原料から作られたナチュラルマンゴージャム。濃厚な味わい☆ A

バニラのあま〜い香り 各$9.5〜
クイーンズランド州ではバニラも採れるんです。バニラエッセンスやバニラティーなど甘い香りを楽しんで！ A

ジェットスターでチケットを購入するとき預け荷物制限を30kgにしておいたので重さを気にせず買い物できました！（香川県・どん）

ケアンズ

地元アーティストメイド

各$16.95〜

お気に入りの動物を連れて帰っちゃお
コアラやヒクイドリなど小さな陶器の動物シリーズ。これもハンドメイドアートです D

$15

さりげなくくっつけたい
オトナテイストのブローチ。カバンやポーチにさりげなくつけるとカワイイ♡ B

ちょっとポップな感じでキュートでしょ？

各$79.95

ハンドメイドのアボリジニドール
地元のアボリジニアーティストがひとつずつ手作りしたお人形さん。ひとりずつ名前がついててキュート♡ E

ローカルメイドのちょっといいもの

さりげない日常づかいに☆
パイナップルにハートでキャンディモチーフのバカンス気分なリングたち！ D

各$70〜

$26

頼もしい家事のおとも
ヴィンテージのティータオルをリメイクした洗濯ばさみ入れ。意外に便利！ B

$35

身につけるワイルドフラワー
バンクシアの花をモチーフにした大きめピアス。ファッションのアクセントに！ D

$38〜

100％シープのあったかソックス
オーストラリア産シープ100％のルームソックス。これなら寒い冬も足元から暖まります C

本からのぞくコアラのしおり
革でできたしおりは、いいね！のポーズをしたコアラが本からぴょん！ D

$7.95

$12.95

ユーカリからできたコマ？
ガムナットと呼ばれるユーカリの木になる実をそのままコマにした楽しいおみやげ D

$9.95

いまどき？なんていわないで！
かつて旅のおみやげコレクションの筆頭だった懐かしのペナント、まだ健在です D

プチおみやげ

$14.95

ホントに送れちゃうんです
カンガルーファーでできたポストカード。現地から送ってみるのはいかが？ D

$5.95

オーストラリア柄のトランプ
ほのぼのとしたクラシックなイラストが可愛らしいトランプ。旅の途中でみんなでわいわい楽しめそう！ E

ノスタルジックな花柄がステキ☆
カンガルーレザーでひとつずつていねいに手づくりされたポーチはどこか懐かしさ漂う柄 D

いろんな種類・形があるよ！

A ケアンズ産のいいものいっぱい
パウチ Pouch
ケアンズ産が8割というオージーメイドのギフトショップ。オーナーが作り手と直接会って共感したものだけをセレクト。

Map 別冊P.9-D2　ケアンズ中心部
Shop 11 Village Lane, 20 Lake St.
07-4028-3670　11:00〜18:00　日
Card M.V.　シティプレイスから徒歩8分
URL pouch-australia.com

B ローカルなアート探しに
メイキン・ホッピー
Makin' Whoopee Gift Shop
2017年5月にオープンしたキュートな雑貨屋さん。多くはケアンズ在住の作家によるもので、すべてハンドメイド。

Map 別冊P.9-C2　ケアンズ中心部
58 Shields St.　07-4041-1672　月
火金10:00〜17:00、水木〜18:00、日〜15:00　Card A.M.V.

C 100％オーストラリア
オーストラリアン・レザー・カンパニー
Australian Leather Company　データ→P.71
アグブーツやブランドストーン（P.68）などレザー製品を中心にしたギフトショップ。オーストラリアンメイドのみを扱っているので安心。

D じっくり探すと掘り出し物！
フジイストア Fujii Store　データ→P.71
オーストラリアのおみやげからアーティストメイドまで幅広いラインナップ。夜遅くまでオープンしているのもうれしい。

地元アーティストの雑貨を買うならマーケットもおすすめ。週末のエスプラネード（P.67）やポートダグラス（P.81）がおしゃれです。

ケアンズ

Cairns

しちゃう 楽しい！ ショッピング ケット探険☆

みやげスイーツに雑貨まで ケットは女子的パラダイス♡ ◎。掘り出し物見つけちゃお！

スーパーマーケット探険☆

オージー大好き！ アンザックビスケット $3
クリスピーでむっちりした食感のアンザックビスケットは定番中の定番。手づくりキットも

小分けパックで配りやすい $4.5
小さな箱入りレーズンがたくさん。配りやすいのも◎。中身は……普通のレーズンです

ナッツ製品も隠れたおみやげ 各$4.5
マカダミアナッツなどのナッツ製品は日本よりもリーズナブル。男性にも喜ばれそう

ちびカンガルーが袋にぎっしり $3.2
カンガルーの形をしたスナック菓子。チキンフレーバーの他にソルトやビネガー味も！

人気のライスクラッカー $2.5
日本にもあるお米のおせんべい。ソルト＆ビネガーなどフレーバーが変わってて美味☆

アーノッツ社のビスケット&クッキー $2〜
ティムタムが看板商品のアーノッツ社、実はラインナップかなり豊富です。どれもおいしい！

シンプル素材の上質ビスケット 各$4
保存料や添加物を一切使わないシンプルでおいしいビスケットシリーズ

おやつ＆スナック SNACK

自分用に、バラマキみやげに

オシャレなグルメスープ $2.25 / $3.5
ローカルフレーバーのキャンベルスープ&オーストラリア産トマトスープ

チリバージョンも仲間入り $3
右のマスタード&カレーパウダーにはチリバージョンも。全種揃えてみる?!

クラシックなパケが◎ 各$5〜
中身はなんてことないカレー&マスタードパウダーだけど、パッケージがカッコいい

クラシック&クールなパッケージが◎ $5.99
こちらイギリスのキャラメルチョコウエハース。カッコいいけど甘すぎるのがたまにキズ

セクシーな人魚がオシャレ☆ 各$2.7
オシャレツナ缶。オリーブやバジルなどのフレーバーがついていて、これまたおいしい

あなどるなかれ実力派ソープ！ $4.5
トリプルミルド製法&100%自然由来、オーストラリア産の石けんです♡

なんかちょっと迫力を感じるパケ☆ $6.3
その名もラブリーパンケーキミックス。きっとおいしく焼ける…はず！

香りも◎なシンプルパケ $2.59
マヌカハニーやレモングラスなどの香りもいいナチュラルソープ。ニュージーランド製

インパクトをねらうなら ナイス☆パッケージ！ NICE PACKAGE

ケアンズ中心部で歩いて行ける ウールワース Woolworths

国内に872店舗を展開するチェーン。ケアンズ店はエスプラネードからも徒歩5分程度で便利。

Map 別冊P.9-C2　ケアンズ中心部
- 103 Abbott St.
- 07-4019-6356
- 6:00〜24:00（土7:00〜、日7:00〜21:00）
- Card A.J.M.V.
- シティプレイスから徒歩5分
- URL www.woolworths.com.au

広々店内はつい長居しちゃう コールス Coles

こちらも国内に741店舗あるスーパー。ケアンズ・セントラル内にあり、面積も広く品揃え豊富！

Map 別冊P.9-C3　ケアンズ中心部
- Cairns Central, Mcleod St. & Aplin St.
- 07-4051-1344
- 8:00〜21:00（日9:00〜）
- Card A.J.M.V.
- ケアンズ・セントラル（P.66）内
- URL www.coles.com.au

加工されていない肉・魚や果物・野菜は国外持ち出しができないのでご注意。宿泊中に食べきれるぶんだけ買うのがオススメです。

SAYA
サヤ

ヌーサ発の注目スキンケアブランド。オーストラリアに自生する植物を原料に、肌に栄養を与えるだけでなく、肌が本来持つ治癒力も高めてくれる。

各 $25.95

クレイマスクでスペシャルケア
ローズヒップやカモミールを配合したグリーン＆ピンクグレイのパックは、週に1度！

$38.95

カカドゥプラムやアロエ配合
老廃物や脂分を取り除きながらも、しっとりと洗い上げてくれるクレンジング

$89.95

アルガンオイルベースの美容液
アルガンオイルに植物抽出物をブレンドした夜専用の美容液。アンチエイジングに効果的

$34.95

植物の力でピーリング☆
5種類の果物から抽出したAHA（フルーツ酸）配合のスクラブ。ダメージ肌の修復にも

$38.95

ローズウォーターの化粧水
ローズウォーターにキュウリやカカドゥプラムなどをプラス。保湿＆バランスを調えます

原材料は自然の恵み☆

ナチュオーガニッオーストマストバイ

ブッシュフラワーにココナッ
自然豊富なオ
ナチュラルコス
オトナ買い＆
オーガニック

その他の都市のショップリスト → 別冊P.29

Salus.
サリュ

100%ピュアエッセンシャルオイルと植物エッセンスをベースにした、オーストラリアンメイドのスキンケア＆バスプロダクト。人工香料や石油由来の原料は不使用。

$50
乾燥肌にたっぷり使えるクリーム
シアバター、カレンデュラ、カモミール、ホホバなどをブレンドしたボディクリーム

$12
やさしく洗いあげてくれるボディタオル
100%コットンのフェイス＆ボディウォッシュクロス。柔らかな肌触りが心地よい

$12
すっきりとした香りで保湿効果もあり
抗菌作用のあるユーカリオイルと保湿効果の高いヤギのミルクを主原料にしたソープ

Aesop
イソップ

創業当時はヘアケア製品から始まったメルボルン発ブランド。植物成分と非植物成分をバランスよく配合したコスメは日本にもファンが多い。美しいパッケージデザインも注目。

旅のおともにいかが？
4種のヘア＆ボディプロダクトを少量キットにしたトラベルキット。旅行中にもいい

$50
乾燥肌に効果テキメン☆
アロエやローズヒップなど植物の抽出物をブレンドしたクレイタイプのお手入れマスク

$73
着け心地は軽いのに保湿力◎
抗酸化作用の高いパセリシードを配合した保湿美容液。すっとなじんでプリプリの肌に

$330
ラインづかいで試してみちゃう？
パセリシードシリーズの6種のコスメが入ったスキンケアキット。お試しにも◎

「イソップ」は残念ながらケアンズでは取り扱いショップがないそう。私はシドニーの「イソップ」で購入しました。（山口県・R.K.）

ケアンズ

Cairns

オーストラリアのマストバイコスメたち

リラックスタイムの
ハーバルティー
オーガニックのカモミー
ルやホップの花、ラベン
ダーをブレンドした香り
のよいハーブティー

$24.95

気分に合わせて
香りも選べる
シャンプー＆コンディショ
ナーはローズマリー、カモ
ミール、マリーゴールドの
3種類
各$17.95〜

もはや定番
オーガニック虫よけ
ユーカリや
ティーツリーな
どのさわやか
な香りがアウ
トドア中でも
虫たちを遠ざ
けてくれます

$15.95

Perfect Potion
パーフェクトポーション ☆ D

日本ではオーガニック虫よけ
が有名。昔から親しまれてき
たアボリジニの薬草をヒント
に、天然素材の持つ治癒力に
注目したケア用品を展開。

iKOU
イコウ D

バスタイムのリラックス効果
にインスパイアされたという
ikou（＝憩う）は、シドニー
のブルーマウンテンズ発の
ブランド。オーガニックで
エシカルな製法も◎。

$19.95

トラベルキットで
まずはお試し
シャンプー、コン
ディショナー、ボ
ディウォッシュ、
ローションのセッ
ト。お手ごろ価
格も◎

$37.95

1日の終わりに
じんわり効く
温めて肩や腰などお疲れパーツにのせてリラッ
クス。オーストラリアらしいユーカリの香り

スペシャル
ヘアケアで
髪復活☆
ダメージヘア
の救世主。こ
れで髪を30分
ほどパック
するだけでさらさ
らヘアが甦り
ます！

$8.95

ラル＆
ク天国♪
ラリアの
コスメたち

ツオイル、パパイヤ……
ーストラリアは
メのパラダイス。
リピ買い必至の
コスメはコレ！

見つけたらラッキー☆スペシャルキット
シーズンによってはおトクなキットが店頭
に出ていることも。見つけたら買い！です。
単品で購入するよりずっとリーズナブル！

日焼けした肌にも優しい
ローズやカモミールの香りが心地
よい化粧水。たっぷりサイズなの
でボディにも◎

$30〜

ローズベースに
ハーブを配合したヘアケア
シャンプーはデトックスや潤いなど
全6種類。コンディショナーもそれ
に合わせて各種あり

Grown Alchemist
グロウンアルケミスト D

ボタニカルビューティがポリ
シーの注目の新ブランド。植物
性の原料を生物の観点から科
学的に分析したオーガニック
コスメはラインナップも豊富。

$38

MOR
モア ☆ D

シャープなのに女性らしい、
クラシックなのに新しいパッ
ケージデザインが絶大な支持
を誇るモア。バス＆ボディや
フレグランス製品が人気。

香りも楽しむ
ハンドクリーム
ブラッドオレンジ
の香りふんわり、
ビタミンEやシア
バター配合で保湿
もバッチリです☆

$12.95

缶もキュート◎
ラグジュアリーソープ
マシュマロやライ
チ、ザクロなど全
7種の小さなソー
プは缶も集めたく
なっちゃう可愛さ

$9.95

☆〜☆のショップは次のページをチェック！

77

$12.95

タスマニアン
ラベンダーが
うっとり香る

タスマニア産の
オーガニックラベ
ンダーを贅沢に配
合したハンド＆ネ
イルクリーム

ひとつで
ふた通りに
使える☆

シトラスの香りが
さわやかなスプレー。ボディ
用にも、ルームス
プレーにも使えま
す

$19.95

Maine Beach
マインビーチ　Ⓐ Ⓔ

日本でも最近話題のオーガ
ニックボディケアブランド。
オーガニック成分が配合され
たコスメは実力も◎でパッ
ケージもキュート！

リグリアンハニーの
実力をお試しあれ

カンガルー島のみで採れる一級
品、リグリアンハニー配合のハン
ド＆リップクリームセット

$22.95

$20

置いとくだけで
オシャレな空間に

パッケージもシンプルで美し
いハンドソープ。洗面所のイン
テリアとしても◎です

Murchison -Hume
マーチソン・ヒューム　Ⓐ Ⓔ

シドニー発のプレミアムハウ
スクリーニング＆ケア製品の
ブランド。ほぼ100%植物原
料の安心なお掃除グッズは日
本でも最近人気です。

大事な服の
お手入れに
常備したい

洋服の匂いとり
だけでなく、シミ
落としにも使える
万能な植物由来
のフレッシュナー

$14

革製品の
ケアにも
お役立ち

なかなかクリーニ
ングしづらいレザー
のバッグの
お手入れ用品。
革の保湿にも◎

$14

$35.95

$27.95

アンチエイジング
コスメはいかがで？

女性誌で2016年ベス
トコスメにも選ばれた
ローズヒップオイル。
くすみやシワにも

trilogy
トリロジー　Ⓐ Ⓓ

2002年、ニュージーランド
出身の姉妹によってスタート
したブランド。創業時から
ローズヒップをライン
ナップの柱としている。

オイルとセットで
使いたい

こちらもオススメの化粧水。
ローズ、ゼラニウム、ラベン
ダーがふわりと香ります

$7.95

$6.95

Lucas Papaw Remedies
ルーカス・ポーポー・レメディーズ　Ⓐ Ⓓ

植物博士で医者のルーカスさ
んが1906年に開発したとい
うポポレメディ。オースト
ラリア女子のポーチには必ず
入っている定番です。

ポーチにひとつ！
万能コスメ

リップクリームとしてだけで
なく、やけど、切り傷にも
使えるという万能選手。い
ろんなサイズが揃ってます

Ⓐ フジイストア　→P.71
Ⓑ パウチ　→P.73
Ⓒ メイキン・ホッピー　→P.73

Ⓓ 街なかのドラッグストア
Ⓔ Myers（Map別冊p.9-C3）
　など百貨店、セレクトショップ

ルーカス・ポポ・レメディーズがお気に入りです。リップクリームとして使うと最高！（北海道・ほのか）

LOCAL COSME
ローカルコスメ

お手ごろ価格ラインから地元の定番まで。
お気に入りを探して！
A〜Dのショップ→P.78

オーストラリアでしか買えない

$23.1

Holistic Beauty
ホリスティック・ビューティ B

ナチュラル＆オーガニック素材のボディケアブランド。このバスソルトはエプソムソルト100％＆ピュア精油たっぷりで、痩身・美肌・疲労回復に効果アリだそう

Jojoba Oil
ホホバオイル B

オーストラリアでは定番みやげのホホバオイルは、保湿やメイクオフ、アンチエイジングなど顔から髪まで全身に使えちゃう万能コスメ

$32.95

Kaizi's Coconut Oil
ピュアココナッツオイル A B

ビタミン豊富で肌を弱酸性にキープしてくれるスグレモノ。食用OKのピュアオイル（左）やシナモン配合で筋肉痛などにも効果があるマッサージオイル（右）も

$21〜 $26〜

Thursday Plantation
サーズデイ プランテーション A D

古くからアボリジニの薬でもあったティーツリーは消臭・殺菌にも効果あり。左は傷などに使える殺菌効果のある軟膏、右は100％ピュアティーツリーオイル。

$16.95 $7.95

$8.95

$10.95

$8.95

Sukin
スキン D

ベビー用ボディーローション（左）。シアバターをはじめとした天然のビタミンEが肌にやさしい。アロエやカモミールを配合したハンドウォッシュは手しっとり（右）

各$33

各$33

Rare Earth Oils
レア・アース・オイルズ B

100％クイーンズランドの森から採れたオイルと精油をベースにした注目のローカルコスメブランド。自然の恵みと効能をダイレクトに感じられるアロマオイル（左）やマッサージバーム（右）のほか、美容成分がたっぷり配合されたピュアオーガニック＆植物由来の乳液やクレンザーも。

$24.95

emu tracks
エミュスピリット A

先住民アボリジニによって何百年も使われてきたというエミュオイル。関節痛や筋肉痛などにも効果があるんだそう。某有名プロ野球選手もご愛用だとか

Bondi Wash
ボンダイ・ウォッシュ C

ボンダイ発のオーガニックホームコスメブランド。99〜100％が植物由来の製品で、肌にも環境にも安心。台所洗剤から虫よけまで幅広いラインナップ。

$30

$16 $20 $10

$12

$25

$24

$20

$32

$39.95

Wellingtons Wick
ウェリントンズ・ウィック C

ケアンズメイドのバス＆ボディケアブランド。すべてピュアエッセンシャルオイルを原料に手作りされていて、どれも香りに癒やされる。バスソルトやボディローションやアロマキャンドルなどプレゼントにも喜ばれそう。

ケアンズ Cairns オーストラリアのマストバイコスメたち

シドニーのパディントンにある「イソップ」(P.137)はフェイシャルスパを併設。60分$120〜。チャレンジしてみて！

本場よりおいしい!?
ベトナム料理
Vietnamese

ここのテッパンは塩焼きそば$11。ぷりぷりしたエビとアジアなダシの風味がたまらない。フォー（汁そば）も絶品

オーナーのビリーは人気もの
ビリーズコーヒー
Billy's Coffee

オレがオーナーのビリーさ！

コーヒーの味もさることながら、オーナーのキャラクターが際立っているこの店。オリジナルカップがかわいすぎる！

客足の絶えない人気店
バリスタ・シスタ
Barista Sista

今日の調子はどう？

フラットホワイトできたわよ！

笑顔がステキなふたりがやっている人気のコーヒー店。一番人気はもちろんオージー風カフェラテ、フラットホワイト$3.5〜

オプションでアイスをトッピング！

あまいのもしょっぱいのもあり
クレープ
Crepe

卵やハムが入ったクレープでがっつり朝食もいいし、フルーツの入ったクレープでデザートもいい

さっぱりさわやか
サトウキビジュース
Sugar Cane Juice

オイシイ！

サトウキビを搾ったフレッシュで自然な甘みがクセになる。ちょっとライムが入っているのがおいしさの秘密。$2

買って帰ってホテルで食べよ

フルーツマーケット
Fruits Market

新鮮な野菜や果物がたくさんとれるクイーンズランド州だから、マーケットのメインもやっぱり農産物！試食もできるよ。

週末はどっちへ行こう！？

Cairns
ラスティーズ・マーケット

Rusty's Markets

マーケットは週末だけの安くておいしい朝食をポートダグラスのにぎやかな青空もちろんどっちも

おいしいローカルグルメなら
ラスティーズ・マーケット
Rusty's Markets

シェリダン＆グラフトン・ストリートに挟まれた場所で毎週末開かれるマーケット。フードコートはシールズ・ストリート寄りの一角に集まっている。

Map 別冊P.9-C3　ケアンズ中心部

- 57-59 Grafton St., Cairns
- 07-4040-2705
- 金土日5:00～18:00（日～15:00）
※各店舗により異なる
- シティプレイスから徒歩5分
- http://www.rustysmarkets.com.au

サンデーマーケットにはフードのストールがなく、最後まで粘ってから昼過ぎに街のレストランへ行きました。（和歌山県・KOH）

ヴィンテージ
ファブリックの小物たち

ギルモアさんが
作る実用的なアートピース

スワンの刺繍が入ったファブリックを使ったポーチ。もちろん一点物

それぞれの木が持つ色とフォルムが美しいキッチンウェア。バターナイフ。素材を活かしたプレートなどアート作品も販売

ケアンズ Cairns 週末マーケットへ行こう！

カイジおじさんの
人気ココナッツソープ

使い勝手もいいんだぜ！

食べちゃいたくなるキュートなソープはほんのりと自然な香りにもうっとり

色とりどりで迷っちゃう、飾りたくなるソープ

Port Douglas
サンデーマーケット

Sunday Markets

女友達のおみやげにしちゃお♡

職人気質カイジさんの手づくりソープ＆オイルは隠れファン多し

グルメな人は
知っているジャム＆ディップ

木の実アクセサリーって初めて見た！

お楽しみ！ラスティーズで楽しもうか、足を延ばしてマーケットへ行ってみようか。楽しむってのもアリ！

かわいい雑貨ショッピングなら

ポートダグラス・サンデーマーケット
Port Douglas Sunday Markets

海沿いのアンザックパークで毎週日曜に開催。地元アーティストの出店が多い。買い物のあとは徒歩1分の街なかランチも楽しんで。

マスタードは町のレストランでも使われている人気商品

笑顔がステキなアーティストカップルのシックで上品な木の実アクセサリー

Map 別冊P.6-A1　ポートダグラス

🏠 Anzac Park, Port Douglas
🕘 8:00～13:30ごろ（日のみ）
💳 店舗により異なる

ポートダグラスってどんな街？
ケアンズから車で約1時間、リゾート＆高級住宅が建ち並ぶ洗練された雰囲気の海辺の街。オーストラリア有数の高級リゾート地で、ハリウッドセレブもお忍びで訪れるんだとか。メインストリートにはショップやレストランもたくさん。

ポートダグラス行きシャトルバスも活用！
ケアンズ市内のホテルとサンデーマーケットを開催しているポートダグラスをつなぐシャトルバスが運行している。

ポートダグラスバス
★BTSポートダグラス
🚌 往復 $68（1日5往復）。始発7:00ケアンズ市内出発、最終17:00ポートダグラス発）※毎日運行
📞 07-4099-5665
🔗 portdouglasbus.com.au

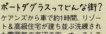

ポートダグラスまではツアーのほかレンタカーが便利。キャプテンクックハイウェイをひたすら真っすぐなので道もカンタンです。

ケアンズ *Cairns*

オーストラリアのブッシュタッカーディナー

ケアンズのモダンオーストラリアンなら
オーカーレストラン
Ochre Restaurant

モダンオーストラリアンで数々の受賞歴があるファインダイニング。美しく彩られたブッシュタッカーメニューを味わえる。下記で紹介したのは「テイスト・オブ・オーストラリア」(ひとり$70)。

Map 別冊P.9-D1
ケアンズ中心部
🏠 6/1 Marlin Parade
☎ 07-4051-0100
🕐 11:30～15:00、17:30～21:30 ⓢ ひとり$80～
Card A.D.J.M.V.
週末は予約がベター
リーフフリートターミナルから徒歩1分
URL www.ochrerestaurant.com.au

カンガルー?!
してみる?
ラリアの
カーディナー

的に食べていた動植物がはモダンにアレンジされた初めての味、体験してみて☆

エミュ
Emu
高タンパク＆低カロリーで豚肉の約4倍の鉄分！脂肪からとれるオイルもスキンケア製品として活用されている。

オーシャントラウト　クロコダイル　エミュ　カンガルー

AUSTRALIAN ANTIPASTO
オーストラリアンオードブル
カンガルーのくん製やワニ肉のワンタンなど前菜まで独創性あふれるメニュー！

クロコダイル
Crocodile
コレステロール値を下げるといわれる不飽和脂肪酸が豊富で、高タンパク＆低コレステロール。鶏肉に近い食感。

ワトルシード
WaTTle Seed
オーストラリアの国花でもあるアカシアの種。ローストして料理に利用。コーヒーのような香ばしい味わい。

エミュ

カンガルー

CHAR GRILLED KANGAROO SIRLOIN & EMU FILLET
カンガルーの炭火焼き＆エミュ肉のフィレ
メインディッシュはカンガルー＆エミュ。上質な赤身肉の味わいです

クロコダイル
＆エビ

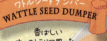
WATTLE SEED DUMPER
ワトルシードダンパー
香ばしいオーストラリア風パン。ピーナッツオイルとドゥッカスパイスをつけて
ワトルシード

カンガルー
Kangaroo
高タンパクで低コレステロールな食材。火を入れ過ぎず調理するとやわらかく熟成牛肉のような味わいになる。

SALT & NATIVE PEPPER CROCODILE AND PRAWNS
クロコダイルとエビのフライ
アジアンテイストな手法を取り入れた一品。ワニ肉ということを忘れそう！

オーストラリアのブッシュタッカー。ワニはクロコダイルファームで食用に養殖されていますが、カンガルーは野生なんだそう。

味&ロケーションに個性がキラリ☆

旅先の食事は、思い出に残る そんな人にオススメな、味はもちろん、ロケーションや

Breakfast 朝食

ビュッフェスタイルだから、好きなものを好きなだけチョイス！ ひとり$30

Esplanade エスプラネード

Paper Crane ペーパークレーン

ステキな一日はここから！
目の前に広がるのは、遊歩道エスプラネードの緑とその向こうの海。ボリュームのあるリッチな朝食で元気をチャージ！

Prawn☆Star ブロウン・スター

Seafood シーフード

山盛りのミックス・ブロウン$30とサーモンの刺身$20

On the Boat 船の上！

がっつりシーフード！
お店はなんとピアに停泊しているボート！ 新鮮な採れたてをすぐに茹でてサーブするというワイルドさ。手でむしゃむしゃ食べちゃおう！

La Fettuccina ラ・フェッタチーナ

定番のおいしさブルスケッタ$14、ペスカトーレ$22.5〜

ローカルとわいわい楽しんじゃおう！
地元の人なら知らない人はいない30年以上続くイタリアンレストラン。店内で毎日手作りするパスタも美味。スタッフもフレンドリーで居心地◎。

Most Popular 一番人気！

Italian イタリアン

豪華な朝食ビュッフェを
ペーパークレーン Paper Crane
明るい日射しのなかレパートリー豊富なビュッフェ朝食を楽しめる。ディナーは新鮮な食材にこだわったアジアンフュージョンを提供するダイニングに変身。

Map 別冊P.8-B2　ケアンズ中心部
📍131-141 Esplanade, Ground Floor, Riley, Crystalbrook Collection Hotel ☎07-4252-7711 🕐月〜金6:00〜10:00、土・日6:30〜10:30、12:00〜14:30、17:30〜21:00 💰予算ひとりS$〜 💳A.J.M.V. 週末のディナーはあるとベター 🌐シティプレイスから徒歩15分　5; www.crystalbrookcollection.com

ひたすらシーフードが食べたい！とき
ブロウン・スター Prawn Star
メニューはシンプルに茹で上げたシーフードかサーモンの刺身など。サイドメニューもないという潔さ。とにかくシーフード気分なら。

Map 別冊P.9-C1　ケアンズ中心部
📍Pier Point Rd., Marlin Marina, E31 Berth ☎04-5642-1172 🕐12:00〜21:00 💰予算ひとり$20〜 💳A.M.V. 🌐マリーナから徒歩1分

わいわいシェアして食べたい
ラ・フェッタチーナ La Fettuccina
週末は外の席までいっぱいになる、ケアンズいちの人気イタリアンレストラン。スタッフもフレンドリーでサービス&味ともに◎。迷ったらシーフード系メニューにトライしてみて。週末は予約がオススメです。

Map 別冊P.9-C3　ケアンズ中心部
📍41 Shields St. ☎07-4031-5959 🕐17:00〜22:00ごろ、金のみランチタイムあり（12:00〜15:00）💰ひとり$30〜 💳A.J.M.V. 🌐シティプレイスから徒歩5分　URL www.lafettuccina.com

オーストラリアの食事はどこもハンパない量の多さ。もったいなくて頑張って食べてたらやっぱり太っちゃいました（笑）。（福岡県・みい）

ケアンズのとっておきレストラン

ユニークなものが食べたい！
ケアンズの個性が光るレストラン。
雰囲気も楽しんじゃお♡

Brazillian Churrasco
シュラスコ

食べ放題のシュラスコ・エクスペリエンスはひとり$54.9

Bshfire Flame Grill
ブッシュファイヤー・フレームグリル

好きな肉を好きなだけ
ビーフ、ポーク、チキン、シーフードなどいろんな種類のグリルを好きなだけ切り分けてくれるシュラスコレストラン。目の前でナイフでサーブしてくれるのも楽しい。

Performance 切り分けパフォーマンス

Burger バーガー

ジミーズクラシック&マッシュルームバーガー$18.9

Chic Interior オシャレインテリア

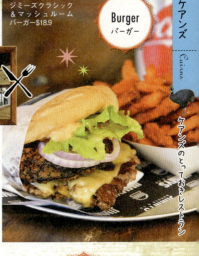

Jimmys ジミーズ

ひと味ウワテのバーガー
ちょっとノスタルジックだけど、なんかオシャレなグルメバーガーレストラン。素材にこだわったシンプルなバーガーが美味。晴れた日は外の席も。

Dundee's @ Cairns Aquarium
ダンディーズ・ケアンズ・アクアリウム

Australian オーストラリアン

オーストラリアならではの食材とアジアンフレイバーのフュージョン、ワニ肉の春巻き（ランチ$19.5）

Aquarium 水族館?!

水族館でフュージョン料理
サメや魚たちがゆったりと泳ぐ水槽を眺めながら食事ができる、ケアンズ水族館(P.67)にあるレストラン。メニューはシーフード中心のモダンオーストラリアン。

ランチやテイクアウトに
ジミーズ Jimmys Burger & Co.
シティプレイスから徒歩すぐ。迷ったら肉のうまみがおいしいクラシックバーガーを。レタスバンズのオプションもあり。

Map 別冊P.9-C3　ケアンズ中心部
- 66 Shields St.　☎07-4041-6651
- 11:00～深夜　なし　Card A.J.M.V.
- シティプレイスから徒歩5分
- www.jimmysburgerco.com

ハラペコで行くのがオススメ☆
ブッシュファイヤー・フレームグリル
Bushfire Flame Grill

ローカルにも大人気のシュラスコスタイルのレストラン。いろんなグリルを少しずつ、好きなだけ切り分けてくれる「シュラスコ・エクスペリエンス」でガッツリ食べちゃお☆

Map 別冊P.9-C2　ケアンズ中心部
- The Esplanade & Spence St.　☎07-4044-1879
- 17:30～21:00 (L.O.)　ディナー$50～　Card A.M.V.
- パシフィック・ホテル・ケアンズ (P.183) 1階
- www.bushfirecairns.com

ロマンチックなレストラン
ダンディーズ・ケアンズ・アクアリウム
Dundee's @ Cairns Aquarium

ケアンズの名店ダンディーズ (P.82) の支店だが、メニューは異なる。水族館に入場しなくても入店OKだけど、週末は予約がベター。

Map 別冊P.8-B2　ケアンズ中心部
- 5 Florence St., Cairns Aquarium　☎07-4276-1855
- 8:30～22:00　予算ひとり$～　Card A.M.V.
- 週末のディナーはあるのがベター　シティプレイスから徒歩10分
- www.dundees.com.au

週末の夜はローカルでもにぎわう人気レストラン。平日はウォークインでも大丈夫だけど、週末は予約しておいたほうがベター。

バナナパンケーキ
BANANA PANCAKE
$17
A

焼いたバナナとパンケーキ、シロップとリコッタチーズを合わせてパクリ。至福です♡

チョコケーキ
CHOCOLATE CAKE
$6.5
B

小麦粉を使わないグルテンフリー。コクがあるのにクリーミー。売り切れ必至の人気メニュー

朝食におやつまで！
ナイス☆

ツアーに出る前の早朝や、お昼ケアンズの街なかにはまったオーストラ創作プレートランチ

Good Morning!

ミソスクランブル
MISO SCRAMBLE
$17
B

味噌で味付けしたスクランブルエッグをトーストの上にオン！日本食のエッセンスを取り入れた創作料理

ケアンズファンタジー
CAIRNS FANTASY
$7.5
F

野菜＆果物たっぷりのパイナップルベースの飲みやすいスムージー。その日の気分で選んで♡

自家製食パンに挟まったサクサクのとんかつにコールスローとソースがベストマッチ

How are you?

カツサンド
KATSU SANDWICH
$19
H

Delicious?

乗船前の朝食にもぴったり

A
ブルー・マリーン・ビストロ
Blu Marlin Bistro

グリーン島などへの船が発着するリーフフリートターミナルに隣接するカフェ。マフィンやエッグベネディクトなど朝食にぴったり。

Map 別冊P.9-D1　ケアンズ中心部

🏠 Reef Fleet Terminal, 1 Spence St.　☎07-4031-6222
🕐 6:00~14:00　Card M.V.
🌐 リーフフリートターミナルすぐ横
URL blumarlinbistro.com

コーヒー好きも納得の味！

B
カフィエンド
Caffiend

こだわり豆を腕利きバリスタがていねいに淹れてくれる。フードメニューも充実、どれも独創的で繊細な味を楽しめる。ランチタイムにぜひ。

Map 別冊P.9-C2　ケアンズ中心部

🏠 72 Grafton St.　☎07-4051-5522　🕐 7:00~15:00（日8:00~14:00）Card M.V.
🌐 シティプレイスから徒歩5分
URL www.caffiend.com.au

キュートなインテリアのオシャレカフェ

C
キャンディ
Candy

シャンデリアや壁紙などガーリーな雰囲気のカフェ。フードも期待を裏切らない実力派、モダンオーストラリアンな朝食＆ランチを楽しめる。

Map 別冊P.9-C2　ケアンズ中心部

🏠 70 Grafton St.　☎07-4031-8816　🕐 6:00~16:00（土6:00~15:00、日7:00~14:00）
Card M.V.　🌐 シティプレイスから徒歩5分

ヒッピーテイストな人気カフェ

D
リリーパッド・カフェ
The Lillipad Café

朝食タイムから席がいっぱいということも多い人気店。ボリュームいっぱいの朝食メニューにびっくりすること間違いなし、トライしてみて！

Map 別冊P.9-C2　ケアンズ中心部

🏠 72 Grafton St.　☎07-4051-9565　🕐 7:00~15:00、17:00~21:30　Card M.V.
🌐 シティプレイスから徒歩5分

✉ ブラックバード・レーンウェイ（Map別冊 P.9-C2）がおすすめ。いまケアンズで一番おいしいコーヒーが飲めると評判です。（埼玉県・きょうご）

ケアンズ Cairns

ケアンズのナイス☆カフェ8軒

ランチに ケアンズの カフェ8軒

にぽっかり時間が空いたときりできるカフェがたくさん！リア名物もも堪能しちゃお

コールドドリップ コーヒー COLD DRIP $4 Ⓑ

いろんなバリエで飲みたいコーヒー。こちらはゆっくり抽出した水出しアイスコーヒー

ブレッキーブリトー BREKKIE BRRITO $18 Ⓓ

タマゴ、ソーセージ、チーズなど朝食メニューがそのままブリトーになったヘヴィーな一品

オージーミートパイ AUSSIE MEAT PIE $6.2 Ⓖ

肉のうまみをぎゅっと紫込んだグレービーたっぷりのミートパイ。スイーツパイも◎

フラットホワイト FLAT WHITE $4 Ⓑ

オーストラリアではどこもフラットホワイトがおいしいけど、ケアンズのイチオシはココ！

ブッダボウル BUDDHA BOWL $18 Ⓔ

ケール、ポーチドエッグ、アボカド、ナッツなどボリュームたっぷりなのに最高にヘルシーな一品

チキン シーザーサラダ CHICKEN CAESAR SALAD $18 Ⓒ

おなじみシーザーサラダもオージーサイズならたっぷり。ちょっと食事を控えめにしたいときにも

Love to eat♡

Ⓔ ロケーションもごちそう☆なカフェ

ワーフ・ワン・カフェ
Wharf One Café

トリニティ湾のワーフにある特徴的な外観のオシャレカフェ。ローカル＆オーガニック素材にこだわったヘルシーメニューが女性にも人気。

Map 別冊P.9-D2　ケアンズ中心部

🏠 Wharf St, On Trinity Wharf
☎ 07-4031-4820　⏰ 7:00～15:00
💳 A. M. V.　🚶 リーフフリートターミナルから徒歩5分

Ⓕ 旅行中の野菜補給の救世主！

スヌージーズ・ヘルスバー
Snoogies Health Bar

野菜オンリーのヘルシーなスムージージュースバー。ラップやデリなどもあり、野菜が不足しがちな旅行中のビタミン補給にもうってつけ。

Map 別冊P.9-C2　ケアンズ中心部

🏠 Main Street Arcade, Btw Lake & Grafton St.　☎ 04-0934-0024
⏰ 9:00～14:00　🚫 土日
🚶 シティプレイスから徒歩3分

Ⓖ オーストラリア的国民食の名店！

メルドラムス・パイズ・イン・パラダイス
Meldrum's Pies in Paradise

ミートパイを食べられる店は数あれど、ここはベストミートパイ賞を何度も受賞している名店。クリスピーな生地とお肉たっぷり、お試しあれ！

Map 別冊P.9-C2　ケアンズ中心部

🏠 97 Grafton St.　☎ 07-4051-8333　⏰ 7:00～15:00（土6:30～14:30）🚫 日　💳 不可　🚶 シティプレイスから徒歩5分

Ⓗ 絶品のパンをいただく

チェゼスト
Chezest

自家製パンが今ケアンズで一番おいしいと評判。ローストビーフなどが挟んだバゲットサンドやクロワッサンもおすすめ。コーヒーも美味。

Map 別冊P.9-C2　ケアンズ中心部

🏠 135 Grafton St.　☎ 07-4000-2110　⏰ 月～金7:00～15:00、土7:00～14:00、日7:30～13:30
💳 M.V.　🚶 シティプレイスから徒歩5分

オーストラリアのカフェは朝が早いのが◎。ただしランチタイム後にはクローズしちゃうところがほとんどです。時間には要注意です。

ウルル
(エアーズロック)
&
カタ・ジュタ

明け方に、夕方に、何度でも見たくなる、
言葉にならない、雄々しくて、神秘的な自然の造形。
真っ赤な太陽が、赤い大地をさらに赤く染めて
聖地ウルルとカタ・ジュタを浮かび上がらせる夕暮れどき。
一生モノの風景を、この目にしっかり焼きつけたい！

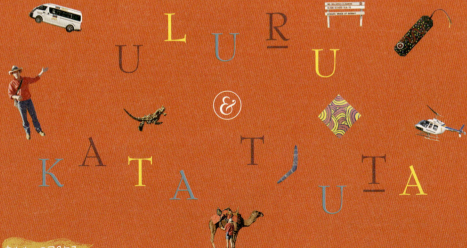

ウルルへのアクセス
ケアンズから約3時間。シドニーから約3時間半。メルボルンから約3時間。

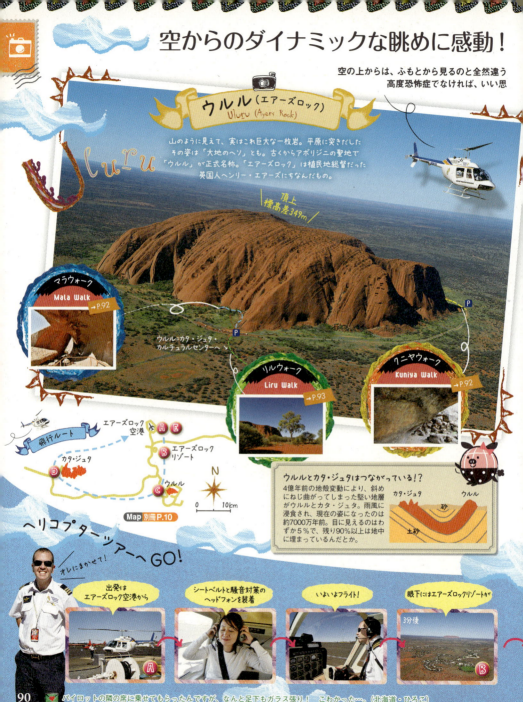

世界遺産 ウルル&カタ・ジュタ絶景☆フライト！

ウルルとカタ・ジュタの姿が眺められる。い出になること間違いなし！

どうして赤い？ ウルル&カタ・ジュタ
ウルルとカタ・ジュタは砂岩でできていて、本来の岩肌はグレー。しかし、この岩の中には約6%の鉄が含まれており、その鉄分が空気中の酸素と結合して酸化、つまり「錆びる」ことによって赤くなったんだって。

サンライズ&サンセットツアーも！ →P.22

カタ・ジュタ（オルガ）
Kata Tjuta (The Orgas)

ウルルから西へ32km。36もの巨岩が屹立した異様な景観が特徴。アボリジニ男性の聖地で、アボリジニの女性と子どもは入れない。「カタ・ジュタ」とは「多くの頭」という意味。「オルガ」はドイツ王妃の名前から取られたもの。

カル（第1）展望台 Karu Lookout
Map 別冊P.10-B1

ここからカリンガナ（第2）展望台まで2.2km、1時間

終点には展望台あり！

ウォルパ渓谷ウォーク Walpa Gorge Walk
36あるカタ・ジュタ岩群のなかでも最も大きいふたつの岩に挟まれた渓谷を散策するルート。「ウォルパ」とは現地の言葉で「風」という意味。岩と岩の間を吹き抜ける風がクールダウン効果で気持ちいい！

難易度 ★☆☆ / 距離 2.5km / 所要時間 1時間
Map 別冊P.10-B1

風の谷ウォーク Valley of the Winds Walk
聖地が多く、立ち入りエリアがかなり制限されているカタ・ジュタ。風の谷ウォークは奥深くへ入れる唯一のルート。全ルートを制覇するのはなかなかのハードさです。カル（第1）展望台まではラクチンです。

難易度 ★★☆ / 距離 6km / 所要時間 3時間
Map 別冊P.10-B1

この看板で確認！ Valley of the Winds Walk Open

予想最高気温が36℃以上の日の11:00以降はカル（第1）展望台より奥は立入禁止！幹線道路の標示をチェック

ヘリコプター・フライト
Helicopter Flight

眼下にウルルを

ウルルのみ、またはウルル&カタ・ジュタを空から眺める遊覧飛行。フライト時間はアレンジ可。ここまで来たらせっかくなのでぜひトライを！

Map 別冊P.10-A1 リゾート周辺

★プロフェッショナル・ヘリコプター・サービス
Professional Helicopter Service
☎08-8956-2003 ⏰ウルル&カタ・ジュタ(25分) $255、ウルルのみ(15分) $150 （各1名につき）
※リゾートからの送迎込み URL www.phs.com.au

まずはウルルへ！ 10分後 ©
What a nice view!
お次はカタ・ジュタへ！ 15分後 Ⓓ
空港に帰還 30分後 Ⓔ

飛行中はプロペラの音がうるさいのでヘッドフォンを常時着用。足下にあるボタンを踏むと会話ができます。

91

ここはアボリジニのスピリチュアルスポット！
ウルルベースウォークを歩いてみよう☆

残された壁画は920ヵ所にものぼるというウルルのふもとには、アボリジニのスピリチュアルスポットがたくさんなのです。のんびり歩きながら彼らの世界にふれちゃおう。

あついわね！

理想の服装ガイド
トレッキングをするならアウトドアの服装で。気になる人は虫除けネットも。水は1L必携！

- リュック
- ネットつき帽子
- 水
- スニーカー

長老の伝説が残る マラウォーク Mala Walk

ウルル登山道から西にのびるマラウォークはウサギワラビー族の道。ベースウォークのなかでもとくに重要な伝説が残っています。

難易度	距離	所要時間
★☆☆	2km	1時間

Map 別冊P.10-B3

イジャリイジャリ

岩面に開いたいくつもの穴は、伝説によるとフクロモグラが掘ったものなんだそう

クラスルーム

子どもたちに絵や伝説の説明をしていた跡が壁画として残る洞窟。ステキな野外教室です

涸れることない聖なる水場 クニヤウォーク Kuniya Walk

伝説のヘビ、クニヤの伝説が残る道。壁面に残されたクニヤの通った跡や、涸れることのない不思議な水場、壁画など見どころがいっぱい。

難易度	距離	所要時間
★☆☆	1km	45分

Map 別冊P.10-B3

クニヤの跡が残る山肌

岩肌に上から下に大きく残された黒い跡は、クニヤがくねくねと通った跡と伝えられています

水場はまだ？

乾季にも涸れることがないという水場。ムティジュルとは水場を守るヘビのこと

カピムティジュル（マギースプリングス）

あれはハート？！

めずらしい動植物に注目！

国立公園内はこのエリアにしか生息しない貴重な動植物の宝庫。上は「トゲのある悪魔」の異名を持つトゲトカゲ。右は「逆さまの草（アップサイドダウンプラント）」。散策中、足元にも注意してると発見できるかも！

とげとげ

3歩進んで2歩下がる

クニヤ！？

ムティジュル洞窟

もしかしてクニヤがここで休んでいるの！？ ヘビの形をした岩の下のほら穴はアボリジニの壁画が残されています

ウェーブ洞窟
4つのでこぼこが長老たちの姿だと伝えられています。女性・子どもは立入禁止だった場所

カンジュ渓谷
マラウォークの終点は、静かに水をたたえる静謐な場所。神秘的な雰囲気とときおり吹く風を感じながら、音なき音を聞いてみて

撮影禁止エリアについて
アボリジニの聖地ウルルとカタ・ジュタには、伝統を守るため撮影禁止区域が設けられています。多くはいまも伝統の儀式が行われている場所。アボリジニの人々の意志を尊重してこの看板があるところでは写真撮影は控えてね。

リーズナブルにウルルへ
ウルルやカタ・ジュタへの送迎のみを行うサービス。予約＆タイムスケジュールは各ホテルのフロントで。

ウルル・ホップオンホップオフ
Uluru Hop on Hop off

☎08-8956-2019　￥ウルル往復$49〜、カタ・ジュタ往復$95、1日パス$120　URL www.uluruhoponhopoff.com.au

ウルル
Uluru

ウルルベースウォークを歩いてみよう☆

蛇〜ビ伝説が残る リルウォーク Liru Walk

カルチュラルセンターからウルル登山道のふもとまで続くウォーク。平坦で歩きやすいけど日差しには注意！

難易度	距離	所要時間
★★☆	2km	45分

平坦な道だけど日差しを遮るものがないので、水を忘れずに

ショップも充実 ウルル＝カタ・ジュタ・カルチュラルセンター
Uluru = Kata Tjuta Cultural Centre

このエリアに居住するアボリジニ、アナング族の文化を紹介している。敷地内には軽食が取れるカフェや、アボリジニのペインティングや木彫品などの工芸品を扱うマルクアーツ（P.97）などのショップも入っている。

Map 別冊P.10-B3　ウルル周辺
☎08-8956-1128　🕐7:00〜18:00
￥国立公園入園パスがあれば無料

ウルルをぐるり一周 セグウェイ・ツアー Segway Tour

↑上をご覧ください！

ただウルルのまわりを歩くだけではつまらない！ そんな人におすすめなのが、ウルル1周12kmをセグウェイに乗ってまわるツアー。日本語音声ガイダンスもついているから安心。サンライズやサンセットツアーもあり。

難易度	距離	所要時間
★★☆	12km	2.5〜5時間

ウルル・セグウェイ・ツアーズ Uluru Segway Tours
☎08-8956-3043　￥$139〜179　URL www.ulurusegwaytours.com.au

Uluru

ウルルはだれのもの？
ウルルの伝統的所有者はアボリジニのアナング族。現在は近くのムティジュル村で暮らしているんだそう。この国立公園は1985年からオーストラリア政府と共同管理しながら、100年契約で賃貸しているんだ。

ウルルベースウォークの際は水筒は必携。こまめな水分補給を。気付かないうちに脱水症状になります。

93

Q アボリジニってどういいう意味？

「ab origine（最初の）」というラテン語を語源とする英語で「原住民」といった意味。それがオーストラリアの先住民族を表す言葉として定着したものなんだ。現在は「アボリジナル」「オーストラリアン・アボリジニ」という呼び方をしたりもする。人種としては、モンゴロイド（黄色人種）、ネグロイド（黒人）、コーカソイド（白人）と並び、オーストラロイドに属すとされているよ（諸説あり）。

Q いつからオーストラリアに住んでいるの？

アボリジニがオーストラリア大陸に渡ってきたのは7〜5万年くらい前といわれているよ。このころはいまよりも海面が100m以上低くて、ニューギニアとも繋がっていたといわれている。現在、オーストラリアで発見されている最古の人骨はニューサウスウェールズ州のマンゴ湖で発掘された通称「マンゴマン」と呼ばれる化石で、約4万2000年前のものといわれているんだ。

Q 元々どういう暮らしをしていたの？

18世紀にヨーロッパ人が植民地化するまで、狩猟採集をもとにした石器時代さながらの暮らしを伝統的に続けていたんだ。20〜50人程度のグループで生活し、簡単な小屋を建てて、動物を追いかけながら定住することはなかったといわれている。イギリス人が入植した後は、羊飼いなどの仕事をさせられ、農場の外で同じような小屋を建てて暮らしていたそう。

意外に知らないオーストラリアアボリジニって

ウルルは先住民族アボリジニの聖地。この土地に住み続ける彼らは、芸術性がその歴史背景も含めて少し知って

全力投ヤリするよ！

ケアンズでもワイルドな別世界を体験！

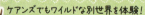

キメポーズでお出迎え♪

ジャプカイ・アボリジナル・カルチャーパーク
Tjapukai Aboriginal Cultural Park

アボリジニカルチャーを体験できるアトラクションとしてはオーストラリアでは最大級。昼のパークは効率よく回れば3時間でほとんどのアクティビティを体験できる。夜のディナーショー「ナイトファイヤー・バイ・ジャプカイ」はケアンズで人気のナイトアトラクション。

Map 別冊P.6-B2　ケアンズ郊外

★Cairns Western Arterial Rd., Smithfield　☎07-4042-9999　⏰9:00〜17:00　入場料$62、カルチャー体験付$88、ケアンズ市内送迎$21　Card A.M.V.　ナイトファイヤー・バイ・ジャプカイ（$123）は要予約　ケアンズ中心部から車で15分　URL www.tjapukai.com.au

Q ディジュリドゥってなに？

1000年以上前にできたアボリジニの木管楽器で「世界最古の管楽器」ともいわれているよ。ユーカリの内部をシロアリが食べてしまって空洞化したものを使っているんだ。元々は北海岸でのみ使われていた楽器で、アーネムランド地域ではイダキやマゴ、クイーンズランド州ではイギギと呼ばれている。ディジュリドゥという名前はヨーロッパ人がその音色をまねてつけたそう。

ディジュリドゥを買い、大きいので日本へ送ってもらいました。税関でチェックされましたがOKでした。（東京都・はな）

オーストラリアの先住民族アボリジニってどんな人たち？

いことだらけ！アの先住民族どんな人たち？

自然と共存しながら、何万年も前から高く神秘的な独自の文化を持っているんです。おくと、もっと深く旅が楽しめるはず。

Q ドリームタイムってなに？

ドリームっていうと「夢の世界」みたいだけれど、いってみれば聖書における「天地創造」、日本の「古事記」に相当するような、アボリジニの創世の神話のようなもの。部族によって異なっているのだけれど、世界が創りだされるなかで、自然と人間は流動的なものだというのが彼らの基本的な宇宙観。ヘビやカンガルー、山など動物や自然に自分たちの姿を見いだしていたんだ。

Q ソングラインってなに？

文字を持たないアボリジニは、狩りの仕方や民族の神話など、生きていくうえで必要な知識を子どもに伝える方法として、絵を描いたり、ダンスを踊ったりしていたんだ。ソングラインもそういった知識の伝達手段のひとつで、歌にのせて水場のありかやカンガルーのすみか、聖地などを伝えた、いわば歌による地図。水や食べ物に困ることなく、自分たちのテリトリーを移動してまわれるんだって。

Q アボリジニの旗ってなに？

「Aboriginal Flag」と呼ばれるもので、アボリジニの人たちによる民族闘争運動のなかで生まれたもの。1971年に誕生したんだよ。ハロルド・トーマスという人がデザインしたんだ。真ん中の黄色いのが「生命の根源である太陽」、黒が「アボリジニの過去・現在・未来、そして肌の色」、赤が「オーストラリアの大地と彼らが流してきた血」を表現しているんだそう。2000年のシドニーオリンピックのときに掲げられて注目されたんだ。いまでは官公庁にも掲げられているよ。

Q 白人にしか見えないアボリジニもいるんだけど？

現在では人権が認められているけれど、1970年代までアボリジニは人間として認められていなかったんだ。政府は白人優位の人種差別政策を行っていて、親と子を引き離して教会の寄宿舎や孤児院に子どもを集めて育てたり、白人との混血（女性のみ）を推進していた。白人の遺伝子が色濃く出ている場合、アボリジニであっても、見た目は白人のように見える人もいるんだ。

アボリジニの歴史を知るための本や映画

たくさん出ているアボリジニ関連の作品のなかから、現在手に入りやすくて、わかりやすいものをいくつか紹介します。

『裸足の1500マイル』
フィリップ・ノイス
（ハピネット・ピクチャーズ）

隔離政策によって母と離ればなれにされたアボリジニの子どもたちが、施設を抜け出し、母のもとを目指すという実話を元にした映画。

『隣のアボリジニ』
上橋菜穂子（ちくま文庫）

『獣の奏者』の著者、上橋菜穂子は人類学者としての側面も持っている。研究のために滞在した体験を元に、アボリジニの生き方と問題を考察。

『ソングライン』
ブルース・チャトウィン（英治出版）

ソングラインとはなにか？ アボリジニとの出会いを通じ、伝説の世界をたどるチャトウィン。放浪とは何かを問う、紀行文学の最高傑作。

一般のアボリジニの人たちはあまり写真を撮られるのを好みません。写真を撮るときは撮っていいか聞いてからにして。

大地に生まれたワイルドな魅力☆
アボリジナル文化を体験してみよう！

先住民族の伝統、アボリジナル文化。いたるところでモチーフにされているこの土地を彩るアボリジナルアート。知恵が詰まったブッシュタッカー。この豊かな文化にぜひ触れてみて！

ブッシュタッカーフードを食べてみよう！

今日はワトルシード入りのクッキーを作るよ！

伝統的なアボリジニの食を語る上で欠かせないのがブッシュタッカー。ちなみに『ワトルシード』はオーストラリアの国花アカシアの種のこと。

できあがり

けっこうウマいよ！

BUSH TUCKER FOODS

ブッシュタッカーってなに？
先住民族アボリジニが昔から食べてきたオーストラリア大陸原産の動植物のこと。実はリゾート内のレストランでも使われているんです。

イリヤ IRIYA
ソルトブッシュとも呼ばれる。葉はミネラルやカルシウムが豊富。種はパンの材料にも使われる。

イリ ILI
岩の割れ目に生える野生のイチジク。最も昔から食べられてきた木の実。赤く熟れると食べごろ。

カリニーカリンパ KALINY-KALINYPA
花は甘い蜜を含んでいる。花から直接蜜をなめたり、水に浸して甘くなった水を飲むこともある。

アーングリ ARNGULI
ブッシュプラムとも呼ばれ、実はビタミンCを豊富に含む。ドライフルーツにして保存することも。

カンプラルパ KAMPURARPA
ビタミンCやカリウムが豊富なブッシュトマト。乾いた実を収穫して、スパイスのように使う。

これも食べられる！？
先住民ブッシュフード体験
Bush Food Experience

ウルル周辺で採れる植物を中心に、どのように食べられてきたのかを紹介。ワトルシード入りクッキーなど実際の料理の実演や試食もあり。

Map 別冊P.10-A1　リゾート周辺
★AATキングス
☎02-9028-3555　￥$30
⏰12:15～13:00（所要約40分）

96　オーストラリア各地でアボリジニのアート作品が売られていますが、「マルクアーツ」のものがいちばんクオリティが高かったです。（岐阜県・KR）

夜空に輝く南十字星(サザンクロス)をさがせ！
南半球オーストラリアの星座ガイド

空気が澄んで乾燥しているウルル周辺は天体観測に最適。北半球では見られない星がいっぱい！ オーストラリアで絶対に見たい南十字星の見ごろは2〜7月です。
※背景の写真は6月(冬)の20時半ころに南の夜空を撮影したものです

星座っていくつある？
世界で認められている星座の数は88。世界各地で勝手に名づけていたものが、1930年に国際天文学連合によって取り決められたんです。太陽と同じ軌道を1年かけて移動するのが、星占いでおなじみの12の星座。占いと同じ順番で夜空に浮かぶのですが、ほんとは13番目の星座があるんです。それが「ヘビ使い座」。サソリ座と射手座の間にあります。

アボリジニの伝説
エミュ
星空の伝説はアボリジニの間でもたくさん語り継がれてきました。なかでも見つけやすいのが「エミュ」。天の川の中に黒く沈んだ部分があります。ヨーロッパ人がコールサック（石炭袋）と名づけた部分ですが、アボリジニはこれをエミュの頭に見立てました。ここから黒く沈んだ部分をつないでいくと、ほら、たしかにエミュの姿が浮かび上がってきます。

星の年齢
星の色に注目してみて。自ら光を放つ恒星はその色でだいたいの年齢がわかるんです。青い星は少年期、白い星は青年期、黄色い星は中年期、オレンジ色は壮年期、赤い星は老年期の星。ちなみに太陽は黄色い星で"おじしさん"。46億歳くらいです。

サソリ座 Scorpio
オーストラリアでは、サソリ座は冬の到来を告げる星座。赤く輝くアンタレスは太陽の300倍もの大きさがあるんです。
→ アンタレス

「サウンド・オブ・サイレンス」はサンセットカクテルの後、フルコースビュッフェ。星空トークも楽しんで

Emu エミュ

天の川
天空を横断する恒星の環。空気が乾燥し星が明るく見えるオーストラリアでは、気象条件がよければ、この明かりで影ができるといわれます。

星空の下でのディナーはいかが？
日本人には「ウルルのふもと散策とサンセットツアー」(P.23)と「サザンスカイBBQディナー」の組み合わせが定番。ロマンチックに楽しみたいなら、ウルルが見える特設会場での「サウンド・オブ・サイレンス・ディナー・エクスペリエンス」はいかが。ラクダにゆられて会場へ向かうオプションもあり。

ウルルのふもと散策とサンセットツアー
サザンスカイBBQディナー
★AATキングス ☎02-9028-3555 URL www.aatkings.com 料ひとり$363（日本語ガイド、ホテル送迎、バーベキューディナー、飲み物、星空解説）
Map 別冊P.10-B3

サウンド・オブ・サイレンス・ディナー・エクスペリエンス
★エアーズロックリゾート
URL www.ayersrockresort.com.au/sounds-of-silence/
料ひとり$229〜
※キャメルライドは別料金
Map 別冊P.10-A2

98 12月にオーストラリアを旅行しましたが、南十字星はいつでも見られると思ったら見られませんでした。残念！（静岡県・よう）

ケンタウルス座
Centaurus

南半球の星座で最も観測しやすい星座のひとつ。ギリシャ神話の半人半馬がモデルです。紀元前5000年前、メソポタミアですでに発見されていた、もっとも古い星座のひとつです。

映画やアニメの舞台マゼラン星雲
南半球の星雲で有名なのがマゼラン星雲。この星雲は大小ふたつあり、9～11月に天の南極の近くに見えます。

イータ・カリーナ星雲
地球からは7等星にしか見えませんが、この真ん中にあるイータ・カリーナは銀河系でいちばん明るい星。

ウルル

南半球オーストラリアの星座ガイド

あ、発見！

Southern Cross
南十字星

南半球でもっとも有名な星座にして、もっとも小さな星座が「南十字座」。つまり南十字星です。オーストラリアの国旗にも使われています。もちろんアボリジニの伝説にもしばしば登場します。ある地域では海を泳ぐエイの姿、または地域では空を飛ぶワシの足跡だとされてきました。実はニセ南十字というのもあるんですが、サザンポインターズを目印にすれば間違うことはありません。十字架の右下に小さな星があるのも特徴です。

コールサック
天体でもっともよく観測できる暗黒星雲。この正体は宇宙のガスや塵の集まり。かつては「黒マゼラン星雲」とも呼ばれていました。

まずはこの星を探してみて！

サザン ポインターズ

オーストラリアの夜空で一番簡単に見つかるのがこのふたつの明るい星。このふたつの星の繋いだ線を西側（右側）に延ばしていったところにあるのが「南十字星（サザンクロス）」。

ここを中心に星は回る

天の南極はどこ？

ご存じのとおり、北半球では「北極星」を中心に天体が回って見えます。これが「天の北極」。しかし南半球に「南極星」はありません。ただ「天の南極」は存在します。南十字星の長いほうの線をそのまま下に延ばした線と、サザンポインターズの中心から垂直に延ばした線の交わったところがだいたい「天の南極」になります。

★ 星 空と一緒にパチリ！
ウルル・ナイトスカイ
小高い丘の上にある観賞ポイントで日本語ガイドによる楽しい星空解説を聞いたあと、満天の星空とウルルをバックに記念撮影！ その場でデータを送ってくれるから、この感動をすぐにSNSでアップできる！

★AATキングス
☎02-9028-3555　⑭ひとり$85（日本語ガイド、ホテル送迎、星空解説、星空と一緒に撮影した写真データ）　URL www.aatkings.co.jp

もしかしてここが世界の中心!?
奇岩&絶景つづきの3時間半
キングスキャニオンのリムウォーク

ウルルからのショートトリップ

Kings Canyon

キングスキャニオンってどんなところ?
数百万年にわたる自然の営みがつくりだした断崖絶壁、それがキングスキャニオン。ワタルカ国立公園の一部で、2万年前からアボリジニが暮らしていたという。日本ではドラマ『世界の中心で愛を叫ぶ』のロケ地として有名。

Map 別冊P.2-B2

エアーズロックリゾートから車で約3時間半、思わずヤッホーが口をつく絶景キングスキャニオンは、プラス1日あるならぜひ訪れてほしい、arucoスタッフもおすすめの絶景ウォークです☆

絶景に続く絶景
キングスキャニオン1日ツアー
Kings Canyon Tour
自力でのアクセスが難しいキングスキャニオンはツアーが◎。最初の難関を越えればとくにハードではないけど足元はしっかり靴がおすすめ。

★AATキングス ☎02-9028-3555
URL inbound1@attkings.com.au ⑤$235（英語ガイド、キングスキャニオンリムウォーク、往復送迎）

最初が最大の難関よ！

Schedule
Total 13時間

キングスキャニオン・ウォーク
Kings Canyon Walk
ツアースケジュール

4:45	エアーズロックリゾート出発
7:50	キングスクリークステーションで朝食
9:00	登山口からキングスキャニオンウォークへ出発
12:30	ウォークを終え、登山口へ帰着
12:40	キングスキャニオン出発
12:45	キングスキャニオンリゾートでランチ
13:30	キングスキャニオンリゾート出発
17:30	エアーズロックリゾート到着

① START!
スタート地点には今日の予想気温が。夏は予想気温が38℃を超えると登山道はクローズされる。ルート上には日差しを遮るような休憩場所がほとんどないうえ、給水スポットも用意されてないので十分な量の水を持参していくことが必須

朝食とランチ
出発が夜明け前なので、朝食は登山前に立ち寄るキングスクリークステーションで。昼はウォーキング終了後にキングスキャニオンリゾートでおいしいランチ♪（食事は各自負担）。

おすすめはキャメルバーガー！

②
最初に待ち構えているのが500段の石段！ 実は一番の難関がここ。途中2回の休憩を挟んで上を目指します

気がつけば自分のツアーとはぐれ、知らないツアーメンバーと一緒に!? 最後は合流したので助かりました。（神奈川県・S.I.）

ウルル＆カタ・ジュタ滞在中は エアーズロックリゾートの住人です

ウルル＆カタ・ジュタを旅する人が、必ずお世話になるのがこのエリア唯一の街、その名もエアーズロックリゾート。宿泊、食事、買い物ぜんぶがココで揃っちゃうんです。

Information & Enjoy!

リゾートをめいっぱい満喫するコツは情報収集。見逃した！なんてことにならないようにチェックしてね。

Ⓐ アボリジニ文化を体験
ウィンジリ・アート＋ミュージアム Wintjiri Art + Museum
館内ではウルルやカタ・ジュタの地質学や動植物、アボリジニ文化や歴史の展示を行っている。アボリジニグッズのショップも◎
⏰8:30〜16:30 💰無料

Ⓑ 徒歩でウルル見るならココ！
展望台 Resort Lookout
ツアーのない日でも、リゾート内に設置された全部で5つの展望台からはどこからもウルルやカタ・ジュタを遠くに望むことができる。朝や夕方、近くの展望台に散歩がてら行ってみて。

Ⓒ 楽しいことはここで申込み！
ツアーインフォメーション Tour Infomation Centre
ツアーの予約を一括できるデスク。ツアーごとにカウンターが分かれているほか、総合案内もここ。ウルルの情報収集はここです。
⏰8:00〜19:00

無料アクティビティも！
ショッピングセンター前の広場では、先住民族によるディジュリドゥ体験やガーデンウォークなどの無料アクティビティがたくさん！スケジュールはホテルのフロントやツアーデスクでチェック。

Gourmet & Shopping

食事やショッピングもリゾート内には充実。毎食何を食べようか迷っちゃうくらい！アボリジニアートを扱うおみやげ屋もいくつかあるのでお気に入りをゲット。

Ⓒ ボリュームたっぷりランチ！
ゲッコーズカフェ Geckos Cafe
ピザやパスタを中心にコーヒーやスナックなどの軽食メニューも充実。オススメはもっちりサクサクのグルメピザ。ランチ＆ディナータイムのみオープン。
⏰11:30〜14:30、17:30〜21:00 💰予算ひとり$30〜

Ⓓ 気軽にテイクアウェイ！
エアーズウォック Ayers Wok Takeway
パッタイやグリーンカレー、テリヤキチキンなどアジアンテイストを唯一味わえるテイクアウェイ専門店。ディナータイムのみオープン。ボリューム満点です！
⏰18:00〜21:00 💰予算ひとり$20〜

Ⓔ なんでも揃っちゃう！
スーパーマーケット Supermarket
生鮮食品やパン、洗面用具や薬までなんでも揃うマーケット。飲料水もここが安さでは一番です。リゾートで働くスタッフにとっても唯一のスーパーなんだそう。
⏰8:00〜21:00

Ⓕ 今夜はオージースタイルBBQ！
アウトバックパイオニアBBQ Outback Pioneer BBQ
カウンターで肉や魚を購入して、横にあるBBQグリルで焼くセルフバーベキューレストラン。毎日生演奏もあり、カジュアルな雰囲気でわいわい楽しめちゃう。
⏰17:30〜21:30 💰予算ひとり$30〜

ホテルグルメもチェック！
各ホテルにもカフェバーやレストランが併設されているので、そちらも要チェック。

写真が趣味なので、朝は早起きして展望台に行きました。朝もやの向こうに見えるウルルは幻想的です！（東京都・まっつん）

Stay

リゾート内には予算や目的に合わせてさまざまなタイプの宿泊施設が用意されている。それぞれのホテルにあるスパやレストランなどの施設はビジター利用もOKです。

ベッドやベランダからウルル！

G リゾート内の4つ星ホテル
デザートガーデンズ・ホテル
Desert Gardens Hotel

リゾート内ホテルで唯一ウルルビュールームがあるスタイリッシュホテル。レストランも充実。

☎02-8296-8010 ⓢガーデンビュー$430〜、デラックス$490〜、ロックビュールーム$540〜

スタジオスタイル！

H 新オープンのブティックホテル
ロストキャメル・ホテル
Lost Camel Hotel

2018年に改装した客室はコンパクトで使いやすい。カフェやスーパーマーケットにも近くて便利。

☎02-8296-8010 ⓢ$390〜

世界中の旅行者とも友達に！

せっかくだからフンパツするか！

I 今夜はオージースタイルでBBQ！
アウトバック・パイオニア・ホテル
Outback Pioneer Hotel & Lodge

スタンダード、バジェット、ドミトリーとさまざまなスタイルを選べるエコノミーホテル。アウトバックスタイルの雰囲気を味わいたいならココがおすすめ。

☎02-8296-8010 ⓢ〈ホテル〉$230〜 〈ロッジ〉ドミトリー$38〜

J ヨットの帆が印象的な
セイルズ・イン・ザ・デザート・ホテル
Sails in the Desert Hotel

リゾート内で最もラグジュアリーなステイをするならこちら。ホテル内にアートギャラリーやスパがあるのもここだけ。アボリジニモチーフのインテリアもステキ。

詳しくは→P.104

ウルル&カタ・ジュタ滞在中はエアーズロックリゾートの住人です

Map 別冊P.10-A1

Ayers Rock Resort Map

← National Park　　Airport →

バス停
リゾート内はどこも徒歩圏内だけど、20分間隔で無料のシャトルバスもあります！

キャメルライドはここから！ P.102

ユーイング展望台
ウルル展望台
イマルング展望台
パイオニア展望台
ナニンガ展望台
キャンプグラウンド
ウィンジリ・アート+ミュージアム

展望台
リゾート内には全部で5ヵ所の展望台があり。ここからもウルルやカタ・ジュタが見られるよ

0　　100m　　N

リゾート内には日本語サービスデスクもあります。「セイルズ・イン・ザ・デザート・ホテル」のフロントまで。

103

一生に一度のウルルなら贅沢ステイ、ふんぱつしちゃう？

せっかくウルルまで来たのなら、ちょっぴり贅沢してリゾートいちのラグジュアリーホテルはいかが？ワイルドな砂漠でオアシスのようなステイができるはず！

Sails in the Desert

Hotel & Guest Area
アボリジニモチーフをモダンに

まさに砂漠の中のオアシス空間！

客室に入るとまず目に留まるのがキュートなアボリジニの木彫りアート。コレ、気に入ったら購入もOK。ゆったりとしたソファや、花と緑溢れるガーデンビューのテラスでくつろぐのもステキ。

Restaurants
朝食からディナーまで楽しめる

さっとカジュアルにランチを楽しめるカフェバーから、ドレスコードありのアラカルトレストランまでダイニングチョイスも豊富。一度はドレスアップして訪れたい。このほかにプールサイドで軽食を楽しめるバーも。

シェフのとっておきのひと皿です

Red Ochre Spa
リゾート内唯一のビューティスパ

予約はお早めに！

オーストラリアの自然の恵みたっぷりのコスメを使ったトリートメントが人気のスパ。他のホテルに滞在している人も利用可能。セラピストの腕にも定評があり、アンチエイジングケアやボディラップ、フェイシャルがおすすめ。

まさに砂漠のなかのオアシス
セイルズ・イン・ザ・デザート・ホテル
Sails in the Desert Hotel

エアーズロックリゾート内で最高級の5ツ星ホテル。全228室の客室に加え、ロビーやフロントのインテリアにもアボリジニアートのエッセンスがデザインされている。ダイニングやスパなど、ウルルでのホテルステイをラグジュアリーに満喫できる。

Map 別冊P.10-A1　エアーズロックリゾート

☎02-8269-8010　￥スーペリア$540〜、テラス$640〜、デラックススイート$940〜　Card A.D.J.M.V.　URL www.ayersrockresort.com.au/sails

リゾート内で日本語デスク（9:00〜16:00）があるのはこのホテルだけ！

ゴールドコースト
&
バイロンベイ

サーファーズパラダイスののっぽなビルたちが
海岸線にシルエットを描くゴールドコースト。
リラックスムードな空気が心地よいバイロンベイ。
突き抜けるようなブルースカイとどこまでも続くビーチ。
解放感120%のビーチリゾートでの休日はいかが？

ゴールドコーストへのアクセス
東京から直行便で約9時間（ゴールドコースト空港、ブリスベン空港利用可）。ケアンズから約2時間半。シドニーから約1時間半。メルボルンから約2時間半。

ゴールドコーストいちにぎやか☆
サーファーズパラダイスでショッピング&グルメを満喫！

高さ322.5m！このノッポなビルがQ1だよ！

サーファーズパラダイスの中心になるのが歩行者天国カビル・モール。ショップやカフェはこの周辺に集まっているよ。ここを起点にして、ゴールドコーストのビーチ沿いをさんぽしてみよう！

TOTAL 4時間半

サーファーズパラダイスおさんぽ TIME TABLE
- 13:00 Q1スカイポイント
  ↓ 徒歩約8分
- 13:40 サーファーズパラダイス・ライフセービングクラブ
  ↓ 徒歩約1分
- 14:30 ESPL. コーヒーブリュワーズ
  ↓ 徒歩約1分
- 15:00 サーフブランド・ショッピング（カビル・モール）
  ↓ 徒歩約3分
- 16:00 ハードロック・カフェ
  ↓ 徒歩約5分
- 17:00 ビーチカフェ

1 展望台からの眺望はサイコー！
Q1スカイポイント 13:00
Q1 Sky Point

いい眺めだよー！

ゴールドコーストいち高いビルQ1の77階にある展望台がスカイポイント。ここから屋外に出るスカイポイントクライムにもトライしちゃう？

Map 別冊P.14-B3 サーファーズパラダイス

- 9 Hamilton Ave., Surfers Paradise ☎07-5582-2700
- 日〜木9:00〜21:00、金土9:00〜24:00 展望台$27、スカイポイントクライム$77 URL www.skypoint.com.au

ホテル情報→P.184

1. 夕暮れ時のスカイポイントクライムもおすすめ 2. スカイポイントのある77階は高さ230m。カフェもある

潮風が心地いいね！

シェブロン・ルネッサンス
Cheveron Renaissance
パステルカラーの南欧風の建物。ワインショップやおしゃれなブティックが入っている。

サークル・オン・カビル
Circle on Cavill
広々とした吹き抜け空間が特徴のショッピングセンター。1階には「ウールワース」のほか、コスメショップも。

2 ビーチ気分満喫のカジュアルレストラン！
サーファーズパラダイス・ライフセービングクラブ 13:40
Surfers Paradise Lifesaving Club

エスプラネード沿いにあるカジュアルダイナーは、朝・昼・夜といつでも開いてて気軽に入れちゃう。曜日ごとのスペシャルも！

Map 別冊P.14-B3 サーファーズパラダイス

- The Esplanade & Hanlan St., Surfers Paradise ☎07-5553-1900
- 7:00〜22:00 Card A.M.V. サーファーズ・パラダイス駅から徒歩5分

日替わりのメニューも要チェック☆

1. サーファーズパラダイスのビーチが目の前に見えるテラス席はいつも人気 2. フルーツたっぷり、デトックススムージー$8.5 3. 本日のキッシュ$10。メニューは朝・昼・夜で変わる

新しくなった「パシフィック・フェア」はゴールドコーストショッピングのマスト！

ブロードビーチにあるショッピングセンター「パシフィック・フェア」がリニューアル。話題のショップやハイエンドブランド、フードコート&レストランなどラインナップ充実で1日過ごせるほど！

パシフィック・フェア Pacific Fair

Map 別冊P.13-D3 ブロードビーチ

- Hooker Blvd., Broadbeach ☎07-5581-5100
- 9:00〜21:00（レストランは10:00〜22:00）※店舗により異なる
- Card A.J.M.V. トラムBroadbeach South駅から徒歩すぐ URL pacificfair.com.au

CAVILL AVE
BEACH RD
REMEMBRANCE DR

「サークル・オン・カビル」や「セントロ」の中にあるスーパー「ウールワース」は平日22:00まで営業していて便利。（東京都・ひろこ）

3 おしゃれなコーヒーストール
ESPL. コーヒーブリュワーズ
14:30
ESPL. Coffee Brewers

ビーチに近いオシャレなコーヒーストール。小さなテラス席で飲むのも、テイクアウトもOK。地元でローストされたコーヒーを味わって。

Map 別冊P.14-B2　サーファーズパラダイス

📍 Soul 4 The Esplanade, Surfers Paradise　☎0427-877-813　🕐6:00〜17:00ごろ　**Card**M.V.

1. フレンドリーなスタッフが迎えてくれる　2. 店外の席でゆっくり楽しむのも◎　3. フラットホワイトは$4〜

4 かわいいビーチウェアがいっぱい
サーフブランド・ショッピング
15:00
Surf Brand Shopping

カビル・モールにはサーフブランドのショップがいっぱい。日本とラインナップが違うのでチェック！ お気に入りの水着をゲットして。

Map 別冊P.14-B2

今日水着買って、明日着ちゃう！

1. 人気のガールズサーフブランド ROXY　2. Rip Curl もレディスが充実

5 Tシャツコレクション、いかが？
ハードロック・カフェ
16:00
Hard Rock Cafe Surfers Paradise

オーストラリアメイドを多く取り揃えた日本人向けおみやげ店。ケアンズ店よりも広くて、センスのよい雑貨がたくさんあります。

Map 別冊P.14-B2　サーファーズパラダイス

📍 Cnr. Cavill Ave. & Surfers Paradise Blvd., Surfers Paradise　☎07-5539-9377　🕐12:00〜21:00（土日〜22:00、ショップ10:00〜）**Card**A.M.V.　🚉サーファーズ・パラダイス駅から徒歩1分　🔗www.hardrockcafe.com

1. ハードロックカフェのシンボル！　2. ここに来たからにはTシャツ$40.95

6 スイーツも充実のおしゃれカフェ
ビーチカフェ
17:00
Beach Cafe

エスプラネード沿いにあるおしゃれなカフェ。ケーキなどのスイーツや朝食メニューも充実。ビーチが眺められるテラス席でのんびり♪

Map 別冊P.14-B2　サーファーズパラダイス

📍 Soul 4 The Esplanade, Surfers Paradise　☎07-5527-6183　🕐7:00〜21:30　**Card**M.V.　🔗www.thesurfersparadisebeachcafe.com

ソウル
Soul
サーファーズパラダイスの中心に建つ新しい高層ビル。1階には人気のショップやレストランが。

セントロ・サーファーズパラダイス
Centro Surfers Paradise
カビル・モールに面して建つ。1階には「スターバックス」があるほか、地下には「ウールワース」も。

1,2. 海の家を思わせるオシャレなインテリア
3. 歩き疲れたらコーヒーで休憩しよ☆

水・金曜の夕方はおさんぽがてらここへ
ビーチフロントマーケット
水・金曜だったらエスプラネードで開かれるマーケットへ。海岸沿いにたくさんの露店が並びます。開催は16:00〜21:00。

Map 別冊P.14-B2

ゴールドコースト　Gold Coast

カビル・モールのランドマーク、ソウル！

サーファーズ・パラダイスを満喫！

いい波がきた！

ビーチと摩天楼が一緒に入った"ザ・ゴールドコースト"な写真を撮るなら朝！ 午後は逆光です。

カフェもランチもディナーもお

サーファーズパラダイスを歩いて見つけたお店で冒険するのもアリだけど、

平打ち麺に濃厚なラグーソースがたっぷり絡んだパッパデル$23

石窯ピザの実力派イタリアン！
Salt Meats Cheese
ソルト・ミーツ・チーズ

サーファーズパラダイスの中心部に新しくオープンしたイタリアンレストラン。石窯で一枚ずつ焼き上げるピザが自慢。フレンドリーなサービスが気持ちいいレストラン。

Map 別冊P.14-A3 サーファーズパラダイス

🏠 10 Beach Rd., Surfers Paradise ☎07-5661-1517
⏰ 17:00〜22:00（金〜日11:00〜）
Card A.J.M.V. 🚋トラムCavill Avenue駅から徒歩3分
URL www.saltmeatscheese.com.au

シーフードのピザ、ペスカトーラ$25やルッコラのサラダ$15も

おなかぺこぺこ！

テラス席でカンパイも◎。アクセスしやすい中心部にあるのもうれしい

エスニックな気分なら行列の人気店へ
Chiangmai Thai
チェンマイ・タイ

オススメはソフトシェルクラブのフライ$11.9やグリーンカレー$24.9など

地元の人ならみんな知ってるタイ料理の名店。毎日行列が絶えないけれど、お客さんの回転も早い。みんなでわいわいいろんな種類を食べよう。

Map 別冊P.13-D2 ブロードビーチ

🏠 2779 Gold Coast Hwy., Broad Beach
☎07-5538-2144 ⏰17:30〜24:00 💰予算ひとり$30〜 Card A.J.M. 🚗サーファーズパラダイスから車で約10分
URL www.chiangmaithairestaurant.com.au
（MAP別冊P.14-B1）サーファーズパラダイス

ショッピングモール内の店だからって、あなどることなかれ。地元でもベストフィッシュ＆チップスの呼び声も高い専門店。グリルしたヘルシーメニューもあります♡

Map 別冊P.13-D3 ブロードビーチ

🏠 Lv. 1 Pacific Fair, Hooker Blvd., Broad Beach ☎07-5539-8111 ⏰10:00〜21:00（木金土〜22:00、日〜20:00）
Card M.V. 🚗パシフィック・フェア（P.106）内
URL wildfishandchips.com.au

5代続く漁師ファミリーのフィッシュ＆チップス！
Wild Fish & Chips
ワイルド・フィッシュ＆チップス

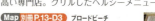

さんきゅっ！うまっ！

魚のほかにエビやイカのフライも入ったトロウラーズ・キャッチ$19

「ホッグズブレス・カフェ」で量が多そうだったのでひとり分をシェアしました。お店の人も快くお皿を出してくれました。（大分県・ももか）

…朝食 …ランチ …ディナー …カフェ

まかせ！ゴールドコーストのおいしいレストラン

せっかくだったらおいしいものが食べたくない？ハズレなしのゴールドコーストのおいしいレストランをご案内！

バーガー$12〜は牛・豚・鶏肉から。サラダなどヘルシーメニューも！

うまい！

素材にこだわったハンドメイドバーガー
Brooklyn Depot
ブルックリンデポ

オーストラリアでも昨今ブームのこだわり系おしゃれバーガーショップ。良質な国内の素材を使い、ひとつずつ手作り。ほぼばっちゃお☆

Map 別冊P.14-A3　サーファーズパラダイス

The 4217-T2, 10 Beach Rd., Surfers Paradise　07-5526-7666　11:00〜22:00ごろ　予算ひとり$15〜
Card M.V.　トラムCavill Avenue駅から徒歩3分
URL brooklyndepot.com.au

陽射したっぷり空間で朝のスタート
Paradox Coffee Roasters
パラドックス・コーヒー・ロースターズ

食べごたえ◎なサラダランチも。メニューはその都度変わるよ！

焙煎したてのコーヒーが飲める居心地◎なカフェ。食材はもちろんのこと、器なども地元のアーティストの作品という地産地消なオシャレ空間です！

Map 別冊P.14-A3　サーファーズパラダイス

The 4217, 10 Beach Rd., Surfers Paradise　07-5538-3235　7:00〜15:00　朝食・ランチ予算ひとり$20〜　Card A.J.M.V.　トラムCavill Avenue駅から徒歩3分
URL www.paradoxroasters.com

意外と実力派。ひとりごはんにも♪
Vapiano
バピアーノ

パスタも店内で手打ちの生麺使用。バーもデザートもメニュー豊富♪

セルフのチェーン店だけど、あなどることなかれ！注文を受けてから目の前で手早く調理してくれるできたてスタイル。意外においしいのです。

Map 別冊P.14-B2　サーファーズパラダイス

Soul Boardwalk, Cavill Mall, Surfers Paradise　07-5538-8967　11:00〜23:00（金土〜24:00）　予算ひとり$25〜
Card A.M.V.　トラムCavill Avenue駅から徒歩3分
URL www.vapiano.com.au

ピンクのブタさんがキャラクターのオーストラリア全土に展開しているファミレス。豪快なオージーフードをがっつりにぎやかに食べちゃおう！

Map 別冊P.14-B2　サーファーズパラダイス

Soul, The Esplanade, Surfers Paradise　07-5527-5554　11:30〜14:30、17:00〜深夜　予算ひとり$20〜　Card A.M.V.　トラムCavill Avenue駅から徒歩3分
URL www.hogsbreath.com.au

オージーの国民的ファミレスでワイワイ
Hog's Breath Cafe
ホッグスブレス・カフェ

フィンガーフードコンボ $27.95。プライムリブステーキも人気

ノスタルジックな朝食はいかが？
Pancakes in Paradise
パンケークス・イン・パラダイス

パンケーキにベーコン＆エッグ！エッグ・ベネディクション $16.99

クラシックなファミリーレストランは朝からファミリーでいっぱい。パンケーキ以外にバーガーやクレープなどのメニューも。

Map 別冊P.14-B3　サーファーズパラダイス

3046 Gold Coast Highway, Surfers Paradise　07-5592-0330　8:00〜22:00ごろ
Card A.J.M.V.　サーファーズ・パラダイス駅から徒歩1分
URL pancakediner.com.au

きゃー！

「ハードロック・カフェ」（Map別冊P.14-B2）や「クラウンプラザ」（P.184）の回転レストランもゴールドコーストらしさ全開！

世界遺産 スプリングブルック国立公園で地球が創りだした奇跡の絶景を発見☆

ゴールドコーストの背後に控える緑の大地、実は恐竜が生きていた数億年前の森が奇跡的に残っているエリアなんです。『ジュラシックパーク』の世界へ、さあ出発！

3つのルックアウト（展望台）と ツインフォールズをめぐる冒険

ゴールドコーストから車で約1時間のスプリングブルックは、世界遺産「オーストラリア・ゴンドワナ多雨林地帯」の一角。なかでも絶景スポットばかりをめぐるのがこのツアー。ガイドの説明を聞けば、さらにオーストラリアの自然がおもしろく見えてくる!?

冷温帯雨林とは？
かつてオーストラリアと南米、アフリカ、インド、南極がひとつの超大陸だったゴンドワナ時代、南極部分を中心に分布し、寒さに対応した多雨林。

ボクが案内するよ

エコガイド 藤井慶輔さん
豪州エコツーリズム協会認定のガイド。生態系のことならなんでも聞いて！

Total 7時間45分

7:45	ゴールドコーストのホテル出発
9:00	パーリングブルック・ルックアウトへ
9:30	ベストオブオール・ルックアウトへ
11:00	キャニオン・ルックアウトへ
12:00	山頂のレストランでランチ
13:30	ツインフォールズへのトレッキング
15:30	ゴールドコーストのホテル帰着

ユーカリの秘密
800以上の種類があり、オーストラリアに生息する樹木のうち75％を占める。山火事のあとの雨で発芽する特性を持つ。

滝のウラガワへようこそ！ **わお！**

世界自然遺産 スプリングブルックの奇跡
Springbrook Tour

★クレストツアーズ ☎07-5564-0922
URL www.cresttours.com 料$150（ゴールドコースト市内主要ホテル送迎、日本語エコガイド、モーニングティー、ミネラルウォーター、ランチ、国立公園入園料、プチエコ教室、ツアー参加認定書、リュックサック貸出など）

世界自然遺産オーストラリア・ゴンドワナ多雨林地帯とは？
クイーンズランドとニューサウスウェールズ、ふたつの州にまたがり、約37万ヘクタールの面積を誇る。数億年前の動植物の姿がいまも残されており、絶滅危惧種の動植物も多い。

Map 別冊P.12-B3

友人につき合って参加したツアーでしたが、ガイドさんの説明がおもしろくてイッキに自然にハマりました！（岐阜県・K.M）

バイロンベイ Byron Bay

バイロンベイのおいしい&カワイイ街歩き☆

ORGANIZE FOOD

おいしくてヘルシー、見た目もGOODなグルメがいっぱい!

ベーコン&エッグロール
朝からばくり
ふわふわのバンズにグリルしたベーコン&タマゴをサンド。ボリュームあるけど、朝から結構イケちゃいます。$11 **D**

行列のできる話題のランチに舌つづみ
スリー・ブルー・ダックスのメニューは頻繁に変わる。季節ごとの旬の素材とモダンなアレンジを味わって **A**

野外でいただく朝の一杯☆
出店者もお客さんも環境意識が高いファーマーズマーケット(P.115)。このカップも生分解性の自然に優しい素材です

マイカップ持ってくるのもいいかも!

イチバンいろんな種類が揃う!
最近はシドニーやメルボルンのスーパーでも売っているバイロンベイ・クッキー。ここが一番品揃え豊富です! **E**

インスタ映え☆なスムージー
ローカル素材にこだわったオーガニック&ローフードカフェ。イチゴとココナッツベースのスムージー$12.5 **B**

食べてるうちにヤミツキに?!
ビートルートや青リンゴ、ショウガとパンプキンシードなどを発酵させたヘルシースナック。好きな人はハマるかも **A**

キュートなのに実力派な素材
ソバ粉のパンケーキはバナナ&ラズベリー&チアジャムと一緒に。ココナッツアイスも絶品☆$18 **B**

なんだか絵になるスムージー

インスタ映え☆なアサイーボウル
新鮮フルーツにホームメイドグラノーラやココナッツが入ったアサイーボウルは朝のパワーフード。$16.5 **C**

ツブツブシュガーのチョコレート
バイロンベイの人気チョコレートショップで。キュートな見た目からがつんと甘いチョコレートまでバリエ豊富 **F**

スイカ味のジェラート衝撃のおいしさ

アーユルヴェディックチャイ♡ $6

買って帰ってホテルで食べたい♡
自然農法で育てられた牛乳から作られた濃厚な贅沢ヨーグルト。さわやかなレモンマートルの香り **H**

レインボーカラーのチョコレート

ナチュラルな素材の味が激ウマ☆
「ザ・ファーム」(P.115)内にある「ベイラート」では、地元の素材を使った絶品ジェラートが食べられます☆

A
ザ・ファーム内のレストラン
スリー・ブルー・ダックス(ザ・ファーム)
Three Blue Ducks (The Farm)
Map 別冊P.12-B3 バイロンベイ郊外

🏠 11 Ewingsdale Rd., Ewingsdale ☎02-6684-7795 ⏰7:00〜11:30、12:00〜16:00 (金〜日7:30〜11:45、12:15〜15:00、17:00〜22:00) Card A.M.V. 🚗バイロンベイから車で10分 URL www.thefarmbyronbay.com.au

B
オシャレにビューティコンシャス
コンビ
Combi
Map 別冊P.15-D2 バイロンベイ

🏠 Shop 5b 21-25 Fletcher St., Byron Bay ☎02-6680-7426 ⏰7:00〜16:00 Card A.M.V. 🚶ビーチから徒歩7分

C
エコ&クールな大人気カフェ
フォーク
Folk
Map 別冊P.15-C1外 バイロンベイ郊外

🏠 399 Ewingsdale, Byron Bay ⏰7:30〜14:30 Card M.V. 🚗中心部から車で8分 URL folkbyronbay.com

D
朝の一杯はここからスタート!
バイロン・コーナー・ストア
Byron Corner Store
Map 別冊P.15-C2 バイロンベイ

🏠 47 Jonson St., Byron Bay ☎02-6685-6672 ⏰7:00〜17:00 Card A.M.V. 🚶ビーチから徒歩7分 URL www.byroncornerstore.com.au

「バイロンベイ・クッキーズ」のショップでは、ちょっと欠けたり、形がいびつなクッキーを激安で販売しています。ここだけ! 117

ECO FRIENDLY GOODS

エココンシャスな街で見つけた
地球にも自分にも◎なアイテム☆

使い捨てないカトラリーセット G
竹でできたスプーン、フォーク、ナイフとお箸にエコストローのカトラリーセット。持ち歩いたり仕事場でも☆

プラスチックストローにさよなら!

使い捨てないバンブーストロー G
プラスチックが大きな環境問題になっている今、リユースできるストローが人気。ストロー洗い専用ブラシも◎

ナチュラルな再利用できる食品ラップ G
カワイイ柄の布の表面にビーズワックスを加工したラップ。体温で自然と柔らかくなって食器の形に沿います

パンや野菜の保存にもバッチリです

自然素材のボトル用たわし G
ココナッツファイバーを使ったボトル専用ブラシはしっかり汚れを落とす優れもの。先端部は最後は土に還ります

竹の歯ブラシにヴィーガンフロス G
植物性ワックスコーティングのフロスは炭が練り込まれ、レモングラスの香りつき。プラ不使用の竹歯ブラシも!

何度でも洗って使えちゃう

ドライでも濡らしても使える G
サイザルでできた100%ナチュラル素材のボディミトン。肌をマッサージするように使うと角質取りにも

びょーんと伸びて食器にピタッ
シリコン製のフードラップは食器や食品にピタッとフィット。コツさえつかめばゴミも減らせて◎

お掃除にも大活躍☆ I
クローブのエッセンシャルオイルは、お掃除にも使える優れもの。水で薄めて家中のいろんなところで使えます

ウッディなボトル ($39.95)

エコ・コンシャスもバイロンベイらしさ H
日本でも人気のマイボトル。ちょっと違ったのをお探しならこちら。ストレーナーがついているのでお茶ボトルにも

E
オーストラリア中で人気のクッキー
バイロンベイ・クッキーズ
Byron Bay Cookies
Map 別冊 P.15-C2　バイロンベイ
🏠 Shop 3, Jonson St., Byron Bay
☎ 02-6639-6300　⏰ 10:00〜18:00
Card A.J.M.V.
🚶 ビーチから徒歩3分　URL cookie.com.au

F
チョコレート、おみやげにどう?
ラブ・バイロンベイ
Love Byron Bay
Map 別冊 P.15-C2　バイロンベイ
🏠 Lawson St., Byron Bay
☎ 02-6685-7974　⏰ 10:00〜21:00 (金土〜22:30)
Card A.M.V.
🚶 ビーチから徒歩5分　URL love-byronbay.com

G
エコな食品・雑貨がずらり
サントス・オーガニックス
Santos Organics
Map 別冊 P.15-C3　バイロンベイ
🏠 105 Jonson St., Byron Bay
☎ 02-6685-7071
⏰ 8:30〜18:00 (土9:00〜17:00、日10:00〜18:00)
Card M.V.
🚶 ビーチから徒歩約15分　URL www.santosorganics.com.au

H
メイド・イン・バイロンベイあり
ファンディーズ・ホールフード・マーケット
Fundies Wholfood Market
Map 別冊 P.15-C2　バイロンベイ
🏠 61 Jonson St., Byron Bay
☎ 02-6685-6429　⏰ 8:30〜17:30 (日9:00〜16:00)
Card A.M.V.
🚶 ビーチから徒歩8分　URL www.fundies.com.au

オーストラリアはどこに行っても紙か再利用できるストローで、プラスチックのものは見ませんでした。(東京都・トモコ)

バイロンベイ *Byron Bay* – バイロンベイのおいしい&カワイイ街歩き☆ –

K
竹からできた繊維を使った服は、しっとり&さらりな肌触りが着心地抜群。ヨガウェアやドレスなど種類もいろいろ

バンブー・ファブリック
バイロンベイメイドの

エコバッグ買いすぎ！どうしよう

ここでしか買えないバイロンベイバッグ
左から「スリー・ブルー・ダックス」「サントス・オーガニックス」「ジ・アトランティック(P.116)」のオリジナルエコバッグ **A,G**

夏は涼しく冬はほんのりあったかい

NATURAL CONSCIOUS BEAUTY

オシャレとエコを両立できるナイス☆なショップをたくさん

"バイロンベイ"って名前で買っちゃう
バイロンベイ＝オシャレ&ヘルシーなイメージがあるのかローカルコスメも充実。パッケージでジャケ買い?!

I

ハーブの効能に癒やされる
オーガニックハーブとアボカド&オリーブオイルを主原料としたバームはローズヒップやカレンドゥラなど全10種 **G**

日本でも人気のサーフブランド
バイク、サーフィン、スケボーカルチャーをクロスオーバーさせたライフスタイルブランド。Tシャツ $49.95 **L**

肌が深呼吸できそうな心地よさ

ハンドメイドの美しい石けん
国産のオリーブ&ココナッツオイルやクレイを使ったコールドプレス製法の手作りソープ。香りも◎。$8.8 **G**

男性へのおみやげに喜ばれそう！

お疲れ肩にウィートバッグ
レンジでチンして温湿布のように、肩や腰などお疲れエリアに。心地よい重量感とユーカリの香りにヤミツキ **J**

肌に直接触れるものだから
バンブー・ファブリックでできた肌触りのいいアンダーウェア。エクササイズやリラックスモードのときに **K**

I
バイロンコスメ、気にならない？
ゴー・ヴィタ
Go Vita
Map 別冊 P.15-C3 バイロンベイ
🏠 Shop 2/69 Jonson St., Byron Bay
📞 02-6680-7464 🕘 9:00〜17:00
Card A.M.V. ビーチから徒歩8分
URL www.govita.com.au/stores/byron-bay

J
路面店でラインナップ豊富
イコウ
iKOU
Map 別冊 P.15-D2 バイロンベイ
🏠 Shop 1/8 Lawson St., Byron Bay
📞 02-6680-8803 🕘 9:30〜17:30
Card M.V. ビーチから徒歩5分
URL www.ikou.com.au
シドニーQVB内

K
シンプル&エシカルファッション
ボディピース
Bodypeace
Map 別冊 P.15-D2 バイロンベイ
🏠 21 Fletcher St., Byron Bay
📞 02-6680-8885 🕘 9:00〜
Card M.V. ビーチから徒歩8分
URL www.bodypeacebamboo.com

L
オシャレな男子は知っている
デウス・エクス・マキナ
Deus Ex Machina
Map 別冊 P.15-C2 バイロンベイ
🏠 1/17 Lawson St., Byron Bay
📞 02-6685-8266 🕘 9:30〜17:00
Card A.D.J.M.V. ビーチから徒歩5分
URL deuscustoms.com

毎月第2土曜はバイロンベイのフリーマーケットデー。その日に当たったらラッキー！ URL bys.org.au/byron-flea

バイロンベイまで快適シーサイドドライブ♪
どこに行くにもラックチン、レンタカーでさぁ

arucoおすすめルート
バイロンベイまで日帰りプチトリップ

まっすぐ行けば1時間半弱（約90km）、ひたすら南へドライブしていくバイロンベイまでのルートは、初心者さんでも安心で寄り道スポットもある楽しいルート！

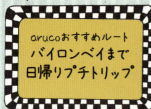

① 出発

まずはカーナビを目的地にセットして、ホテルから出発！日本と同じ右ハンドル、左側通行だから運転はそんなに難しくないはず。一方通行などの標識だけよ〜く注意して進んでね。

② サーファーの聖地バーレイヘッズを通過

一般道を運転すること15〜20分で、左手にバーレイヘッズのビーチが見えてくる。ここはサーファーにとっては聖地のようなナイスウェーブポイント。バーレイヘッズ岬からの眺望も◎。

Map 別冊 P.12-B2

- ① ゴールドコースト
- ② ポイントデンジャー展望台
- ③ クリスタル・キャッスル → P.122
- ④ → P.114
- ⑤ バイロンベイ

LEFT LANE ENDS 右レーンへ合流せよ
MERGE RIGHT
REDUCE SPEED スピード落とせ！
NO U TURN ここはUターン禁止
U TURN PERMITTED UターンOK交差点
KEEP LEFT 左側通行守ってね

覚えればカンタン！オーストラリアの交通ルール

オーストラリアは道も広くて、右ハンドルの左車線通行だから、運転はラクチン。だけどちょっぴり日本とは違うルールもあるので事前にチェックしてね。

コインがいるよ！

ラウンドアバウト Roundabout
一番覚えておきたいルールがこれ。オーストラリアでは信号の代わりにラウンドアバウトが多い。右側からくる車を優先させて、行きたい道の前で左ウィンカーを出せばOK。

時計回り / 右からの車が優先

ハイウェイ&高速道路 Highway
ハイウェイは一部を除いて基本的には無料。料金所のない日本の高速道路をイメージすれば大きくは違わない。ただし制限速度には注意。遅すぎるのも逆に迷惑です。

駐車のしかた Parking
販売機でチケットを買って、見えるようにダッシュボードに置いておく。制限時間が明記されている。週末などは駐車料が無料の場合もあるので看板の表示をよく見てね。

野生動物に注意 Wildlife
街なかでは実際に遭遇する確率は意外に低いけど、郊外などではカンガルーがひかれることはしばしば。カンガルー死亡事故の場合は路肩に移動させるのがルールです。

野生コアラ出るかもよ！

給油方法 Gas Stand
ガソリンスタンドはセルフが基本。代金はスタンド内のレジカウンターで給油機ナンバーを告げて支払う。前払いの場合もあります。Unleaded（無鉛）を給油してね。

日本同様満タン返し

車のフロントには「カンガルーバンパー」がついているとケアンズのガイドさんに聞きました。車が壊れてしまうんだそう。（北海道・Y.S.）

Let's Go!

好きな時間に、好きな場所に行ける車があればもっと自由にオーストラリアを満喫できちゃう。人気の街バイロンベイ（P.118）までのおすすめルートをご案内。

バイロンベイ Byron Bay

どこに行くにもラックチン、レンタカーでさあLet's Go!

この先ラウンドアバウト

制限速度110km！

3 9:00

4 10:30
スピードカメラチェックあり！

5 12:30

カランビン・ワイルドライフ・サンクチュアリ
広い園内にオーストラリアの動物が1400匹以上いる動物園。ここは1日中いつでもコアラだっこ撮影がOK！でも今日は入口広場とショップをかけあしで。広場のオブジェもキュート♪

カランビン・ワイルドライフ・サンクチュアリ
Currumbin Wildlife Sanctuary
Map 別冊 P.12-B2　カランビン
データ→P.31

アートコアラ
インコアラ　パンコアラ

ここが州境！ポイントデンジャー展望台
ゴールドコースト空港の標識が見えてきたら、ここがもうクイーンズランド州のはじっこ。ニューサウスウェールズ州との境目の展望台へ。キャプテンクックも通ったという岬、絶景です。

ポイントデンジャー展望台
Point Danger Lookout
Map 別冊 P.12-B2
ツイードヘッズ
♦ Tweed Terrace
Tweed Heads, NSW

真ん中に立ちたい！

バイロンベイに到着！
ポイントデンジャーを出発したら、ハイウェイを目指して一路バイロンベイへ約65kmのドライブ。制限速度が100〜110kmとホントに高速なので周囲の車には注意してね。

Map 別冊 P.12-B3

1レーンにこの先合流

ナビも日本語で頼めます！

日本語で便利にレンタカーでFunドライブ！

おまかせあれ！

ジャストレンタカー
Just Rent a Car

「運転はできるけど、英語での細かい手続きが不安」という人におすすめの日本語OKのレンタカー会社。空港または宿泊先のホテルで借り出し＆返却ができるので時間のロスも少ない。日本語カーナビがついているのも魅力。レンタカーを借りる人は国際免許証をお忘れなく！

☎03-4577-3155（日本）、0410-773-835（7:00〜18:00）／9900〜17万6900円（24時間）／Card M.V.／ネット（3日前まで）／電話／現地で日本円現金でも可能。カード支払いはドル決済
http://www.justrentacar.com.au／支払いは

1 車の受取は空港orホテルで
レンタカーは空港かホテルでの受取が可能。その場で簡単な書類を記入するだけ。

3 使い方はしっかり聞いて
車やナビの操作方法を確認。目的地がある場合は登録もしてもらえちゃいます。

2 乗る前に車をチェック
日本のレンタカー同様に乗車前に車体チェックを。キズなどは事前に確認して。

4 さあ、出発！
ここまでの所要時間は15分程度。返却時間と待ち合わせ場所を確認して出発！

オーストラリアではガソリンスタンドのことを「ペトロール・ステーションPetrol Station」と呼びます。

SYDNEY

シドニー

帆船みたいなオペラハウスとハーバーブリッジ、
おしゃれな街並みに、おいしいグルメレストラン。
オーストラリアいちの大都会シドニーは、街も人もカルチャーも
キラキラ元気にあふれたエキサイティングシティ！
私だけのお気に入りのシドニー、見つけちゃお☆

シドニーへのアクセス
東京・大阪から直行便で約9時間半。ケアンズから約3時間半。ゴールドコースト、ブリスベン、メルボルンから約1時間半。

眺めバツグンの2階建てバスに乗って シドニーの見どころをひとめぐり♪

オーストラリアいちの大都会シドニーも、乗り降り自由のバス「ビッグバス・シドニー」に乗れば一気に見て回れちゃう。見どころ満載のおさんぽコースに出発進行！

TOTAL 8時間半

シドニーおさんぽ TIME TABLE

- 9:30 サーキュラーキー
  ↓ バス5分
- 10:00 クイーンビクトリア・ビルディング
  ↓ バス8分
- 10:30 キングスクロス
  ↓ バス15分
- 11:00 シドニー・オペラハウス
  ↓ バス3分
- 11:30 王立植物園
  ↓ バス5分
- 12:30 ハイドパーク
  ↓ バス15分
- 15:00 フィッシュマーケット
  ↓ バス8分
- 16:00 ダーリングハーバー
  ↓ バス15分
- 17:00 ロックス

ビッグバス・シドニー　Big Bus Sydney

期間内であれば何度でも乗り降りできるダブルデッカー（2階建て）観光バス。シドニー市街をまわる路線のほか、ボンダイビーチ行きの路線もあり、乗り継ぎもできる。乗車中は日本語オーディオガイドもあり。料金は1日券$53.10〜、2日券$71.10〜。
URL bigbustours.com

晴れの日は 2階だね！

路線図 → 別冊P.18-19

1 サーキュラーキー　9:30
シドニーの海の玄関口
Circular Quay

フェリーがハーバーブリッジの下を行き来する様子は、まさにシドニーといった景色。シティレールやライトレールもここが起点。

この橋は世界でイチバン車線が多いんだ！

Map 別冊P.18-A2　サーキュラーキー

2 クイーンビクトリア・ビルディング　10:00
19世紀末に建てられたショッピングモール
Queen Victoria Building

わたしがビクトリア女王よ！

通称QVB。1898年に建てられたクラシックで美しい建築。いまも現役で、200以上のショップが入っています。大きな吊り時計にも注目。

Map 別冊P.20-A2　CBD

🏠455 George St.　☎02-9265-6800　休月火水金土 9:00〜18:00、木9:00〜21:00、日祝11:00〜17:00
タウンホール駅から徒歩1分　URL www.qvb.com.au

3 キングスクロス　10:30
コカ・コーラのネオンが有名♡
Kings Cross

シドニーいちの歓楽街で、東京でいえば歌舞伎町のようなところ。週末の夜にはセクシーなミニスカート女子がたくさん闊歩しています。

Map 別冊P.19-C3　キングスクロス

夜の女子のひとり歩きは気をつけて！

4 シドニー・オペラハウス　11:00
シドニーのランドマーク
Sydney Opera House　世界遺産

シドニーといえば、やっぱりここは見ておかないと！日本語ガイドツアーもあるし、夜にコンサートを観に行くのもおすすめ。

Map 別冊P.18-A2　サーキュラーキー

詳しくは → P.126

白いタイルがまぶしい！

124　ビッグバス・シドニーで解説を聞きながら1周しました。1時間半で街をおおまかにつかめました。（群馬県・うめ）

シドニー
Sydney

シドニーの見どころをひとめぐり♪

5 19世紀に造られた植物園 11:30
王立植物園
Royal Botanic Gardens

30ヘクタールの敷地には大英帝国時代に世界各国で採集された植物が集められている。日本庭園も再現されています。オペラハウスもよく見えるよ！

Map 別冊P.18-B2　サーキュラーキー

- Mrs. Macquaries Rd.　02-9231-8111
- 7:00～日没　無料　サーキュラーキー駅から徒歩10分　URL www.rbgsyd.nsw.gov.au

1. シティのランドマーク、シドニータワーも見える
2. セントメリーズ教会　3. オーストラリア博物館

6 シドニー市民の憩いの場 12:30
ハイドパーク Hyde Park

1810年に造られた由緒ある公園。公園内や周辺には戦争記念碑や教会、世界遺産の囚人遺跡、博物館などもある。

Map 別冊P.20-A3　CBD

- Elizabeth St.　02-9265-9333　セントジェームズ駅またはミュージアム駅より徒歩1分
- URL www.cityofsydney.nsw.gov.au

最旬オープンのバランガルー地区！ →P.128

シドニー・ハーバー・ブリッジ

晴れた日はここでのんびりピクニック！

7 新鮮なシーフードいただきます！ 15:00
フィッシュマーケット Fish Market

本来は業者用の水揚場だが、一角に新鮮なシーフードが食べられるレストラン街がある。名物のカキやロブスターも！

Map 別冊P.20-A1外　ダーリングハーバー

- Pyrmont Bridge Rd.(Cnr. Bank St.)　02-9004-1100　7:00～16:00
- フィッシュマーケット駅から徒歩2分　URL www.sydneyfishmarket.com.au

花火もみたい！

8 にぎやかな湾岸エリア 16:00
ダーリングハーバー
Darling Harbour

水族館や動物園、ショッピングセンター、おいしいレストランもある人気のベイエリア。毎週土曜日の夜には花火も打ち上げられます。

Map 別冊P.20-A1　ダーリングハーバー

9 ロックス
1 サーキュラーキー
5 エクスプローラーの路線だよ
ポッツポイント
ウールームールー
キングスクロス
3 ダーリングハースト
→P.138 サリーヒルズ
→P.136 パディントン
忠告しとくけどカモメには気をつけるよ！

9 ここがオーストラリア発祥の地 17:00
ロックス The Rocks

イギリス人が最初に入植したのがここ。いまでは歴史的景観を残すおしゃれなエリア。カフェやショップも多く、週末にはマーケットも開催！

週末マーケット→P.143　**Map** 別冊P.18-A2　ロックス

いつもにぎやか！

世界遺産 サーキュラーキーから船で15分！
コカトゥー・アイランド
Cockatoo Island

1839年に刑務所としてオープン。その後、造船所として1992年まで操業していた。2010年に「オーストラリア囚人遺跡群」のひとつとして文化遺産に登録された。

Map 別冊P.18-A2外　ミルソンズ・ポイント

- Sydney Harbour Federation Trust　02-8969-2100　ビジターセンター；月～土8:30～15:30、日8:30～16:00（9～3月）、月～金8:30～17:00、土8:30～17:30、日8:30～16:00（4月）、月～金8:30～17:30、日8:30～15:30（5～8月）　無料　Card A.M.V.　URL www.cockatooisland.gov.au

シドニーはCBD（Central Business District）と呼ばれる中心部と、まわりのビレッジ（ロックスやサリーヒルズ）から構成されています。

125

青い空にキリリと映えるシドニーのアイコン、

コアラやカンガルーと並ぶほどにオーストラリア
せっかくだから外側からも内

Opera house Trivia 1
設計者はデンマークの無名建築家

設計は当時無名のデンマークの建築家、ヨーン・ウッツォン。ただし彼の考えた複雑な構造のおかげで工事は難航。完成までにかかった時間は15年、総工費は当初の14倍以上の1億200万ドルになったそう。

Opera house Trivia 2
ひとつに見えて、実は3つの建物

遠くから眺めていると、複雑に絡み合ったひとつの建物に見えるオペラハウス。でもこれは実はコンサートホール、オペラ劇場、レストランという全部で3つの独立した土台にある建物から構成されてるのです。

タイルはスウェーデン製

Opera house Trivia 3
外壁に貼られたタイルは白じゃない!?

真っ白に見えるオペラハウスの外壁。近くで見ると、白とベージュ2種類のタイルで構成されているのです。これは太陽の光が反射しても美しく白く見えるための工夫。ちなみに屋根の上のタイルは105万6006枚！

見学ツアーに参加！

オペラハウスツアー＆テイスティングプレート
Tour & Tasting Plate

オペラハウスの建物内部見学とオペラハウス地下のレストラン＆バー「オペラキッチン」のメニューを味わえるツアー。建物見学は日本語と英語から選べる。また、テイスティングプレートは同日中なら何時でもOK。

ツアーは各国語で行われる。日本語ツアーは1日7回（10:00〜16:30）、所要時間約30分

Map 別冊P.18-A2　サーキュラーキー

★シドニー・オペラハウス　☎02-9250-7250
www.sydneyoperahouse.com　tourism@sydneyoperahouse.com　$72（日本語）／30分、$82.8（英語／1時間）　オペラハウスツアー＆テイスティングプレート（オペラハウスツアーのみ$25）　Card A.D.J.M.V.

テイスティングプレートはツアー当日の11:00から17:00まで有効。チケットを提示すればいつでもOK

オペラハウスのコンサートに行きました。みんなドレスアップでいい雰囲気。ツアーで聞いたとおりイスも座りやすかった！（島根県・IZ）

世界遺産 オペラハウスのいろんな楽しみ方、教えます！

シドニー Sydney

を代表するシンボル、シドニー・オペラハウス。
側からも楽しんじゃお☆

Opera house Trivia 4
景色が美しく見える ガラスの角度

オペラハウスが海に突き出しているところでは、海側の窓が斜めに取りつけられています。これは太陽の光が窓に反射して自分の影が映らないようにするための工夫。いつでもキレイに海の景色が見えるんです。

> なんだか船の中にいるみたい

Opera house Trivia 5
建物の外と中は 実は別のもの

オペラハウス、外と中は別々の建物。コンサートホールは外側のシェルの中に独立した形で建設されているもの。つまりコンサートホールにすっぽりとシェルをかぶせたつくりなのです。

> 壁を見るとよくわかる！

オペラハウスのいろんな楽しみ方、教えます！

Opera house Trivia 6
オペラハウスの ベストショットスポットは？

世界中から訪れる観光客がカメラを構えているオペラハウス。おすすめ撮影スポットのひとつは対岸のロックスから。もうひとつはミセスマックォーリーズ・ポイントから。こっちだとバックにハーバーブリッジが入ります。

詳しくは→ P.128

> イベント情報チェック！

> 劇場でオペラ鑑賞！

オペラハウスの観客に！

毎日のようにコンサートやバレエ、オペラなどのイベントが行われているオペラハウス。世界遺産の中で音楽を楽しめるチャンス、ドレスアップして行ってみるのも◎。現地に着いたらイベントをチェックしてみて。

予約の方法

① 日本からネットで
これから行われる公演はすべてウェブサイトでチケットの購入が可能。購入にはウェブサイトへの登録と支払い用のクレジットカードが必要。チケットは公演20分前までにボックスオフィスでピックアップ
URL http://www.sydneyoperahouse.com

② 現地のボックスオフィスで
オペラハウス内1階のチケットカウンターでもチケットが購入可能。現地に行ってみてから行きたい公演があれば空き状況を聞いてみよう。席によって値段が変わるので、購入前にチェックを忘れずに

オペラハウスの見学ツアーにはここで紹介したもののほかに、普段は見られないバックステージに入れるツアーもおすすめ（英語のみ）。 127

世界遺産 オペラハウスにハーバーブリッジ……
シドニーの絶景をぜーんぶ見に行こう☆

世界遺産オペラハウス（P.126）とシドニーの美しい街並み。いちばんの絶景ポイントはどこ？ オーストラリアを代表する絶景を探しに出かけてみよう！

ブリッジクライムシドニー
Bridge Climb Sydney

やっとここまで着いたよ！きもちいー！

一番上についたよ！

ハーバーブリッジにのぼってみよう！

最高到達点134m、360°C視界良好！ ハーバーブリッジの上からの眺めは最高！ オペラハウスをこんな場所から眺められるのはこのツアーだけ。夜景を楽しむナイトクライムもあります。

Map 別冊P.18-A1 ロックス

★ブリッジクライムシドニー ▲3 Cumberland St., The Rocks
☎02-8274-7777 URL www.bridgeclimb.com 圏$174〜（ブリッジクライムツアー（英語）、クライム用の服装・装備貸出、グループ写真など）、日本語ツアー$308〜もあり

パイロン・ルックアウト
Pylon Lookout

ここにのぼったよ！

パイロン・ルックアウト
START GOAL! 高さ134m

眺め ★★★ スリル ★★★
オススメ時間：15:00〜17:00

ハーバーブリッジのロックス側にある展望台。高さは87m。展望台では約200段の階段！ 午前中はオペラハウスが逆光なので、写真を撮るなら午後がおすすめ。10:00〜17:00。

ポートジャクソンを見下ろす展望台

Map 別冊P.18-A2

CAUTION! ここに気をつけて！
歩行距離は約1.5km。所要時間約3時間半。ツアー参加前に全員専用のスーツに着替えて、ワイヤーも装着。カメラなどの手荷物を持って行くことは厳禁。アルコールチェックも行われるよ。

128

オージーサンライズ
Aussie Sunrise $15.95

朝からガツンと ボリューム満点。

24時間パンケーキ！
パンケーキ・オン・ザ・ロックス
Pancakes on the Rocks

ロックスにあるパンケーキの有名店。このロックス店は24時間営業なので、思い立ったらいつでもパンケーキ！メニューはどれもボリュームたっぷり。デザート系に食事系、いろんなバリエーションにチャレンジしてみて！

Map 別冊 P.18-A2 ロックス
22 Playfair St, The Rocks 02-9247-6371 24時間 Card A.M.V.
ロックス・マーケットから徒歩5分
URL www.pancakesontherocks.com.au
ダーリングハーバーなど

バターミルク パンケーキ
ベーコン
目玉焼き
グリルドバナナ&パイナップル

Good morning! もう食べた？1日の始まりはこれがなくちゃ！

街のあちこちにあるカフェは早朝オープンがお決まり。せっかくだから早起きして、贅沢朝ごはん食べてみて！

ご近所さんのお気に入りパン屋さん
インフィニティ・ベーカリー
Infinity Bakery

早朝からパンの焼ける香ばしい香りが店の外まで漂うベーカリーは、近所にあったら通いたくなるような心地よさ。カフェの奥でパン職人がひとつずつ焼き上げるオーガニックサワードーブレッドが有名。スイーツ系のパンもおいしい。

Map 別冊 P.21-D2 パディントン
178 Oxford St., Paddington
02-8097-1462 6:30〜16:00（日月〜15:00）
Card M.V. パディントンジタウン ホールから徒歩5分 URL www.infinitybakery.com.au

チキンマヨ&アーモンドセロリサンドイッチ
Chicken & Mayo Almond & Celery Sandwich $9

朝にぴったり さわやかテイスト

トーストされた表面はカリカリ、中はモチモチの絶品サワード

ビッグサイズの クロワッサン！

アーモンドクロワッサン
Almond Croissant $5.5

あまーいアーモンドと さくさく生地が最高！

シドニーのパワーブレックファスト☆

Sydney

Sweetcorn Fritters $24.5
スイートコーンフリッター
しっとりずっしり、やっぱりおいしい
生地にリコッタチーズを混ぜたビルズの看板メニュー

Ricotta Hotcakes $23.5
リコッタホットケーキ
つぶつぶカリカリ食感のとうもろこしフリッター
朝からぺろりといけちゃいます

評判の味にトライ！
ビルズ Bills

「世界一おいしい朝食」として日本にも店舗がある有名店。シドニーの本店は建物も美しく、日本や他店舗とは違う落ち着いた雰囲気を味わいに行く価値アリ。朝食はもちろん、ランチタイムのパスタや肉料理にトライしてみるのも◎。

Map 別冊P.21-C2　ダーリングハースト
🏠 433 Liverpool St., Darlinghurst
☎ 02-9360-9631　🕐 7:30～15:00（日祝8:00～）　Card A.M.V.　🚉 キングスクロス駅から徒歩8分　URL www.bills.com.au
🚌 サリーヒルズ

シドニーのパワーブレックファスト☆

どこも自慢の朝食メニューを用意しているのです。

ボンダイビーチの人気店！
ポーチ&パーラー Porch and Parlour

緑色したオリジナル人気メニュー！
Green Pea Pancake $19
ポーチドエッグ&ホイップしたフェタチーズ
グリーンピースだらけのパンケーキにどっさりサラダ

ボンダイ・ビーチの東端にあるカフェは、水着やウェットスーツの人々で朝から大混雑の人気店。シドニーのベストカフェにも選出された。スタッフもフレンドリーで居心地がいい。ボンダイビーチまで足を延ばす価値のあるナイス☆カフェ。

Map 別冊P.19-D3外　ボンダイ・ビーチ
🏠 1F, 18/1-10 Ramsgate Ave., North Bondi
☎ 02-9300-0111　🕐 7:00～15:00
Card A.M.V.　🚌 333番バスでCampbell Pde. opp. North Bondi Beachバス停から徒歩1分
URL www.porchandparlour.com

シドニーはカフェの多い街。どのエリアにも地元で人気の朝食カフェがあるよ。目印はどれだけ人でにぎわっているか。探してみて！　133

今夜の予算はひとり$15!?
デリシャス&リーズナブルな ディナーを探せ☆ FIND OUT!

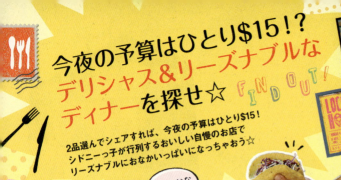

2品選んでシェアすれば、今夜の予算はひとり$15！
シドニーっ子が行列するおいしい自慢のお店で
リーズナブルにおなかいっぱいになっちゃおう☆

E L LOCO AT SLIP INN
エル・ロコ・アット・スリップ・イン

にぎやかな夜に！

ホットなおいしさ チキンウィング
フライドチキンをスパイシーなソースにからませて。ビールに合いすぎ！
$16

お好みの具で タコス☆
7種の具から選べるタコスはどれも$7.7。写真はエビのテンプラタコス。
$7.7 $23.7

追力のビッグサイズ ナチョス・スプリーム
大皿にどーんと盛られたチップ、サルサなどこれだけで満腹の具だくさん！
$30.7 $29

CBDの外れにあるメキシカンスタイルの人気カジュアルバー＆レストラン。ビールやカクテル、ワインメニューも充実で、飲みたい人にも◎。にぎやかで楽しい夜になりそう。カウンターでオーダーするパブシステム。

Map 別冊P.20-A2 ダーリングハーバー

🏠111 Sussex St., Darling Harbour ☎02-9114-7327
🕐11:00～22:00ごろ
Card M.V. 🚇タウンホール駅から徒歩10分
URL merivale.com/venues/slipinn

C HAT THAI
チャット・タイ

人気すぎるタイ料理店

平打ち麺を甘辛で パッ・シーユー
平べったいライスヌードルをチキンとチンゲンサイ、甘辛ソースで。
$14

$27

サワー＆スパイシー ソムタム・タイ
タイ料理定番の青パパイヤのサラダに干しエビとピーナッツをプラス。さっぱり味。
$13

プリプリエビの前菜 トッド・ムン・ゴン
エビをすり身にして揚げたシュリンプケーキはプリプリの食感がたまらない！
$30 $29 $16

月曜の夜でも1時間以上待ちもザラの大人気レストラン。タイの屋台をイメージした入口付近のデザートキッチンからは甘い香り（テイクアウトもOK！）。食事も待つ価値アリのおいしさです。テキパキしたサービスも気持ちいい。

Map 別冊P.20-B2 ヘイマーケット

🏠20 Campbell St., Haymarket ☎02-9211-1808
🕐10:00～翌2:00 💰予算ひとり約$25
Card A.M.V. 🚇セントラル駅から徒歩5分
URL chatthai.com.au

行列してでも食べたれよ！

ダーリングハーストの「ア・タヴォラ」(Map別冊P.19-C3)は、本格イタリアンで気軽に会話できる雰囲気がよかったです。(島根県・とり)

134

シドニー
Sydney

デリシャス&リーズナブルなディナーを探せ☆

PASTEUR パスチャー

本場よりウマい!?かも

$14 絶品シーフードスプリングロール
揚げたてを香草とレタスに巻いて、ソースにつけてガブリ。いくつでもいける!

$29

$15 クリスピーなバインセオ
かりかりクリスピーな外側と柔らかく蒸された中の野菜がベストマッチ☆

$28

$29

$14 ダシのうまみが◎ フォータイ
薄切りビーフたっぷり、ダシのおいしさに思わずうなる一番人気のフォー。

ベトナム料理もシドニーでは定番だけど、ここのおいしさは格別。どれもおいしいけど、初めてならまずはこのメニューを食べてみて! いつも混んでるけど回転は早いのですぐ座れるのも◎。胃が疲れたなんてときにもぴったり。

Map 別冊P.20-B2 ヘイマーケット

🏠709 George St., Haymarket ☎02-9212-5622 🕙10:00～21:30 💰予算ひとり約$20 💳A.J.M.V. 🚃ライトレールChina Town駅から徒歩1分

BAR REGGIO バー・レッジョ

焼きたてピザがおいしい

サラダだけでおなかいっぱい?
ハワイアンやグリークなどサラダもバリ正豊富。写真はイタリアン

$32

$20

$38

豪快に盛られたパスタはシェアで
トマトソース&シーフードのマリナーラ。ペンネやリングイネなども選べます。

$12

$30

$18

大きなピザをハーフ&ハーフで
ラージサイズならハーフ&ハーフOK。よくばりに2種類チャレンジ!

大勢でわいわい食事を楽しむのにぴったりなカジュアルで陽気な雰囲気のイタリアンレストラン。店内奥には中庭席もある。窯焼きピザはテイクアウトする人も多い。スタッフも気さくでフレンドリー。週末は行列必至の人気店です。

Map 別冊P.19-C2 ダーリングハースト

🏠135 Crown St., Darlinghurst ☎02-9322-1129 🕙12:00～22:30（金土～23:30） 🚫日 💰予算ひとり約$30 💳A.J.M.V. 🚃サリーヒルズから徒歩10分 🔗www.barreggio.com.au

CHINESE NOODLE HOUSE チャイニーズ・ヌードルハウス

肩寄せ合って食べる

オージー的にはひとりひと皿!
みんなが注文するもっちもちのパンフライド・ダンプリンは具材が選べる

$14.8

$21.6

お客のススメ ナスの揚げ煮
山盛りナスだけで勝負! の一品、甘辛いブレイズド・エッグプラント。

$27.6

食べごたえあるむっちむっち刀削麺
牛肉とチンゲンサイがたっぷりのむっちり麺がおいしい牛煮込み刀削麺

$12.8

$6.8 $19.6

隣の席の人のヒジがぶつかるくらい狭いけれど、いつも人でいっぱいの中華料理店。看板メニューは刀削麺だけど、サイドメニューも充実でどれもおいしい。ささっと食べて帰るのも、BYO(P.179)でお酒と一緒に楽しむのも◎。

Map 別冊P.19-C1 ヘイマーケット

🏠Shop 7 8 Quay St., Haymarket ☎02-9281-4508 🕙10:00～21:30 💰予算ひとり約$20 💳不可 🚃セントラル駅から徒歩8分

なにかと物価の高いオーストラリア。シドニーのエスニックレストランは$10前後でおいしくて満腹に。ローカルたちにも人気です。

シドニーいちキュート&モードなパディントン

シドニーでもっともファッショナブルな流行発信地パディントンは、歩けど歩けどオシャレショップが出現するお財布と欲望がせめぎ合う誘惑のエリアなのです。

さあさカフェで朝の一杯

P.138 サリーヒルズ Surry Hills
P.136 パディントン Paddington
セントラル駅 central
P.140 アレクサンドリア
Map 別冊 P.21

今日もさんぽ日和のいい天気♪

1 Utopia Goods Textiles
美しいオーストラリアン・テキスタイル
ユートピア・グッズ・テキスタイルズ

オーストラリアのワイルドフラワーをデザインしたオリジナルのテキスタイルショップ。ポーチやインテリア雑貨はもちろん、計り売りで布の購入も可。

Map 別冊P.21-C2 パディントン
🏠30 Oxford St., Paddington
☎02-9357-4477
🕐10:00～17:30（土～17:00）
休日
Card A.M.V.
🚶タウンホールから徒歩10分
URL utopiagoods.com

きっとお気に入りが見つかるわ！

オーストラリアらしい植物がデザインされたテキスタイルは、華やかさとシックさを兼ね備えた雰囲気がステキ。上のポーチは各$55

2 Berkelouw Books
雑貨にカフェ、レアな古書まで！
バークルー・ブックス

1階はセンスのいい雑貨やギフトを取り揃えたフロア、2階は静かにゆっくり過ごせるカフェ、3階はレアな古書が並ぶというユニークな本屋さん！

Map 別冊P.21-D2 パディントン
🏠19 Oxford St., Paddington ☎02-9360-3200
🕐9:30～21:00（金土～22:00） Card A.M.V.
🚶タウンホールから徒歩8分 URL berkelouw.com.au

3 ONDA
オーガニックコスメのセレクトショップ
ONDA

オーストラリアブランドを中心に、質の高いオーガニックでエシカルなコスメが多く揃う。気になるものはお試しもできるのがうれしい。

Map 別冊P.21-D2 パディントン
🏠72A Oxford St., Paddington
☎02-8384-8411
🕐10:00～18:00（木～20:00、土～17:00、日11:00～17:00）
Card A.M.V.
🚶タウンホールから徒歩8分
URL ondabeauty.com.au

4 In Bed
洗練された暮らしの道具
イン・ベッド

店名の通り、寝室まわりのインテリア雑貨の上質なセレクトショップ。バスルームやキッチングッズ、オリジナルのルームウェアにも注目☆

Map 別冊P.21-D2 パディントン
🏠72B Oxford St., Paddington ☎02-9358-4245
🕐10:00～18:00（土～17:00、日～16:00） Card A.M.V.
🚶タウンホールから徒歩8分 URL inbedstore.com

136　6月にシドニーに行ったらこちらでは年度末のシーズンだったらしくどこもセール中でした。ラッキー！（福井県・さばお）

へおしゃれパトロール☆

1. 本棚の席までいつもにぎわう 2. フラットホワイトは$3.50 3. カフェはカウンターで注文するシステム。スイーツなどはショーケースから選んで

サッと一杯もゆっくり長居も
5 Ampersand Café Book Store
アンパーサンド・カフェ・ブックストア
Map 別冊P.21-D2 パディントン

街歩きに疲れたら、ここでひと息ついて。ごちゃごちゃ感がなぜかおしゃれで落ち着くカフェ＆ブックストア。スイーツ＆軽いランチもおすすめです！

🏠 78 Oxford St., Paddington
☎ 02-9380-6617 🕐 7:00～17:30（土日8:00～） Card M.V.
🚶 タウンホールから徒歩10分
🌐 www.cafebookshop.com.au

スイートだけどコドモっぽくない
6 Papinelle
パピネル
Map 別冊P.21-D2 パディントン

ルームウェアのショップ。パジャマや下着はどれもスイートすぎないけど気持ちがアガるおしゃれなものばかりで迷っちゃう。キッズやメンズのラインナップも。

🏠 112 Oxford St., Paddington ☎ 02-9361-3149 🕐 10:00～17:30（日11:00～16:00） Card M.V. 🚶 タウンホールから徒歩10分 🌐 www.papinelle.com

ラボ風インテリアもおしゃれ
7 Aesop
イソップ
Map 別冊P.21-D2 パディントン

イソップではめずらしく"フェイシャル・アポイントメント"と呼ばれるスパ併設のショップ（60分$175～）。せっかくなら予約して体験してみて！

🏠 3a Glenmore Rd., Paddington ☎ 02-9358-3382 🕐 10:00～18:00（木～19:00、日～17:00） Card M.V. 🚶 タウンホールから徒歩10分 🌐 www.aesop.com.au ロックス（95 George St.）ほか数店舗あり

オージーの人気ブランド路面店
8 Lee Mathews
リー・マシューズ
Map 別冊P.21-D2 パディントン

一部の日本のセレクトショップでも大人気のオージーブランド。着心地がよく、女性らしいけど甘すぎないのが特徴。いろんな種類が見られるのは路面店ならでは！

🏠 18 Glenmore Rd., Paddington ☎ 02-9331-1699 🕐 10:00～18:00（土～17:30、日11:00～17:00） Card A.M.V. 🚶 タウンホールから徒歩10分 🌐 leemathews.com.au

オージーブランドのセレクトショップ
9 Incu
インキュ

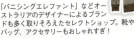

「バニシングエレファント」などオーストラリアのデザイナーによるブランドも多く取りそろえたセレクトショップ。靴やバッグ、アクセサリーもおしゃれすぎ！

Map 別冊P.21-D3 パディントン

🏠 256&258 Oxford St., Paddington ☎ 02-9331-6070 🕐 10:00～18:00（木～19:00、日11:00～17:00） Card M.V. 🚶 タウンホールから徒歩1分 🌐 www.incu.com ⚫ CBD（500 George St.）ほか

食べちゃうのがもったいない！
10 Just William Chocolates
ジャスト・ウィリアム・チョコレート

美しい花やコアラなど見てるだけでうっとりしちゃうようなデザインのチョコレートが並ぶ店。プレゼントなら別料金のキレイなボックスに入れて。ひとつずつ手づくりされたチョコレートは量り売り。動物4種で$14くらい。

Map 別冊P.21-D3 パディントン

🏠 4 William St., Paddington ☎ 02-9331-5468 🕐 10:00～18:00（日11:00～17:00） Card M.V.（$20以上で利用可） 🚶 タウンホールから徒歩8分 🌐 www.justwilliam.com.au

パディントンのショッピングはオックスフォード・ストリートがメイン。だけどちょっとした路地をのぞいてみると新しい発見が。

シドニー Sydney
パディントンへおしゃれパトロール☆

2 ツウな品揃えの レコード&ブックショップ
Title
タイトル

レコードやCD、本など、どれも店主のセレクトが光るショップ。気軽にふらりと立ち寄れる雰囲気で、偶然の一冊との出会いを探すのも◎。

Map 別冊 P.21-D1　サリーヒルズ
🏠 501 Crown St., Surry Hills
☎ 02-9699-7333　⏰ 10:30〜18:00（日 11:00〜17:00）
Card A.M.V.　🚃 ライトレール Surry Hills駅から徒歩3分
URL titlemusicfilmbooks.com

3 建築に関する世界中の本が集合!
The Architect's Bookshop
アーキテクツ・ブックショップ

建築本専門といっても素人お断り！！のような店ではなく、"日本の小さな住宅"など世界各国の建築本が揃う店。見ているだけでも面白い。

Map 別冊 P.21-D1　サリーヒルズ
🏠 499 Crown St., Surry Hills
☎ 0481-702-902　⏰ 10:00〜18:00（木〜20:00、土日〜16:00）Card M.V.
🚃 ライトレール Surry Hills駅から徒歩3分
URL thearchitectsbookshop.com.au

1 旬なオシャレをお探しなら☆
The Standard Store
スタンダード・ストア

シドニーのファッションシーンの旬を集めたようなセレクトショップ。一見ちんまりと見えるけど、メンズ、レディースともに充実の品揃えです。

Map 別冊 P.21-D1　サリーヒルズ
🏠 503 Crown St., Surry Hills
☎ 02-9310-1550　⏰ 10:00〜18:00（日〜17:00）Card A.M.V.
🚃 ライトレール Surry Hills駅から徒歩3分
URL thestandardstore.com.au

オシャレひしめくサリーヒルズの目抜き通りクラウン・ストリートでヴィンテージファッションの宝探し☆

ライトレールのサリーヒルズ駅開通でますます便利に。サリーヒルズは趣ある街並みに個性的なショップが軒を連ねる場所。カルチャー＆ヴィンテージファッション好きはとくに注目です！

今日の買い物予算は100ドル！

レモン＆ココナッツチーズケーキ $6.5

5 行列ができる人気店
Messina Gelato
メッシーナ・ジェラート

ベストジェラートとして評判の高い店。定番の35フレーバー＋スペシャル5フレーバーから選んで。どれも絶品です！ $4.5〜。

Map 別冊 P.21-D1　サリーヒルズ
🏠 389 Crown St., Surry Hills
☎ 02-8354-1223　⏰ 12:00〜23:00（金土〜23:30）Card 不可
🚃 ライトレール Surry Hills駅から徒歩10分
URL www.gelatomessina.com

4 カラダにおいしいメニューがずらり
Four Ate Five
フォー・エイト・ファイブ

サリーヒルズの喧騒からほっとひと息つける静かなカフェ。ヴィーガンメニューも豊富でヘルシー。スタッフもフレンドリーで気持ちがいい。

Map 別冊 P.21-D1　サリーヒルズ
🏠 485 Crown St., Surry Hills　☎ 02-9698-6485　⏰ 7:00〜15:00（土7:30〜、日8:30〜14:30）Card M.V.
🚃 ライトレール Surry Hills駅から徒歩5分
URL www.fouratefive.com

Surry Hills

  サリーヒルズでヴィンテージバッグを$30で購入、壊れたんだけど修理して使っています！（高知県・まさみ）

シドニー Sydney

6 The Salvation Army
サルベーション・アーミー

ねばり腰で探してみて☆

キリスト教団体が慈善事業として運営するリサイクルショップ。リーズナブルさではココが一番。気合を入れて探す掘り出し物に出会えちゃうかも♪

Map 別冊P.21-D1
サリーヒルズ

🏠339 Crown St., Surry Hills ☎02-9360-1000 ⏰9:30～16:20（木～20:00、土10:00～17:00）休日・祝 Card A.M.V.
URL salvos.org.au

1. キュートなTシャツは$8
2. 店内の商品はすべて寄付によるもの。ときにはハイブランドの掘り出し物も

7 City Crown Motel
シティ・クラウン・モーテル

泊まりがけでショッピング!?

データ→P.185

目抜き通りにあるレトロなオシャレモーテル。早朝のカフェからショッピングまでまるごと楽しめちゃいます。パディントン(P.136)も徒歩圏内。

プラウマンズ・ランチ$22はシェアも◎

サリーヒルズでヴィンテージファッションの宝探し☆

8 Kawa Cafe
カワ・カフェ

ゆるリテイストのキュートカフェ

シティ・クラウン・モーテルの向かいにあるカフェ。早朝からオープンしているので朝食からショッピングのひと休みまで使える。フラットホワイト$3.50など。

Map 別冊P.21-C1 サリーヒルズ

🏠346-350 Crown St., Surry Hills ☎02-9331-6811 ⏰7:30～16:00 Card A.M.V.

9 Zoo Emporium
ズー・エンポリウム

どんなテイストがお好き？

ギラギラ系からシンプル系、パンキッシュテイストまで幅広いラインナップを揃えた古着屋さん。店内は広いのでじっくりチェックを。レディース＆メンズあり。

Map 別冊P.21-C1 サリーヒルズ

🏠180B Campbell St., Surry Hills ☎02-9380-5990 ⏰11:00～18:00（木～19:00、日12:00～17:00）Card M.V.

10 U Turn Recycled Fashion
Uターン・リサイクルファッション

意外な掘り出し物に会える

デニムやネルシャツなどのベーシックアイテムが店内にぎっしり！ビビッドなプリントがキュートなワンピースコーナーにも注目。レディース＆メンズあり。

Map 別冊P.21-C1 サリーヒルズ

🏠Shop 33, 277 Crown St., Surry Hills ☎02-9332-3583 ⏰9:30～18:00（木～20:00、日10:00～17:00）Card A.M.V.

11 C's Flash Back
シーズ・フラッシュバック

気合を入れてじっくりと

入ってすぐがメンズ、奥がレディースフロア。所狭しと置かれた古着からお気に入りが見つけられたらラッキー。ビビッドな柄物がたくさんあります。

Map 別冊P.21-C1 サリーヒルズ

🏠316-318 Crown St., Surry Hills ☎02-9331-7833 ⏰10:00～18:00（日11:00～17:00）Card M.V.
URL csflashback.com.au

ここで紹介したお店はどこもオックスフォード・ストリートとクラウン・ストリートの交差点から徒歩20分以内です。

139

話題のカフェが集まる最旬エリア
アレクサンドリアへプチトリップ！

ちょっぴりツウにシドニーを楽しみたいなら観光地からは離れた郊外のヴィレッジ、アレクサンドリアへ。倉庫地帯だったこのエリア、レベル高なカフェ揃いです☆

アレクサンドリアへのアクセス
サーキュラーキーやセントラル駅から電車を使うと、グリーン・スクエア駅Green Squareが最寄り。セントラル駅からなら、309や310Xなど多くのバスがアレクサンドリア方面に走っている。セントラル駅周辺からなら20〜30分程度。

1. The Grounds of Alexandria
都会で味わうファーム気分
ザ・グラウンズ・オブ・アレクサンドリア

アレクサンドリアを話題のエリアにした立役者といっても過言ではない"グラウンズ"。もはや観光地のように毎日大混雑！

詳しくは → P.37

2. Bread and Circus
クレンズ朝食はいかがで？
ブレッド＆サーカス

素材や調理法にこだわったオーガニックカフェ。開放的なオープンキッチンと木のぬくもりが心地よい空間。独創的なメニューもたくさん。週末は行列することも。

アレクサンドリア
21 Fountain St., Alexandria
0418-214-425 7:00〜15:00（土日〜16:00）
Card A.J.M.V. グリーンスクエア駅から徒歩15分
URL breadandcircus.com.au

ブレックファスト・サラダ$14は圧巻の盛りっぷ。+$3.5で卵も追加できます

140　シドニーのCBDにも「グラウンズ」の支店「ザ・グラウンズ・オブ・ザ・シティ」（Map別冊P.20-A2）があります。（大阪府・ちえ）

シドニー Sydney

話題のカフェが集まる最旬エリア アレクサンドリア

1. レーズンとシナモンがくるくると巻かれたデニッシュ 2. 看板メニューはクロワッサンとマフィンの融合"クラフィン" 3. 店内には喫茶スペースも

3
あま～い香りに誘われて
Textbook Boulangerie Patisserie
テキストブック・ブーランジェリー&パティスリー

香ばしいニオイにつられて入ると、店内にはズラリとパンとケーキ♡ どれも繊細&本格的な味わいでお持ち帰り決定☆

アレクサンドリア
🏠 274 Botany Rd., Alexandria
☎ 02-9699-6156 🕐 7:00～売切まで Card A.J.M.V.
🚇 グリーンスクエア駅から徒歩7分
URL textbookpatisserie.com.au

4. 売切御免のケーキたち

4
このエリアのアイコン的カフェ
Mecca Coffee Roasters
メッカ・コーヒー・ロースターズ

元倉庫を大胆かつオシャレにリノベーションした、このエリアらしいクールなカフェ。ゆるりとした空気が流れる空間で、店の奥には大きなローサーも！

アレクサンドリア
🏠 26 Bourke Rd., Alexandria
☎ 02-9698-8448 🕐 7:00～15:00（土8:00～）
Card A.J.M.V. 🚇 グリーンスクエア駅から徒歩5分 URL meccacoffee.com.au

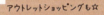

1. 倉庫の面影が逆にカッコいい 2. その日ごとの焼きたてスイーツも 3. 店の奥のロースターで焙煎したてのコーヒーをおみやげにするのも◎

アウトレットショッピングも☆
倉庫が建ち並ぶアレクサンドリアは、実はさまざまなブランドのアウトレットショップがあるエリアとしても有名。歩きながら探してみて！

ねぇこのあとどうする？

5
掘り出し物は時間をかけて探索♡
Mitchell Road Antique & Design Centre
ミッチェルロード・アンティーク&デザインセンター

巨大な倉庫の中にはアンティーク&ヴィンテージがざっくざく。小さく区切られたスペースは、それぞれオーナーが違うため個性的。半日は十分に入り浸れちゃう。

洋服、食器、ぬいぐるみ、ブランドものなどありとあらゆる種類のアンティーク&ヴィンテージ商品が並ぶ

アレクサンドリア
🏠 17 Bourke Rd., Alexandria
☎ 02-9698-0907 🕐 10:00～18:00 Card M.V. 🚇 グリーンスクエア駅から徒歩7分
URL www.mitchellroad.com.au

6
お昼どきは大混雑必至！
Cooh
クー

ホールのように広いレストランながら、ランチタイムは近隣で働く人で大混雑。朝・昼・夜で内容は変わるけど、どれも野菜たっぷりのヘルシーメニュー。

アレクサンドリア
🏠 96 Bourke Rd., Alexandria
☎ 02-9002-1333 🕐 7:00～22:00頃（月～16:00、土8:00～、日8:00～16:00）
Card A.J.M.V. 🚇 グリーンスクエア駅から徒歩15分 URL www.cooh.com.au

1. スムージー $8.5
2. チキンバーガー&ポテト $20
3. テイクアウトのデリも併設。テラス席で食べることもできる

元々工業地帯だったアレクサンドリアは、パディントンやサリーヒルズに比べてだだっ広い印象。歩くときは車にご注意を！

141

大自然の絶景と地球誕生のヒミツに感動！

世界遺産 ブルーマウンテンズ＆
鍾乳洞ジェノランケーブを探険☆

世界遺産に登録されているブルーマウンテンズ地域は103万ヘクタールもの広さ。見どころはスリーシスターズだけじゃないんです！

伝説の奇岩スリーシスターズ
ブルーマウンテンズ
Blue Mountains

シドニーから約100km。標高1000mの山々が連なるグレートディバイディングレンジ（大分水嶺）にある国立公園。世界遺産にも登録されている景勝地。ちなみにコーヒーで有名なブルーマウンテンはジャマイカ。ここではありません。

Map 別冊P.3-D3　ブルーマウンテンズ国立公園

☎02-4787-8877（Blue Mountains Heritage Centre）◷9:00～16:30 🌐www.nationalparks.nsw.gov.au/visit-a-park/parks/blue-mountains-national-park

ブルーマウンテンズはなぜ青く見える？

名前の由来は、山並みが青く見えるから。これは周辺を覆い尽くすユーカリの森のせい。ユーカリの葉は油分を多く含んでいて、気温が上昇すると、この油分が気化してしまうのです。これが日光に当たると青く見えるんです。

エコーポイント
Echo Point
ブルーマウンテンズ随一の絶景が「スリーシスターズ」と呼ばれる奇岩。この景色を最もよく見える展望台がエコーポイント。

スリーシスターズ見るならココ！

待ってる娘たち！

助けて！

アボリジニ3姉妹の伝説

むかし呪術師と美しい3人の娘たちが暮らしていたそうです。娘たちをつけ狙う魔王から娘を守るため、呪術師は魔法の骨を使って、彼女たちを岩の姿に変えて隠し、自分は鳥の姿になって飛び去りました。しかし、鳥になった呪術師が魔法の骨を落とすというハプニング！　いまでも鳥になった呪術師は魔法の骨を探しているんだとか。

BLUE MOUNTAINS

落っこちてしまいそうにスリリングな眺め！
キングステーブル King's Table

ブルーマウンテンズ周辺には100を超える展望スポットがあるんだそう。なかでもガイドさんのオススメがココ。断崖に突き出た平らな一枚岩の先に座ると……体感した人だけにわかるスリリング体験です！

Map 別冊P.3-D3

最高の1枚を撮るのよ！

チーっと行っとってね！

野生のカンガルーはどこにいる？

野生のカンガルーって大草原に住んでいるイメージがあるけど、実は意外と身近なところで出会えちゃうんです。たとえばゴルフ場とか、近くの公園とか。目を凝らして探してみて！

見合って見合って～！

LINCOLN'S ROCK

ガイドさんに「霧が多い」と言われていましたが、その日もブルーマウンテンズは霧（涙）。夏が一番青く見えるそうです。（宮城県・ゆう）

JENOLAN CAVES

ザ・グランドツアー
The Grand Tour
宝石を散りばめたと表現される最も美しい「オリエントケーブ」と、暗黒の神と天使の共存するといわれる「テンプル・オブ・バアル」の2つの鍾乳洞を見られるのはこのツアーだけ！響き渡る音楽とライトアップが幻想的！

最も美しい鍾乳洞がここ！

わぉ！

ここが世界最古の鍾乳洞
ジェノランケーブ
Jenolan Caves

ブルーマウンテンズは序章に過ぎなかったのか!?　驚愕の景観が広がる3億4000万年前の鍾乳洞。現在発見されている鍾乳洞ではダントツで世界最古（ちなみに第2位は9000万年前のもの）。世界で初めての自然保護区でもあります。

Map 別冊P.3-D3 　ブルーマウンテンズ国立公園

Jenolan Village　01300-76-3311
www.jenolancaves.org.au

シドニー *Sydney*

ブルーマウンテンズ＆鍾乳洞ジェノランケーブを探険☆

オレについて来な！

推定年齢 2〜10万年！

地味でゴメン…

現生のストロマトライトと化石のストロマトライトの定義はかなりむずかしいそう

今の地球があるのも彼のおかげ

ストロマトライト
正体はシアノバクテリア。27億年前に誕生し、地球で最初に光合成を行い酸素をつくりだした生物。何億年もかけて地球を酸素で満ちた星にしました。

鍾乳洞のここに注目！

石柱
天井からのびる「つらら石（鍾乳石）」と、地面からのびる「石筍」がくっついて柱のようになったもの

膜状鍾乳石
鍾乳石の正体は地下水に含まれる炭酸カルシウムが沈殿したもの。場所によっては膜をかたちづくる

ヘリクタイト
鍾乳石のなかには重力と関係なく四方八方にくねくねのびるものが。どうして生成されるのかは不明

ToTal 約12時間

TOUR SCHEDULE

7:00	8:45	10:40	11:00	12:00	13:00	16:30	18:30
シドニー市内出発	キングステーブル（リンカーンズロック展望台）到着	野生のカンガルー探し	ジェノランケーブ到着	ランチタイム（各自持参orカフェテリア）	鍾乳洞ツアー（2時間のザ・グランドツアー）	エコーポイント展望台からスリーシスターズを展望	シドニー市内帰着

みつかるかな？

ブルーマウンテンズ国立公園
ジェノランケーブ
シドニー
0　40km

ブルーマウンテンズ（山）エコツアー
Blue Mountains & Jenolan Caves Tour

★IECオセアニア　02-8214-6410
9:00〜17:00　www.iec-oceania.com.au　tour@ice-oceania.com.au
$220　※シドニー市内主要ホテル送迎、日本語ガイド、ジェノランケーブ日本語ツアー　Card M.V.

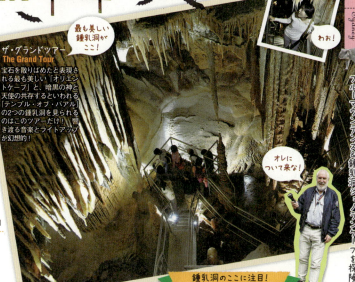

オリエントケーブをはじめ、鍾乳洞の中は年間を通して16〜17度、ほぼ同じ気温に保たれています。夏は羽織るものが一枚あるといい。　145

海で！山で！楽しいこといっぱい！
ポートスティーブンスで大自然と遊ぼう!!

シドニーから北へ約200km離れたポートスティーブンスへ。イルカやコアラとふれあったり、サンドボーディングを楽しんだりと、自然が満喫できる体験型エコツアーへ、さあ出発！

ポートスティーブンス（海）エコツアー
Port Stephens Tour

20年の歴史をもつ体験型ツアーの決定版！ 盛りだくさんの内容で、あっという間に1日が終わってしまいます。催行日は週5日。日本語ガイドもついているから安心。

Map 別冊 P.3-D3

★IECオセアニア ☎02-8214-6510 ⏰9:00～17:00 🌐www.iec-oceania.com.au ✉tour@ice-oceania.com.au 💰$240（シドニー市内主要ホテル送迎、日本語ガイド、ドルフィンウォッチングクルーズ、モーニングティー、昼食、砂丘4WDサファリ、砂滑り、国立公園入園料、動物園入園料）**Card** M.V.

Schedule
Total 12時間

7:00	シドニー市内出発
10:00	ポートスティーブンス到着。イルカクルーズへ
12:00	クルーズ船の上でビュッフェランチ
13:00	スットクトン砂丘に到着。サンドボーディングなどを満喫！
14:30	動物園でコアラやカンガルーとのふれあい
18:15	シドニー市内帰着

楽しいこと 1
野生のイルカを探しにいこう！
ドルフィンウォッチングクルーズ
Dolphin Watching Cruise

ポートスティーブンスのネルソンベイに着いたらクルーズ船に乗り込みます。湾内に生息する野生のイルカは波が大好き。自分から船に寄ってくることも。90%以上の高確率でイルカと出会えます。

146 ツアーには水着を持参するのがオススメ！ ブームネットで思いっきり遊べますよ！（静岡県・ふみこ）

シドニー *Sydney*

ポートスティーブンスで大自然と遊ぼう!!

楽しいこと **2**

砂丘から一気に滑り降りる!

これがサンドボード。これで砂丘を滑ります!

サンドボーディング
Sand Boarding

次に車が向かうのは32kmも続く大砂丘ストックトンビーチ。ここで4WD車に乗り換えて砂丘の中心部へ。この砂丘の上からサンドボードに乗って一気に下まで滑り降ります!

重心を後ろに置いて、手でスピードをコントロールするのがコツ

ぎゃあああー!

おすよ〜!

ここまでの道のりがすでにジェットコースター並み

ふぅふぅ…

下りるのもコワイけど、下からまた上までのぼるのがまたタイヘン

楽しいこと **3**

コアラにも触れる!

ふれあい動物園
Oakvale Farm & Fauna

コアラにこんなに接近できるなんて

最後に訪れるのは、オーストラリアのおおらかさを体現したような動物園「オークベールファーム」。カンガルーやヤギなど動物たちが、向こうからふれあってきます。コアラだっこはできないけど、タッチはOK!

アルパカもキミに夢中!いやエサに夢中なの?

みんなあつまれー!これがほしいんだろ

えさ!

えさ!

もっとワイルドに楽しみたいオトナのために!

もっと刺激を味わいたいオトナのグループなら、こちらがオススメ!バギーで砂丘をぶっとばし、ビールでノドの渇きを癒そ☆

瓶入りの地ビールも売られている

ブリュワリーでできたての地ビールを数種類味わえる。好みの一杯を見つけて

YEAHhhh!

自然満喫!オトナの遠足!
ポートスティーブンス(四輪バギー)エコツアー Port Stephens Tour

360°のパノラマビュー!砂丘での四輪バギーと砂滑りを楽しむツアー。午後はブリュワリーを訪問してビールの試飲とランチ付き。

Map 別冊P.3-D3

★IEC オセアニア ☎02-8214-6410
9:00〜17:00 URL www.iec-oceania.com.au S330(※ネット割引あり。シドニー市内主要ホテル送迎、日本語ガイド、クラフトビール試飲、ランチ、四輪バギーとサンドボーディング) Card M.V.

砂が細かいので、カメラの故障に注意。防塵仕様になっていない場合はこわれてしまうことも。

世界遺産でもある
アサートン高原 (P.58)。
ヒクイドリ、ユリシス、カモノハシなど
珍しい動物たちが大集合。

サンサンと降り注ぐ陽光に青い空、
ビーチには水着の女子。
グレートバリアリーフのサンゴや
クマノミも描かれています。

夕陽に照らされて真っ赤に
染まったウルルがどん！
この構図は定番のサンセットビュー
ポイント (P.22) からのもの。

レトロ&キュート☆

オーストラリア
ワッペン
コレクション

ネッド・ケリーは
18世紀に暴れ回った伝説の無法者。
反骨精神あふれるその生き様は、
ミック・ジャガー主演で映画化されている。

オーストラリア中どこへ行っても、
おみやげ屋さんの片隅にひっそり
売られてるクラシックワッペン。
値段も $5〜9とお手ごろ。
集めてみると意外とかわいい!?

ヒッピーの風が吹くリゾートタウン、
バイロンベイ (P.114)。シンボルは
オーストラリア最東端にある真っ白い灯台。
イルカがスピリチュアルな雰囲気を演出!?

ハーバーブリッジやシドニータワー、
シドニーの観光名所をいっぱいに
つめこんだワッペンは
オペラハウス (P.126) が主役。

メルボルンから海岸線に延びる
グレートオーシャンロード (P.166)。
海に突きだした奇岩と
ワインディングロードが印象的。

世界最古の鍾乳洞ジェノランケーブ。
モチーフとなっているのは
オリエントケーブ (P.145) で見られる
アッパーインディアという鍾乳石。

MELBOURNE

メルボルン

ヨーロッパの街並みを思わせる美しい建物たち、
その間を縫うようにゴトゴトとキュートなトラムが走る。
コンパクトな街に、カルチャーもオシャレも、グルメもいっぱい！
メルボルンはどこまでも歩いていけそうな気持ちになる街。
疲れたらカフェに入って、トラムに乗れば大丈夫☆

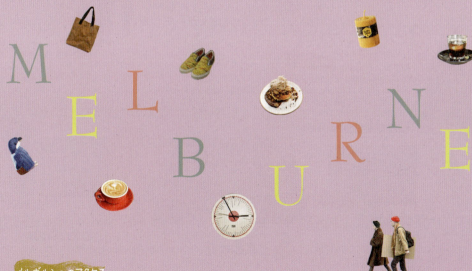

メルボルンへのアクセス
← 東京から直行便で約10時間。シドニーから約1時間半。ケアンズから約3時間半。
ゴールドコースト、ブリスベンから約2時間半。

トラムにゴトゴトゆられてメルボルンの歴史名所をまわってみよう！

1911年キャンベラに遷都されるまで、オーストラリアの首都として君臨してきたメルボルン。街のあちこちに雰囲気のある歴史的建造物が。トラムに揺られて歴史めぐりの旅へ、さあ出発！

TOTAL 8時間
メルボルンおさんぽ TIME TABLE

- 10:00 フリンダース・ストリート駅
  - ↓ トラム5分（35番）
- 10:15 フィッツロイ・ガーデンズ
  - ↓ 徒歩10分
- 10:45 セントパトリックス大聖堂
  - ↓ 徒歩10分
- 11:15 ビクトリア州議事堂
  - ↓ トラム5分（96番）
- 11:45 王立展示館
  - ↓ 徒歩3分
- 12:30 メルボルン博物館
  - ↓ トラム15分（96＆57番）
- 13:30 クイーンビクトリア・マーケット
  - ↓ トラム15分（57＆3番ほか）
- 14:30 国立ビクトリア美術館
  - ↓ トラム3分（3番ほか）
- 16:00 王立植物園
  - ↓ 徒歩5分
- 16:30 戦争慰霊館
  - ↓ 徒歩10分
- 17:00 ユーレカ・スカイデッキ

メルボルン中心部はトラム無料

市内をくまなく走るトラム（路面電車）。中心地はフリーゾーンになっているから何度だって無料で乗り降り自由。フリーゾーンの外でも、見どころは狭い範囲に集まっているよ。

詳しくは→別冊P.22

オーストラリア最初の駅だよ！

1 フリンダース・ストリート駅
Flinders Street Station

メルボルンの出発点はここ　10:00　FREE ZONE

ロンドンのセントポール寺院を模して造られたという荘厳なドームが特徴。1854年に最初の汽車がここから出発したんだって。

Map 別冊P.27-C3　CBD

2 フィッツロイ・ガーデンズ（Cook's Cottage）
Fitzroy Gardens

キャプテン・クックの家がある　10:15　FREE ZONE

わたしが案内しましょう♪

オーストラリアを発見したキャプテン・クックの生家が建っている。もちろん元からここにあったわけではなく1934年にイギリスから移築されたもの。中を見学することもできる。

Map 別冊P.25-D2　イーストメルボルン

キャプテン・クックの家 ●Fitzroy Gardens, East Melbourne ☎03-9658-9658 ●9:00〜17:00 ●$6.5 URLwhatson.melbourne.vic.gov.au

3 セントパトリックス大聖堂
St. Patrick's Cathedral

いちばん大きなカトリック教会　10:45　FREE ZONE

豪奢なゴシック建築で、尖塔の高さは105.8m。90年以上をかけて1939年に完成した。月〜金曜の9:00〜16:30は内部見学可。

Map 別冊P.25-C2　イーストメルボルン

4 ビクトリア州議事堂
Parliament House of VIC

ガイドツアーで見学もできる　11:15　FREE ZONE

コリント式の石造りの建物。1901〜1927年の間、国会議事堂として機能していた。ちなみにそのときの州議事堂は現在の王立展示館。

Map 別冊P.27-D2　CBD

5 王立展示館（ロイヤル・エキシビション・ビルディング）
Royal Exhibition Building

オーストラリア初の世界文化遺産　11:45

こっちだよ、こっち！

いまも現役でイベントに使われているよ

世界遺産

1880年国際博覧会の会場。ビザンチン、ロマネスク、ルネッサンス様式の融合が見事。

1. フリーマーケットの祭典Finders Keepersも年に一度開催されている
2. 2004年に世界遺産に登録された

Map 別冊P.25-C1　カールトン

●9 Nicholson St., Carlton Gardens, Carlton ☎03-9270-5006 ●ガイドツアー14:00〜15:00 ●$10 URLmuseumvictoria.com.au/reb

150　ビクトリア州議事堂の中をガイドツアーで見学してきました。無料でした。（東京都・みほ）

メルボルン *Melbourne* メルボルンの歴史名所

6 12:30 メルボルン博物館 Melbourne Museum

子供たちの人気スポット

1. 見応えのある恐竜化石の展示
2. 外観も内装はとても近代的

恐竜の化石やアボリジニ文化などが展示され、南半球最大といわれる科学博物館。アイマックスシアターもあり。

Map 別冊P.25-C1　カールトン

- 11 Nicholson St., Carlton Gardens, Carlton　☎03-8341-7777
- 10:00〜17:00　$15　※特別展は別料金　URL www.museumvictoria.com.au

7 13:30 クイーンビクトリア・マーケット Queen Victoria Market (QVM)

メルボルン市民の台所

100年前から営業中！　FREE ZONE

肉や野菜、魚などの生鮮品はもちろん、雑貨やみやげ物が並ぶエリアもあるので観光客が行っても楽しめる。

Map 別冊P.24-B2　CBD

- Cnr., Elizabeth & Victoria St., Melbourne　☎03-9320-5822
- 火水木金6:00〜15:00、土7:00〜16:00、日9:00〜16:00　休月水
- URL www.qvm.com.au

街を一望する観覧車！

CBDのビル群からドックランズの港まで一望する大観覧車。最高部は117.55m！　1周およそ30分の空中散歩いかが？

メルボルン・スター
Melbourne Star

Map 別冊P.24-A2　ドックランズ

- 101 Waterfront way, Docklands
- 03-8688-9688　月〜木11:00〜19:30、金〜日11:00〜21:00（チケット購入はクローズの45分前まで）　$16.5〜
- Card A.M.V.　URL www.melbournestar.com

8 14:30 国立ビクトリア美術館 National Gallery of Victoria

ファラオのマスクから名画まで

あ、この絵見たかったんだよ！

1. 考古学コーナーも見応えあり　2. ブリューゲルの名画　3. 近現代絵画が並ぶ

ファラオのマスクからレンブラントの名画、モダンファーニチャーから日本の縄文土器まで惜しげもなく陳列した充実のコレクション。特別展は有料だけど、無料の常設展だけでおなかいっぱい！

Map 別冊P.25-C3　サウスバンク

- 180 St.Kilda Rd.　☎03-8620-2222　10:00〜17:00　無料 ※特別展は別料金　URL www.ngv.vic.gov.au

9 16:00 王立植物園 Royal Botanic Gardens

世界から集めてきた植物が大集合

園芸ファンは必見！　バンクシアなどオーストラリア固有のワイルドプラントが目の前に。

Map 別冊P.25-D3　サウスヤラ

- Birdwood Ave., South Yarra　☎03-9252-2429　7:30〜日没（ビジターセンター9:00〜17:00、土日9:30〜17:00）　無料
- URL www.rbg.vic.gov.au

10 16:30 戦争慰霊館 Shrine of Remembrance

屋上からメルボルン市街を一望

（シュライン・オブ・リメンブランス）

戦没兵士の慰霊のために建てられたものだが、建築のユニークさと眺めのよさで人気。

Map 別冊P.25-C3　サウスヤラ

- Birdwood Ave., South Yarra　☎03-9661-8100　10:00〜17:00　無料　URL www.shrine.org.au

11 17:00 ユーレカ・スカイデッキ Eureka Skydeck

夕暮れどきもロマンチック

きゃーこわーい！

地上285m、92階建ての超高層ビルの88階にある展望台。外に突き出したキューブ「ザ・エッジ」はスリル満点の眺望です！

Map 別冊P.25-C3　サウスバンク

- 7 Riverside Quay, Southbank　☎03-9693-8888　10:00〜22:00（入場〜21:30）　展望台$25、ザ・エッジ$12　Card A.M.V.
- URL www.eurekaskydeck.com.au

バレリーナのスカートをイメージしているんだって！

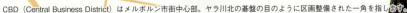

CBD（Central Business District）はメルボルン市街中心部。ヤラ川北の碁盤の目のように区画整備された一角を指します。

レトロでおしゃれな街歩きスポット
メルボルンのクラシックな アーケードめぐり

市街の中心に昔から建っているアーケード。ここはメルボルンの歴史と見どころがぎゅっと詰まったショッピングスポットなんです。

いっしょにデート行こ！

Royal Arcade

ここに注目！

ステンドグラスは創業当時のデザインを踏襲している

伝説の巨人ゴッグとマゴッグの大時計がシンボル

建物の上には、イギリス植民地時代のライオンとユニコーンのレリーフ

リトルコリンズ・ストリートとバーク・ストリートの間に建つ

タイムスリップしたようなアーケード内

こんなお店が入っています

有名なチョコレート屋「ココブラック」やMADE IN MELBOURNEにこだわった品揃えの「メルボルンショップ・バイ・ルンゼ」（P.165）のほか、アナログなおもちゃばかり集めた店や魔術師グッズ専門店など個性的なショップが揃っている。

150年の歴史を持つ
ロイヤル・アーケード
Royal Arcade

オープンはなんと1870年！ 実に150年もの歴史を持つメルボルンで最も古いアーケード。ルネッサンス様式の建築デザインは、サウスメルボルン庁舎もデザインしたチャールズ・ウェッブ。2002年に大修繕が入り、当時の面影を残しつつキレイになった。

Map 別冊 P.27-C2　CBD

📍 335 Bourke St.　🕐 月〜木9:00～18:00、金9:00～20:00、土9:00～17:00、日10:00～17:00 ※店舗によって異なる　🌐 http://www.royalarcade.com.au

Check! the street
デグレーブ・ストリート
Degrave Street

観光客がまず訪れるメルボルン名物のカフェ通り。細い路地に並んだテラス席で皆がコーヒーを飲んでいる。

デグレーブ・エスプレッソ
Degrave Espresso

パリジャンな雰囲気が漂うカフェ。満席人気店。

Map 別冊 P.27-C3　CBD

📍 23-25 Degrave St.　📞 03-9654-1245　🕐 7:00～21:00　Card 不可

朝からたっぷり食べたい人も

152　ブロック・アーケードの地下にマニアックなレコード屋さんがありました。（新潟県・KM）

メルボルン *Melbourne*

メルボルンのクラシックなアーケードめぐり

おしゃれで優雅な ブロック・アーケード *The Block Arcade*

1893年オープン、ミラノのアーケードを模したというこのアーケードは群を抜いて優雅な雰囲気が漂っている。当時流行していた典型的なビクトリア様式の建築。

Map 別冊P.27-C2　CBD

🏠282 Collins St. 🕐月～木8:00～18:00、金8:00～20:00、土8:00～17:00、日9:00～17:00 ※店舗によって異なる URL www.theblockarcade.com.au

👀 ここに注目！

床のモザイクがとにかく細かい　／　ガラスの天井から光が降り注ぐ　／　外壁の石のレリーフにまでこだわりが

正門はコリンズ・ストリート側

こんなお店が入っています

19世紀から続く「ホープタウン・ティールーム」は地元の人にも観光客にも大人気のカフェ。ショーケースに並ぶケーキだけでも一見の価値あり。「ヘイグス・チョコレート」のほか貴金属を扱う高級店も。

回廊では時々ポップアップショップが

「ヘイグス」は定番

行列しても食べたい！

👀 ここに注目！

各階の郵便ポスト。今は使われていない

階段の手すりにも1920年代の遊び心が

オリジナルのままの床タイル

こんなお店が入っています

1階の古着屋「ヴィンテージソール」が目をひくが、実は2階にもさらに大きな古着屋「レトロスター」や古書店があり、こちらも要チェック。

ノスタルジックな カテドラル・アーケード *Cathedral Arcade*

1925年建造、シカゴスタイルと呼ばれる建築。オリジナルの姿を最もとどめているアーケードのひとつ。上層階にはアーティストやデザイナーが多く暮らしている。

Map 別冊P.27-C3　CBD

🏠27-41 Swanston St. 🕐月～木9:00～18:00、金9:00～20:00、土9:00～17:00、日10:00～17:00 ※店舗によって異なる

ニコラスビルディングというのが本当の名前。天井のステンドグラスとL字型の回廊が印象的

Check! the street!

かつてはバンクシーの作品も！

ホージャー・レーン Hosier Lane

メルボルンはグラフィティアートで有名な街。とくにこの通りは一面グラフィティ。どこかに有名アーティストの作品も隠れているかも。

Map 別冊P.27-C3

💡覆面芸術家バンクシーの作品が描かれていたのはカテドラル・アーケードの裏手。いまはレリーフだけがあります。　153

おしゃれカフェと
トレンドショップが集う
3つの最旬エリアへ

CBDのツーリストエリアもいいけれど
メルボルンの本当の魅力を知るには
ローカルが愛する旬なこの3エリアへ。
きっと、メルボルンがもっと
お気に入りの街になっちゃうはず!

メルボルンのおしゃれさんぽ 1
エロール Errol street

居心地バツグンな
ゆるりカフェエリア

ツーリスティックな雰囲気が混じるCBDのカフェ通り (P.152) とは違う地元の人に愛されるカフェエリア。ローカル気分で朝食を。

エロール・ストリート (P.155)
フィッツロイ Fitzroy (P.158)
North Melbourne
メルボルン中心部 CBD
コベントリー・ストリート (P.156)
South Melbourne

ハンドドリップで
ていねいに
淹れたコーヒー

Must Visit!

ココがこの界隈の
草分け的オシャレカフェ

Auction Rooms
オークションルーム

その昔、実際にオークションハウスだった建物をカフェに改造。広々とした店内はシンプルでオシャレ。ゆるりとした空気が流れる。コーヒーはもちろん、メニューからは想像もつかないフードも楽しみ。

Map 別冊P.24-B1 ノースメルボルン

📍 103-107 Errol St., North Melbourne
☎ 03-9326-9749 ⏰ 7:00～17:00 (土日7:30～) Card M.V.
🚶 タウンホールから徒歩3分
🌐 www.auctionroomscafe.com.au

1,2. 地元の人にとっても思い思いの時間を過ごす場所。インテリアもマネしたいオシャレさ! 3. ランチメニューは$20前後 4. 日替わりの"本日のコーヒー" $4.8もおすすめ 5. レモン&ハニー&ジンジャースパークリング $4.5

154 「オークションルーム」で飲んだコーヒーがおいしくて、豆をおみやげに買って帰りました。(神奈川県・あつこ)

Errol St.

North Melbourne
エロール・ストリート

メルボルン

のんびりローカルな雰囲気の街

19世紀まで歴史を遡るノースメルボルンのメインストリート。最近はカフェを中心にエッジの効いたカフェ＆ショップが急増中。
◉トラムルート57でNorth Melbourne Tow Hall (Stop12) 下車

メルボルンのおしゃれさんぽ1

2 Mörk Chocolate
モークチョコレート

新オープンで話題のチョコレートバー

スウェーデン語で"ダーク"を意味する"モーク"。ピュアなチョコレートをどっぷり堪能できる。店内限定のメニューもチェック！

1. 店内限定のキャンプファイヤーチョコレート$8　2. フラワーフレーバーのココア$15　3. 実験室みたいな空間

Map 別冊P.24-B1 ノースメルボルン

- 150 Eroll St., North Melbourne ☎03-9328-1386 ⏰8:00～17:00 (日9:00～) 休月 Card M.V.
- ◉タウンホールから徒歩7分
- URL morkchocolate.com.au

ブレックファスト チョコレート！

3 Roasting Warehouse
ロースティング・ウェアハウス

新鮮な焙煎豆もオススメ

コスタリカなど南米からのフェアトレードコーヒーを、工房内のロースターで少量焙煎するカフェ＆コーヒー店。多くのカフェで採用されるコーヒー豆は評判◎。

Map 別冊P.24-B1 ノースメルボルン

- 19-21 Leveson St., North Melbourne ☎03-9329-2973 ⏰6:30～16:00 (土7:00～) Card A.M.V. ◉タウンホールから徒歩5分
- URL rwspecialtycoffee.com.au

1. ノナズ・スタイル・スクランブルエッグ $18.5　2. コーヒー豆はおみやげにも

4 Stranger than Paradise
ストレンジャー・ザン・パラダイス

おもちゃ箱みたいなお店☆

小さな店内には、ちびっ子だけでなく、オトナもときめいちゃうノスタルジックなおもちゃやおしゃれなデザイン雑貨がぎっしり。しばらく動けなくなっちゃいます☆

Map 別冊P.24-B1 ノースメルボルン

- 101 Eroll St., North Melbourne ☎03-9328-1663 ⏰10:00～17:00 (金～16:00、土9:00～16:00、日10:00～15:00) Card M.V.
- ◉タウンホールから徒歩3分
- URL strangerthanparadisegifts.com

1. ぎっしりと並んだキュートな雑貨の数々　2. オーストラリアの動物たちも　3. ハーブが香るサシェ

行列が絶えない人気パン屋さん
ブレッド・クラブ
Bread Club
- 558 Queensberry St., North Melbourne ⏰7:00～15:00 (土8:00～、日8:00～14:00) Card M.V. ◉タウンホールから徒歩1分

店の奥の中庭でのんびり
ファンダンゴ
Fandango
- 97 Eroll St., North Melbourne ☎03-9329-0693 ⏰7:30～15:00 (土8:30～14:30、日9:00～14:00) 休月火 Card M.V. ◉タウンホールから徒歩3分

ステキなヴィンテージ探しなら！
North MelbourneBooks

マーティン・フェラ・ヴィンテージ
Martin Fella Vintage
- 556 Queensberry St., North Melbourne ⏰11:00～17:00 (土日～16:00) 休月 Card M.V. ◉タウンホールから徒歩3分

Arden St. / Scotia St. / Byron St. / Glass St. / Bendigo St. / Purcell St. / Errol St. / Queensberry St. / タウンホール / トラム 駅はココ！ / Errol Pl. / Little errol St. / Raglan St. / Webbs Ln. / Aesop

エロール・ストリート＆クイーンズベリー・ストリートにはちょこちょこステキなお店が。冒険気分で歩いてみて！

Coventry St.

South Melbourne
コベントリー・ストリート

くいしんぼうさん＆カフェ好きなら

再開発で新ショップぞくぞく！
工業地帯として長い歴史を持つサウスメルボルン。マーケットを中心にカフェやアートのショップが多く集まるエリア。
🚊トラム96でSouth Melbourne Market下車、またはトラムルート12でYork/Clarendon (Stop127)下車

ナルボルンのおしゃれさんば
②コベントリー Coventry street

おいしい食材にレストラン、ここはサウスメルボルンの台所。マーケットがオープンする日は街の活気もアップ！ゴハンにカフェにショッピング……1日遊べちゃいます☆

オープンは水・金・土・日朝8:00から！

シックな雑貨や洋服コスメも
Mr. Darcy

キュートな雑貨がずらりのぞいてみて！
ポメグラネイト
Pomegranate
🏠251A Coventry St., South Melbourne ☎03-9686-9110
⏰9:30〜17:30 💳M.V.
🚶マーケットから徒歩5分
🌐 http://www.pomegranate.com.au

オシャレなペット専門の食品＆雑貨店

シェフもご用達のキッチン用品のお店
シェフズ・ハット
Chef's Hat
🏠131 Cecil St., South Melbourne ☎03-9682-1411
⏰9:00〜17:30(土〜16:00、日10:00〜16:00) 休祝 💳A.M.V.
🌐 chefshat.com.au / homewares.com.au

オトナな雰囲気のアパレル＆雑貨
ネスト
Nest
🏠289 Coventry St., South Melbourne ☎03-9699-8277
⏰9:30〜17:30 💳M.V.
🚶マーケットから徒歩3分
🌐 www.nesthomewares.com.au

紙モノに目がない女子はマストです！
ペーパーポイント
Paperpoint
🏠259 Coventry St., South Melbourne ☎03-9682-9414
⏰9:00〜17:00(土日10:00〜16:30) 💳A.J.M.V.
🚶マーケットから徒歩5分
🌐 www.paperpoint.com.au

Coventry Bookstore

絵本や写真集がたくさん集まるアート系本屋

オシャレなペット専門の食品＆雑貨店
ザ・ペット・グロッサー
The Pet Grocer
🏠249 Coventry St., South Melbourne ☎03-9686-9553
⏰9:00〜19:00 (土日〜17:00) 💳A.M.V.
🌐 thepetgrocer.com

St. Ali Coffee Roasters

Must Visit !

一度来れば、また必ず戻りたくなる

セントアリ・コーヒーロースターズ

派手な看板はなく、ウェアハウスのような素っ気ない外観。でもそれがオシャレ。世界大会優勝バリスタのコーヒーに、カフェらしからぬ高レベルなフードなど魅力がいっぱい。必訪ナイスカフェです！

1. バリスタの技が光るフラットホワイトにスペシャルランチ
2. どこの席も個性的。まるで違う空間にいるような気分に

Map 別冊P.25-C3　サウスメルボルン
🏠12-18 Yarra Pl., South Melbourne ☎03-9686-2990
⏰7:00〜18:00 (L.O.17:00) 💳A.M.V. 🚶マーケットから徒歩10分
🌐 www.stali.com.au

「セントアリ」だけ行く予定でしたが、結局マーケットや周辺のショップもまわって半日以上終わっちゃいました！（山形県・さとふみ）

小さなお店はいつもいっぱい

Giddiup
ギディアップ

座るスペースはほんの数席、テイクアウトの人も多いカフェだけど、いつもお店から人がはみ出す人気店。ひねりのない直球勝負のコーヒーやフードがおいしいのです！

1. フラットホワイト$4 2. イートインスペースはいつも満席 3. バリスタの慣れた手つきにほれぼれ 4,5. フルーツトーストやサンドイッチなどもテイクアウトOK

今日もフラットホワイト調子いいな！

Map 別冊 P.24-B3
サウスメルボルン
🏠 269 Coventry St., South Melbourne ☎ 03-9682-8820 ⏰ 7:00〜16:00（土日8:00〜15:00）Card A.M.V.
🚶 マーケットから徒歩5分
URL giddiupcafe.com

メルボルン Melbourne
メルボルンのおしゃれさんぽ2

---

1. アットホームな雰囲気の地元の人に愛されるカフェ 2. 本日のスペシャル、クラムチャウダー

パンが自慢のパティスリー
Chez Dré シェ・ドレ

路地の少し奥まったところにある隠れ家的カフェ。なのに店内は地元の人でいっぱい！な有名店。洗練されたフレンチスタイルのブーランジェリー＆パティスリー。

この看板探してね！

Map 別冊 P.24-B3
サウスメルボルン
🏠 285-287 Coventry St. (rear), South Melbourne ☎ 03-9690-2688 ⏰ 7:00〜16:00（土日8:00〜） Card M.V. 🚶 マーケットから徒歩5分 URL chezdre.com.au

1912年創業の老舗ロースターカフェ
Cottle on Coventry
コトル・オン・コベントリー

100年以上の歴史を誇るロースターカフェ。地元の常連さんも多い。コーヒー豆＆コーヒーグッズの品数の多さはここがイチバン。毎日変わる朝食＆ランチメニューもチェック。

Map 別冊 P.24-B3
サウスメルボルン
🏠 300 Coventry St., South Melbourne ☎ 03-9699-4121 ⏰ 7:30〜16:00（L.O.15:00）Card A.J.M.V.
🚶 マーケットから徒歩5分
URL cottleoncoventry.com.au

1. バタークリームたっぷりのビッグ・オレンジ・ケーキ$8
2. ロングブラック$4 3. コールドドリップコーヒーも！$4 4. パンだけ買いに来る人も多い

活気あふれる市場で食べ歩き！
South Melbourne Market
サウス・メルボルン・マーケット

北のクイーンビクトリア・マーケット（P.151）と並ぶメルボルンの台所。鮮魚店ではカキのイートインができたり、評判のいいレストランセクションがあったりと旅行者でも楽しめる。

立ち寄ってね！

Map 別冊 P.24-B3
サウスメルボルン
🏠 Cnr Coventry & Cecil St., South Melbourne ☎ 03-9209-6295 ⏰ 水金土日8:00〜16:00（金のみ〜17:00）🚫 月火木 Card 店舗により異なる URL southmelbournemarket.com.au

マーケットの朝はここから☆
Proper & Son プロパー＆サン

サウス・メルボルン・マーケットのフードホールセクションにあるカフェ。早朝から朝食を食べる人でにぎわう。でもマーケットはおいしいものだらけなので、控えめが◎です。

Map 別冊 P.24-B3
サウスメルボルン
🏠 Shop13, South Melbourne Market, Coventry St., South Melbourne ☎ 03-9699-7057 ⏰ 7:30〜16:00（金のみ〜17:00）🚫 月火 Card A.M.V. URL properandson.com.au

1. かりかりのサワードートースト$8はジャムで 2. 朝から人気のカフェ

コベントリー・ストリートは「サウス・メルボルン・マーケット」がオープンする水・金・土・日曜に行くのがおすすめです。

157

メルボルンのおしゃれさんは③
フィッツロイ
Fitzroy

行くたび違う新しさ
メルボルンで最も古いヴィレッジのひとつながら、アパレルショップ、雑貨、本屋、バーなどが建ち並び、現在最もオシャレなエリア。
◎トラムルート11でJohnston St.駅(Stop16)下車

メルボルンの流行をチェックするならまずはフィッツロイへ。
ショップやカフェ、レストラン……メルボルンの"今"を見るならココ！

うわぁ！お気に入りのアート発見☆

Fitzroy

フィッツロイ

キュート&モードなショッピング！

イエスターイヤー
Yesteryear

🏠331 Brunswick St., Fitzroy
☎03-9419-8277
🕐月水土10:00〜18:00(木金19:00、日11:00〜17:00) 休火
Card A.M.V. URL www.yesteryearvintage.com.au

メンズをお探しならここ充実☆

カフェでひと休み

人気のアパレルがずらりと揃う

ヘムレー・ストア
Hemley Store

🏠257 Brunswick St., Fitzroy
☎03-9939-6096
🕐10:00〜18:00(日11:00〜17:30)
Card A.M.V. 🚋トラムJohnston St.停留所から徒歩8分
URL hemley.com.au

路面店も充実ラインナップで見応えです☆

パーフェクト・ポーション
Perfect Potion

🏠237 Brunswick St, Fitzroy
☎03-9445-0853
🕐10:00〜17:30(火土〜18:00、日11:00〜17:00)
Card A.M.V.
🚋トラムJohnston St.停留所から徒歩8分
URL perfectpotion.com.au

土日ならラッキー！

The Rose Street Market

ローズ・ストリート・マーケット

Map 別冊P.25-C1
フィッツロイ

毎週土・日曜に行われるフィッツロイの週末マーケットでは、いろんなアーティストのストールが一度に見られる。雑貨やファッションなど最旬のメルボルンを見るならココ！

1. キュート&実用的なエコラップ 2. 廃プラスチックをアップサイクルしたポーチ

🏠60 Rose St., Fitzroy
☎03-9419-5529
🕐10:00〜16:00(土日のみ)
Card M.V. 🚋トラムルート96でBourke St停留所(Stop16)またはルート11でCollins St停留所(Stop17)から徒歩5分
URL www.rosestmarket.com.au

ここだけの洋服も☆

毎日がフリーマーケット！

Lost and Found Market

ロスト・アンド・ファウンド・マーケット

1,2,3.どれも味わい深いヴィンテージ。値段も割とリーズナブル

Map 別冊P.25-C1
フィッツロイ

階段を上がると、ビルの2階に広がるのはヴィンテージものが所狭しと並ぶマーケット。フリーマーケット気分で掘り出し物を探し当てちゃおう！

🏠288 Brunswick St, Fitzroy
☎0499-449-199 🕐11:00〜18:00 Card A.M.V. 🚋トラムJohnston St.停留所から徒歩1分
URL www.lostandfoundmarket.com.au

フィッツロイで「パーフェクトポーション」(P.77)の路面店を発見。日本未発売のものも買えてよかったです。(宮城県・ほのか)

路地裏の人気カフェ
Industry Beans 3
インダストリー・ビーンズ

メイン通りを一本入ったところにある、大きな倉庫に焙煎所、ブリュワリーを備えたカフェ。中庭の席ものんびりできて◎。フードやデザートも独創的でおいしい。

Map 別冊P.25-C1　フィッツロイ

- 3/62 Rose St., Fitzroy
- 03-9417-1034
- 7:00〜16:00
- Card A.M.V.
- トラムJohnston St.停留所から徒歩10分
- URL industrybeans.com

1. 外の席も気持ちいい　2. フラットホワイト$4　3. アーモンドクロワッサン$4.5

オーストラリアンメイド！
Australian Stitch 6
オーストラリアン・スティッチ

デザイン・縫製とも100%ローカルメイドのアパレルブランド。シンプルで使いやすいラインナップばかり。

シンプルなワンピ$59

Map 別冊P.25-C1　フィッツロイ

- 260 Brunswick St., Fitzroy
- 0402-881-785
- 11:00〜18:00（土日〜17:00）
- Card A.M.V.
- トラムJohnston St.停留所から徒歩5分
- URL australianstitch.com.au

じっくり探せばきっと見つかる！

1. 店内は新入荷がぞくぞく　2, 3. 洋服だけでなくこんなキュートな雑貨も！

上質ステーショナリーショップ
Zetta Florence 5
ゼッタ・フローレンス

カードやレターセット、機能＆デザイン性のある文具がいろいろ。オージーらしいワイルドフラワーをモチーフにした紙モノがキュート！

Map 別冊P.25-C1　フィッツロイ

- 197B Brunswick St., Fitzroy
- 1-300-784-684
- 10:00〜18:00（土〜17:00、日11:00〜17:00）
- Card A.M.V.
- URL www.zettaflorence.com.au

1. ヴィンテージポスターの復刻版やカードも
2. 広い店内は時間をかけてゆっくり見たい
3. 紙モノ好きにはたまらない

オシャレアーティストも素材探しに！

掘り出しもの発見！
Hunter Gatherer 4
ハンター・ギャザラー

非営利団体が運営する古着屋。意外にもオシャレなアイテムが多く、格安な掘り出しものも見つかる。

Map 別冊P.25-C1　フィッツロイ

- 274 Brunswick St., Fitzroy
- 03-9415-7371
- 10:30〜18:00
- Card M.V.
- Johnston St停留所から徒歩3分
- URL huntergatherer.com.au

とっておきレターセットが見つかる

ハンドメイドラブな人に
The Fabric Store 7
ザ・ファブリック・ストア

広い店内はあらゆる種類のファブリックがずらり。さまざまな手芸用品が揃う。この界隈のデザイナーのタマゴたちにも重宝されているショップ。

1. 店内の布はすべて計り売り
2. リバティプリントをはじめ豊富な品揃え

Map 別冊P.25-C1　フィッツロイ

- 184 Brunswick St., Fitzroy
- 03-9416-4455
- 9:30〜17:30（土10:00〜17:00、日11:00〜16:00）
- Card M.V.
- URL www.thefabricstore.com.au

メルボルン Melbourne　メルボルンのおしゃれさんぽ3

フィッツロイの注目ショップは多くがBrunswickストリートだけど、GertrudeやSmithストリートも注目です。

行列はおいしいレストランの勲章☆
グルメをうならせる、メルボルンの名店はココ！

行列に驚くのもまた楽し☆
チンチン Chinchin

メルボルンで知らない人はいないトップチョイスの人気店。行列が店の外まであふれ返る。ポップ＆クールな店内で、アジアンフュージョンな食事を楽しんで。

Map 別冊 P.27-D3 CBD

- 125 Flinders Ln., CBD
- 03-8663-2000　11:00～23:00
- 予算ひとり$40～　A.M.V.
- フリンダース・ストリート駅から徒歩10分
- chinchinrestaurant.com.au

1. 日本のコミックを大胆にインテリアに取り入れた店内はなんだかクール。地下にはウェイティングバーも
2, 3. オーストラリアの素材をアジアンテイストに。迷ったら店員さんにおすすめを聞いてみて。おまかせコースもあり

ブッチャーズ・ダイナー Butchers Diner

ブッチャー（お肉屋さん）による無骨な24時間営業のダイナー。何を食べてもハズレなし！部位は日替わりの熟成ビーフステーキは、必ず味わって欲しい一品。

Map 別冊 P.27-D2 CBD

- 10 Bourke St., CBD
- 02-9639-7324　24時間
- 不可　トラムSpring St/Bourke St停留所から徒歩1分
- butchersdiner.com

1. 肉料理以外も◎。グリルドブロッコリ$9
2. その日のオススメステーキは時価
3. ソースは7種から！

パエリアチャンピオンを獲得した名店！
シンプリー・スパニッシュ Simply Spanish

サウス・メルボルン・マーケットにあるスペイン料理店。オススメはスペイン国外のコンテストで世界一を獲得したパエリア！　いろんな種類があるのも楽しい。

Map 別冊 P.24-B3 サウスメルボルン

- 116 Cecil St., South Melbourne　03-9682-6100
- 水8:30～21:00ごろ、木10:00～21:00ごろ、金土8:00～21:00ごろ、日8:00～16:30　月火　A.M.V.　サウス・メルボルン・マーケット・レストラン セクション　www.simplyspanish.com.au　クイーンビクトリア・マーケット(P.151)ほか

1. ビッグパンパエリア$14.5とほろほろのブレイズド・ビーフ・チーク$15.5

シドニーだって相当グルメな街だけど、ここメルボルンは、自他共に認めるオセアニアいちの美食の街。
シェフの腕に、素材に、空間＆サービス、どこを取ってもピカ☆イチなのです。

No Booking Policy

メルボルンのレストランは No Booking Policy

メルボルンの人気レストランは"ノーブッキングポリシー"といって、予約を受けないところが多い（10名程度のグループは予約可）。だからオープン間際の早い時間をねらえば、どんな人気店でも堪能できちゃうのです！

メルボルン

グルメをうならせる、メルボルンの名店はココ！

おしゃれなミートボール専門店
ミートボール＆ワインバー
The Meatball & Wine Bar

ポーク、ビーフ、チキン、フィッシュ、ベジから好みのボールを選んで、ソース＆サイドを組み合わせる珍しいミートボール専門店。みんなでいろんな種類頼んでみて！

Map 別冊P.27-D3 CBD

🏠 135 Flinders Ln., CBD ☎ 03-9654-7545 🕐 8:00〜深夜1:00（土日11:00〜）🍴予算ひとり$30〜 Card A.M.V.
🚇 フリンダース・ストリート駅から徒歩10分
🌐 meatballandwinebar.com.au

1. 夜はムーディなバー風の店内。朝食＆ランチも食べられます
2. グリルドマッシュルームなどサイドメニューも
3, 4. ソースは3種類、サイドは4〜5種類。ひとりでぺろりといけちゃう量。組み合わせは自由自在！

ワインと合うのなぁ、コレ

ベジ＆ヴィーガンのイメージが変わる
スミス＆ドーターズ
Smith & Daughters

レシピ本が出版されるほどの人気ベジ＆ヴィーガンレストラン。ヘルシーなだけじゃなく、独創的な盛りつけが目にも楽しく、オシャレで食べても満足感アリ♪

1, 2. どの料理も動物性の素材不使用というのが驚きのレベルの高さ！グルテンフリーメニューにも対応している。

Map 別冊P.25-C1 フィッツロイ

🏠 175 Brunswick St., Fitzroy ☎ 03-9939-3293 🕐 18:00〜23:00（土10:00〜15:00€17:00〜23:00）休日 Card A.M.V. 🚇トラムJohnston停留所から徒歩5分 🌐 smithanddaughters.com

オシャレショップ店員もご用達！
フィッツ The Fitz

おしゃれなショッピングエリア、フィッツロイにあるカフェダイニング。近隣のショップスタッフもイチ押しのレストラン。バーガーやパスタなどカジュアルなメニューが人気。お天気ならテラス席で食べるのも◎。

Map 別冊P.25-C1 フィッツロイ

🏠 347 Brunswick St., Fitzroy
☎ 03-9417-5794 🕐 8:00〜22:00（土日7:30〜）Card A.J.M.V. 🚇トラムBrunswick停留所から徒歩2分 🌐 thefitz.com.au

1. 定番メニューもひと工夫アリ！
2. フィッツロイの目抜き通りにあるので見つけやすい。スタッフもフレンドリー

メルボルンには話題のレストランがたくさん。『Time Out Melbourne』のウェブ 🌐 m.au.timeout.com/mlbourne/ をチェックしてみるのも◎です。

161

すっごくおいしくって、$10前後のチープ

コスパ最強！

物価高のメルボルンで行列ができるほどおいしくて、取材班が実際に食べて探したナイス☆

食べごたえあっておいしい！

ふわっあつっ！

Da pork bao $4
肉まん
蒸したての肉まんは、ふわふわで中もアツアツ！ひとつでも結構満足サイズ。 G

Hand Cut Chips $5
ハンドカット・チップス
ひとつずつ手でカットされたポテトは無骨なおいしさがじわりとくるメニューです。★

Sukiyaki don $6.9
すきやき丼
牛肉を甘辛く煮付けたすきやき丼(?!)。実は同じ店ならオススメはさしみ丼！ E

Homemade soy milk $3.5
自家製豆乳
ほんのり甘い豆乳はアイスもホットもあり。寒い日にはほっとするあったかさ♡ G

Kopi cold $3.8
アイスコーヒー
シンガポールスタイルのあまーいコーヒー牛乳。朝食や休憩にもいいかもね。 D

サイフにやさしい！

マレーシアコーヒー！

Gua bao braised pork $5.2
煮豚バーガー
ふんわりもちもちのパオに具をはさんだスタイル。値段・味ともに必食のメニュー！ G

行列して食べる価値アリ☆

A 狙いはランチタイム！
ソイ38
Soi 38
屋台からスタートしたという大人気のタイ料理店。$10ヌードルはランチタイムのみ。夜はディナーメニューも評判のいいレストラン。
Map 別冊P.27-D2 CBD
⌂ 38 McIlwraith Pl., CBD
☎ 0403-547-144 ⏱ 11:00〜15:00、18:00〜23:00 Card 不可
🚋 トラムSprint St停留所から徒歩3分
URL www.soi38.com

B カワイイけれど実力派
ハートベイカー・バンミー
Heartbaker Bun Mee
フリンダース駅のすぐ近くながら、袋小路になった路地裏という知る人ぞ知るベトナム料理カフェ。外に小さなイートインテーブルあり。
Map 別冊P.27-C3 CBD
⌂ 3/241 Flinders Ln.(Scott Alley), CBD ☎ 03-9654-0130 ⏱ 7:00〜18:00（土 10:00〜） 休 日
Card A.M.V. 🚋 フリンダース駅から徒歩5分
URL www.heartbakerbunmee.com.au

C トルコ料理初桃戦？
コイ・ターキッシュ・レストラン
Koy Turkish Restaurant
サウス・メルボルン・マーケット(P.157)内の人気トルコ料理店。おばちゃんが鮮やかな手つきでどんどんギョウザを作る様子も見ていて飽きない。
Map 別冊P.24-B3 サウスメルボルン
⌂ 116-136 Cecil St., South Melbourne
☎ 03-9696-9640 ⏱ 水木11:00〜22:00ごろ、金8:00〜、土7:30〜、日7:30〜16:00
休 月火 Card A.M.V. 🚋 サウス・メルボルン・マーケット内 URL www.koyrestaurant.com.au

D シンガポールの人気店
キリニー・コピティアム
Killiney Kopitiam
シンガポール料理のチェーン店のオーストラリア店。ラクサなどの麺料理をはじめ、アジアンテイストをリーズナブルに食べられる。
Map 別冊P.27-D2 CBD
⌂ Shop11/108 Bourke St., CBD
☎ 03-9663-5818
⏱ 11:00〜20:00 Card A.M.V.
🚋 トラムCollins St停留所から徒歩2分 URL killiney-kopitiam.com

本格的なレストランはひとりでは入りづらく…メルボルン・セントラル（Map 別冊P.27-C1）のフードコートなどを利用しました。（広島県・リー）

お財布にもやさしい♡
イート厳選7店！

値段も気にせず食べられちゃうものはなにか？
チープグルメ、教えちゃいます！

メルボルン *Melbourne*

$10前後のチープイート厳選7店！

アジア料理が食べたくなったら♪

$9.5
Singapore laksa
シンガポールラクサ
シンガポールの庶民の味、ラクサもメルボルンで。ボリューム◎でおなかいっぱい！ **D**

$12

$11.8
Xiao long bao
小籠包
8個入り小籠包は、ひと口食べるとじゅわっと出汁がしみ出るおいしさ。餃子も◎。 **F**

ボリュームたっぷり！
$8

$9.9
Humburger
ハンバーガー
一見シンプルだけど、肉屋さんのハンバーガーだけあって味はかなり高レベル！ ★

ほうれん草、チキン、チーズの3種類！

$9
Crispy Pork Bun Mee
クリスピー・バンミー
皮はクリスピーで中はしっとりの甘辛ポークをパンにむちむちにはさんだサンド！ **B**

$10
Boat Noodle with Beef
ビーフ入りボートヌードル
ビーフやチキンなど具や麺の種類を自分でカスタマイズできるランチヌードル。これは安い!! **A**

$11
Gozleme
ギョズレメ
具入り厚手クレープのようなトルコのギョズレメ。3種類から選べます。サワークリームにつけて。 **C**

$9.5
Sashi don
さしみ丼
これでもか！というほどにサーモンの刺身がたっぷりの丼。これはコスパ高し！ **E**

$10

ぜんぶ手作り！

E 行列の絶えない日本食
Don Don どんどん

少しでも安く食べたい若者でにぎわう日本食レストラン。メニューは味にブレの少ない丼だけなので、日本人でも意外においしく食べられる。

📍 別冊P.27-C1 CBD
🏠 198 Little Lonsdale St., CBD
📞 03-9670-7113
🕐 11:00～21:00 Card 不可
🚋 Melbourne Central停留所から徒歩3分

F 小籠包はマストオーダー
Shanghai Street シャンハイ・ストリート

メルボルンの中華街のなかでもひときわ行列が目立つレストラン。みんなお目当ては小籠包や餃子などなど。何人かで行ってシェアして食べる。

📍 別冊P.27-C2 CBD
🏠 146-148 Little Bourke St., CBD
📞 03-9662-3226 🕐 12:00～15:00、16:30～21:00（金土～21:30、日～20:00）Card M.V.（$20以上から）
🚋 Russell St停留所から徒歩5分

G ワンダーなバオはイチ押し
Wonder Bao ワンダーバオ

中華のバオ（白いパン）のみでメニュー展開するワンダーバオ。オシャレでおいしくて、安い！取材陣もイチ押しのショップです。

📍 別冊P.27-C1 CBD
🏠 Shop 4, 31 A'Beckett St., CBD
📞 03-9654-7887 🕐 8:00～18:00（木金～21:00、土11:00～16:00）日 Card A.M.V. 🚋 La Trobe/Swanston St停留所から徒歩3分
🔗 www.wonderbao.co

手軽なランチはどこで探せる？

おいしくってお手ごろランチが食べたい！という人はCBDにあるエクイタブル・プレイスへ。地元の人もランチに来るこの通りには$10前後の手ごろでおいしいランチを出す店がたくさんあります。

📍 別冊P.26-B3

★のついているメニューはP.160で紹介している「ブッチャーズ・ダイナー」で食べられます。

163

メルボルン

メイド・イン・メルボルンを探しに行こう☆

WOOL SOCKS

高品質なメリノウールで履き心地◎

1947年にメルボルン郊外で創業されたソックス専門メーカー。オーストラリアのウールで丁寧に作られている。

草原にたわむれるさりげないカンガルー柄がキュートなソックス A

各$16〜

グリーンをバックに大胆なデザインのカンガルーソックス A

ファッションのアクセントになりそうな幾何学模様の柄ソックス A

A メルボルンメイドにこだわり
クレメンタイン Clementine

カフェ通りで有名なデグレーブ・ストリート(P.152)にある小さなお店。店主セレクトのヴィクトリア州メイドのグルメや雑貨がたくさん並びます。

Map 別冊P.27-C3　CBD

☎7 Degraves St. ☎03-9639-2681 ⏰10:00〜18:00（日〜16:00）Card M.V. フリンダース・ストリート駅から徒歩3分 URL www.clementines.com.au

切手貼って出せちゃう

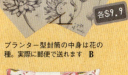

各$9.95

プランター型封筒の中身は花の種。実際に郵便で送れます B

B センスのよさではピカイチ☆
メルボルナリア Melbournalia

メルボルンのアーティスト作品から、メルボルンモチーフ雑貨までオシャレに洗練されたモノが集まる店。お気に入りをゆっくり探して。

Map 別冊P.27-D2　CBD

☎Shop 5, 50 Bourke St. ☎03-9663-3751 ⏰10:00〜19:00（金〜20:00、土日11:00〜18:00）Card A.M.V. トラムSpring St/Bourke St 停留所から徒歩1分 URL www.melbournalia.com.au

$37

温めて肩や背中にあてるウィートバッグ。重さが絶妙 B

WILD FLOWER

オーストラリアのワイルドフラワーは女子ゴコロをがっつりつかむ美しいたたずまい。いろんなアイテム探して！

各$30

ワイルドフラワー柄のティータオル。どの花にしようか迷う！ B

C ポップなグラフィックデザイン雑貨
メルボルンショップ・バイ・ルンビ
The Melbourne Shop by Lumbi

トラムや古地図などメルボルンのシンボル的モチーフをグラフィックな雑貨にアレンジ。コインケースやTシャツなどいろいろ揃う。

Map 別冊P.27-C2　CBD

☎Shop 23 Royal Arcade, 335 Bourke Street Mall ☎03-9663-2233 ⏰10:30〜17:30（金〜18:30）休日 Card M.V. ロイヤル・アーケード(P.152)内 URL lumbi.com.au ☎338 Brunswick St, Fitzroy

YARRA VALLEY

ワイナリーエリアとして有名なメルボルン郊外のヤラバレー(P.168)。実はグルメな食材もたくさんあるんです。

$9.95

オーストラリア人も大好き！あまーいハニーコム&チョコ A

各$15

ヤラバレー産の紅茶&ハーブティー。お好きなブレンドを！ B

$11.95

ハンドメイドのアンザッククッキー。ざっくり食感がおいしい。ヤラバレーのワイナリーで

種類豊富オーガニックな味わい

$13.2

ヤラバレーはお茶もとれるんです。いろんなブレンド試して AB

ウィークエンドマーケットの雑貨がお目当てなら「ローズストリート・マーケット」(P.158)がおすすめです。

メルボルン発のオプショナルツアーはたくさんあるけど、絶対ハズせない鉄板の人気のツアーがこの3つ。どれに行こうか迷っちゃうね。

メルボルン *Melbourne*
人気のショートトリップBEST3

20:00 メルボルン帰着

17:15 さらにロックアード・ゴージへ ⑪
小さな砂浜に下りて遊べる、絶景の入り江。断崖絶壁の上はミスチルのMV撮影地でもあるんです。

16:30 ここが目指す「12使徒(Twelve Apostles)」ポートキャンベル国立公園へ到着 ⑩
沈む夕陽をバックに荒海に立つ12使徒の奇岩。絶壁がたまりません！ ここまで来てよかった!!

14:40 オトウェイ国立公園で温帯雨林トレッキング ⑨
公園内にあるマイツレスは世界でも珍しい温帯雨林。しばし喧騒を忘れて森のなかをネイチャーウォーク♪

13:30 アポロベイでランチ ⑧
ビーチ沿いののんびりした町でランチタイム。ボリュームのあるフィッシュ＆チップスやバーガーを味わって。

11:15 グレートオーシャンロード・メモリアルゲートへ ⑤
グレートオーシャンロード建設の石碑と、大木で組まれた巨大なゲート。観光客に人気の記念撮影スポット！

11:40 ローンのビジターセンターへ ⑥
リゾートタウン、ローンでひと休み。ビジターセンターは道路建設の歴史館も兼ねています。

12:30 ケネットリバーで野生のコアラを探す ⑦
このあたりは野生のコアラの生息地。ユーカリの木の上にはコアラの姿が。トリたちも大歓迎してくれます！

アポロベイにはかわいい雑貨屋さんもあります。ランチのあとにちょっとのぞいてみては。

TOUR 2

おいしいオーストラリアンワインを求めて

WINERIES TASTING TOUR
ワイナリー・テイスティング・ツアー

絶景度 ★★★
カワイイ度 ★★
グルメ度 ★★★★★（軽食）
お手軽度 ★★★★
（半日：約5時間 160ドル）

Point
9時ごろホテルを出発して14時ごろにメルボルンに戻ってくるので、帰国便に搭乗する日にも参加可能。リクエスト次第ではチョコレート工房を訪れることも。

Map 別冊P.3-C3

ヤラバレーのワイン
1937年ライリー兄弟によって600本のブドウの木が植えられたのがヤラバレーのはじまり。いまでは80ものワイナリーがあるんです。

メルボルン郊外のヤラバレーはオーストラリアでも指折りのワインの生産地。ここの人気のワイナリーを4軒めぐる。ワインの試飲はもちろん、工場見学やワインを片手に軽食も楽しめるというグルメツアー。

DOMINIQUE PORTET
ドミニク・ポルテ

あたり一面ブドウ畑！

あなたにはこれ！

手摘みしたピノノワールとシャルドネを使ったドライな口当たりのスパークリングロゼがおすすめ

フランス仕込みのかわいいワイナリー
18世紀から本場フランスのボルドーでワイン造りにかかわってきた一家によって始められた小さなワイナリー。おしゃれな雑貨やお菓子もあります。

COLDSTREAM HILL WINERY
コールドストリームヒル・ワイナリー

ヤラバレーを代表するブティックワイナリー
1985年ジェームス・ハリディ夫妻によってはじめられたワイナリー。手を抜かないしっかりとしたワイン造りに定評があり、コンクールでの受賞歴も多数。

2013年金賞受賞のリザーブ・ピノノワールとリザーブ・シャルドネ

YERING STATION
イエリング・ステーション

ヤラバレー最初の老舗のワイナリー
1838年創業。ビクトリア州で最も古いワイナリー。1889年パリ万博で金賞など輝かしい歴史と伝統を誇る。シャトーホテルやギャラリーも併設されています。

ヤラバレーを代表するピノノワール。豊かなアロマとフルーティさが特徴

こちらはいかがですか？

DOMAIN CHANDON
ドメイン・シャンドン

まるでワイン博物館
ドンペリで有名なフランスのモエ・エ・シャンドンによって造られたワイナリー。工場見学のあとは、ブドウ畑を眺めながら軽食とワインテイスティングを。

テイスティングに用意されているのは、ピノノワールやヴィンテージロゼなど4種類

この芳醇な味わい…

ワインは現地でしか買えない銘柄を事前にチェックしていくのがおすすめですよ。（滋賀県・Y.S.）

メルボルン Melbourne 人気のショートトリップBEST3

TOUR 3 PENGUIN PARADE TOUR
ペンギン パレード・ツアー

メルボルンの南西にあるフィリップ島に上陸してくるリトルペンギンを観に行く。このリトルペンギンが超キュート！ 途中、コアラやカンガルーとふれあえるプライベート動物園やチョコレートファクトリーにも立ち寄る、女子満足度の高い人気ツアー。

絶景度 ★★★★★
カワイイ度 ★★★★★
グルメ度 ★★★（ディナー）
お手軽度 ★★★
（半日：約6時間 165ドル）

Point
帰りはかなり遅くなります。ペンギンが陸へ帰ってくるのは日が沈んでから。日の長い夏は夜21時ごろにペンギンが上陸なんてことも！ なおペンギンの写真撮影は禁止されているので注意します。Map 別冊P.3-C3

15:00 マル・コアラパークでコアラと記念撮影
マル・コアラパークで記念撮影。カンガルーとふれあえるコーナーがあったり、ウォンバットも見られます。

ここのペンギンについて解説しよう
フィリップ島に生息するリトルペンギンは体長30cmほど、世界でいちばん小さいペンギン。10羽ほどの群れで行動することが多いんです。

ペンギンパレードのレンジャー ローランドさん

チョコチョコ走る姿がカワイすぎる!!

セーターを着たペンギンのぬいぐるみ
地元の子供たちがボランティアで編んだセーター。海に浮かぶ油よけのため本当に着せることも。

19:15 ディナーを食べてメルボルンへ
フィリップ島近くのレストランでディナー。夏季はペンギン到着前にディナーをいただきます。

16:30 フィリップアイランド・チョコレートファクトリーへ
チョコレート工場でひと休み。おいしいチョコレートやクッキーをおみやげに買っていくのもいいかも。

ペンギンは日が沈むとやってくる
帰って来るのは必ず日が沈んでから。日によって見られるペンギンの数はぜんぜん違うんです。1日平均400〜500羽くらいです。

はやくウチに帰らなきゃ！

17:00 絶景のサンセットビーチへ
フィリップ島近くにあるビーチで夕陽を眺めよう。弓なりにのびるビーチと水平線の向こうに沈む夕陽。絶景です。

17:30 ペンギンスポットに到着
ウォッチングスポットはビジターセンターから歩いて5分くらいのところ。みんなで座ってペンギンを待ちます。

まだかな…まだかな…

ついにペンギンが！
上陸したペンギンは駆け足でウチへと急ぎます！カワイイ！

18:15
きた――!!!

ペンギンに会いに行く、その前に……
フィリップ島に行く前にいろいろ立ち寄るけど、慌てる必要はありません。ペンギンが現れるのは暗くなってから。のんびりいこう！

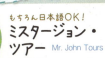

メルボルンショートトリップのお申し込みはこちら

ミスタージョン・ツアー
Mr. John Tours
もちろん日本語OK！
ヨロシカ♪

東京、千葉、宮崎で暮らしていた経験を持つメルボルン生まれのオージー、ジョンさんがやっている旅行会社。もちろん予約もガイドも日本語OKだから安心です。

★ミスタージョン・ツアー
☎03-9399-2334
⏰7:00〜23:00
URL www.mrjohntours.com
✉melbourne@mrjohntours.com

TOUR② ヤラバレー
メルボルン
グレートオーシャンロード
TOUR① ポートキャンベル国立公園
TOUR③ フィリップ島

上記は冬季（7月）のスケジュール。夏季はディナーの後ビジターセンターへ。帰着は22時頃になる場合も。

初めてでも
大丈夫！

安全・快適
旅の基本情報

オーストラリアは治安もよくて、人もフレンドリー。
女の子だけの旅行でもまったく心配はないけれど、基本的な
ルールやマナーを知っておけば、旅はもっと快適＆スムーズ。
安心、便利、おトクな情報をコンパクトにまとめました。
出発前に、飛行機の中でちょこっと読んで、Have a nice trip!

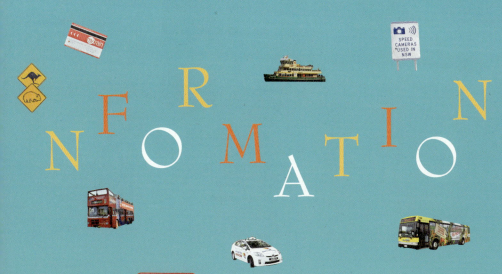

INFORMATION

aruco的 おすすめ旅グッズ

「どんなものを持っていこうかな♪」……そう考えるだけでわくわく、すでに旅はスタートしてる。arucoでは必需品以外にも、女子旅をより楽しく、快適にするための便利グッズをオーストラリア通のスタッフが厳選してご紹介。ぜひ参考にして旅をパワーアップさせてね。

旅のお役立ちアイテム

☐ **日焼け止め**
ビーチリゾートは1年を通して紫外線が強烈！ SPFの高い高機能のものは日本から持っていって。

☐ **カーディガン／大判ストール**
ツアーでのバスや店内の冷房で寒いときにも活躍。ちょっとドレスアップする場面でも便利。

☐ **水着／ビーチウェア／サンダル**
ケアンズやゴールドコーストに行くなら必須！ ビーチサンダルや防水加工のバッグもあると便利。

☐ **リップクリーム／保湿ローション**
乾燥が激しいオーストラリア。小さなボトルがあると持ち歩きにも便利。現地調達するのも◎。

☐ **リュックサック／アウトドアウェア**
ウルルやケアンズの熱帯雨林でトレッキングを楽しむ人は、リュック、シューズなど準備をお忘れなく！

トレッキングの服装→P.92

☐ **リゾートウェア／ワンピース**
リゾートでのディナークルーズやシドニーでちょっと高級なレストランに行くなら1着あると重宝するよ。

機内手荷物のアドバイス

国際線では100mLを超える容器に入った液体物は持ち込みが禁止。容器がいくつかある場合は透明なジッパーつきビニール袋などにまとめてね。化粧品はもちろん歯磨き粉やジェルなどの半液体物も同様なので注意が必要。また、ジェットスターを利用する人は持ち込み手荷物にも重量とサイズ制限があるので事前にホームページなどで確認を。

機内持ち込み制限についての詳細はP.174をチェック！

基本の持ち物チェックリスト

貴重品
☐ パスポート
　残存有効期間は滞在日数分あればOK！
☐ ビザ（ETAS控え） →P.175
☐ 航空券（eチケット控え）
☐ クレジットカード
☐ 現金
☐ 海外旅行保険証書

洗面用具
☐ シャンプー類
☐ 歯磨きセット
☐ 洗顔ソープ
☐ 化粧水、乳液
☐ タオル

衣類
☐ 普段着
☐ おしゃれ着
☐ 下着、パジャマ

その他
☐ 常備薬
☐ 虫除けスプレー
☐ 生理用品
☐ 電卓
☐ 目覚まし時計
☐ 雨具
☐ カメラ
☐ 電池、充電器
☐ 変圧器、変換プラグ
☐ スリッパ
☐ 携帯電話

日焼け止めを塗り忘れてビーチにいたらその日の夜はやけどのように肌がヒリヒリに！ 必須アイテムです。（茨城県・はらちゃん）

知って楽しい！ オーストラリアの雑学

これから旅する国の歴史や文化、習慣など、ちょっぴりカタく思うかもしれないけれど、出発前にほんの少〜し勉強していくだけで、観光はもちろん、買い物や食事をするときの現地の人々とのコミュニケーションもぐんと楽しくなっちゃうこと間違いなし！

オーストラリアの基礎知識

正式名称	オーストラリア連邦 Commonwealth of Australia
国旗	ブルーの地の左上に英連邦王国を示すユニオンフラッグ、その下には6州1準州を示す七稜星、右側には南十字星を配している
国章	バックに国花であるアカシアの花が描かれ、カンガルーとエミュが6州の紋章の左右をはさむ。1912年にイギリスのジョージ5世が贈ったもの
国歌	アドヴァンス・オーストラリア・フェア Advance Australia Fair
面積	約769万km²
言語	公用語は英語
人口	約2413万人（2016年、豪州統計局より）
首都	キャンベラ Canberra
政体	連邦立憲君主制国家
元首	エリザベス2世女王（イギリス国王）、ピーター・コスグローブ連邦総督、スコット・モリソン首相（2020年4月現在）
民族	ヨーロッパ系の白人が90％、アジア人7％、アボリジニ2％（全体の約25％が移民）

意外⁉ オーストラリアの有名人

ブリンキー・ビル（1933年誕生）
Blinky Bill
コアラの主人公ブリンキー・ビルの冒険と成長を描いたクラシックな名作童話。オーストラリアの人なら子供時代にこれを読まずして育った人はいないというほど！

ジョーン・サザーランド（1926〜2010年）
Joan Sutherland
シドニー郊外出身のソプラノ歌手。多数のベルカント（声楽発声法）・オペラに出演。オペラハウスには彼女の名を冠した"ジョーン・サザーランド・シアター"がある。

ケン・ドーン（1940年〜）
Ken Done
芸術家、デザイナー。明るい色づかいでシンプルにオーストラリアのランドマークを描いた絵が有名。日本では雑誌『Hanako』のロゴと表紙デザインを10年間担当した。

ニコール・キッドマン（1967年〜）
Nicole Kidman
オーストラリアを代表する女優、映画プロデューサー。出身はハワイ・ホノルルながら幼少期からシドニーで育つ。『めぐりあう時間たち』など出演作も多い。

ヒュー・ジャックマン（1968年〜）
Hugh Jackman
シドニー出身の俳優、映画プロデューサー。ミュージカルなどで活躍していたが『X-メン』の主役で国際的な注目を浴びる。「最もセクシーな男」に選出されたことも。

オーストラリアのおもなイベントカレンダー

※2021年の開催予定日。開催日は毎年変わります。

1月 シドニー・フェスティバル（6〜24日）
国内外からアーティストが集まり、音楽、オペラ、演劇、ダンスなどのショーが市内各地で見られる。無料イベントも多数
URL www.sydneyfestival.org.au

オーストラリア・デー（26日）
オーストラリア各地でさまざまなイベントが開催される祝日
URL www.australiaday.com.au

2月 シドニー・ゲイ・レズビアン・マルディ・グラ・パレード（16日）
2〜3月の2週間にわたって開催される世界最大規模のゲイ＆レズビアンカルチャーの祭典。華やかなパレードは必見！
URL www.mardigras.org.au

3月 シドニー・ロイヤル・イースターショー（3月26日〜4月6日）
ロデオやアニマルショーなどが行われる国内最大のお祭り。オーストラリアの田舎の生活や文化にふれられる
URL www.eastershow.com.au

5月 ビビッド・シドニー（5月下旬〜6月中旬）
色と光と音楽のフェスティバル。オペラハウスのライトアップもスペシャルバージョン
URL www.vividsydney.com

7月 ゴールドコースト・マラソン（4〜5日/2020年）
オーストラリアの三大マラソン大会のひとつ。海沿いを走るコースはランナーに人気。日本からの出場者も多い
URL www.gcm.jp

8月 ケアンズ・フェスティバル（下旬）
ケアンズ市内各地でアートやスポーツイベントを開催。最終日にエスプラネードで行われるお祭りとパレードが人気
URL www.cairns.qld.gov.au

9月 ブリスベン・フェスティバル
約3週間にわたって演劇や音楽、コメディー公演が市内各地で行われるイベント
URL www.brisbanefestival.com.au

シドニー・マラソン（20日）
2000年のシドニーオリンピックを記念して2001年よりスタートした南半球最大のマラソン大会
URL www.sydneymarathon.jp

12月 シドニー・ニューイヤーズ・イブ（31日）
オペラハウスをバックに行われる年越し花火大会は世界的にも有名な大晦日のイベント。世界中から観光客も集まる
URL www.sydneynewyearseve.com

ほとんどのビーチリゾートのホテルでは部屋用とは別にビーチ用タオルの貸し出し（有料の場合もあり）があるので利用しよう。

オーストラリア入出国かんたんナビ

いよいよオーストラリアに入国！ 不安とドキドキも旅にはつきもの。
カンタンな書類を記入して、ゲートを抜ければそこはもうバケーションパラダイス！
帰国のときは緊張と旅の疲れでうっかりも多いもの。忘れ物には気をつけて。

空港には2時間前に着こう！

日本からオーストラリアへ

1 オーストラリアへの機内へ
機内で配られる入国カードは、右ページを参照して到着までに記入しておこう。ボールペンの準備もお忘れなく。

2 入国審査
カウンター前の列に並び、順番が来たら係官にパスポートと記入済み入国カードを渡す。シドニーなど一部の空港では自動入国審査システムが導入されており、機械にパスポートを挿入する。

3 荷物受け取り
ターンテーブルから出てきた荷物をピックアップ！ 預け荷物が出てこないor損傷がある場合は、日本で渡されたバゲッジタグを持って空港係官に申し出よう。

4 税関・検疫審査
申告するものがなければ、税関・検疫カウンターで入国カードを渡して。荷物のX線検査で問題がなければ出口へ！

5 到着ロビー
両替が必要なら空港内でも可能。さ、いよいよ各都市のホテルへGO！

オーストラリア入国時の免税範囲

品名	内容
酒類	2250mL
たばこ	紙巻きたばこ25本または25g相当のたばこ製品
贈答品ほか	$900以内。$1万以上に相当する現金は要申告

オーストラリアから日本へ

1 空港到着＆搭乗手続き（チェックイン）
遅くとも出発2時間前には空港に着けるように余裕を持って出発。自分が乗る航空会社のカウンターでチケットとパスポートを渡し、荷物を預ける。搭乗券とパスポートを返却されて完了！

2 出国審査　TRS→P.179
チェックイン時に渡される出国カードを記入（右の記入例を参考に）。係官にパスポートと出国カード、搭乗券を提出。免税店で買い物をした人は封がされた免税品を見せて添付書類を回収してもらう。TRS払い戻し手続きがある人も搭乗前にすませて。

3 セキュリティチェック
X線による手荷物＆ボディチェック。ベルトや小銭など金属類はあらかじめポケットから出しておいて。機内持込みの荷物に刃物やライターがないかも確認を！

4 出発ロビー
搭乗券記載のゲートへ。急な変更もあるので、案内板はこまめにチェックを。出発30分前には着いているようにしてね。

5 帰国
日本の税関審査で「携帯品・別送申告書」を提出後、到着ロビーへ。おつかれさま！

楽しかったね！

荷物について

★機内持ち込み制限
持ち込める荷物は原則1個。3辺の合計が115cm以内で、重量は7kg以内。すべての液体やジェルなども持ち込み不可。例外として、乳幼児のためのミルクや120mL以内の容器に入った医薬品はOK！

★機内預け荷物重量制限
カンタス航空の場合、国際線エコノミークラスは30kg、エグゼクティブクラスは40kg、ファーストクラスは50kgまで預けられる。それ以上になると、チェックイン時に追加料金を取られることがある。

日本入国時の免税範囲
www.customs.go.jp

品名	内容（居住者の場合）
酒類	3本（1本760mL程度のもの）
たばこ	紙巻きたばこ400本、葉巻100本、加熱式個装等20個、その他500g
香水	2オンス（1オンスは約28mL。オードトワレは含まれない）
その他	20万円以内のもの（海外市価の合計額）
おもな輸入禁止品目	●麻薬、向精神薬、大麻、あへん、覚せい剤、MDMA ●けん銃等の鉄砲・爆発物、火薬類 ●貨幣、有価証券、クレジットカード等の偽造品、偽ブランド品、海賊版等

※免税範囲を超える場合は追加料金が必要。海外から自分宛に送った荷物は別送品扱いになるので税関に申告する。

友人へのおみやげにお菓子を持って行きました。検疫の列で「持っています」と申請したら検査もなく通れました。（宮城県・ホルト）

入国カード

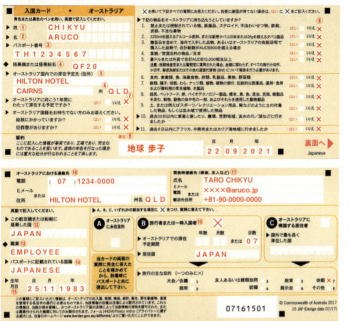

オーストラリア入出国かんたんナビ

①姓 ②名 ③パスポート番号 ④搭乗機の便名 ⑤滞在先（ホテル名と都市名） ⑥州の略号クイーンズランド（ケアンズ、ゴールドコースト）＝QLD、ニューサウスウェールズ（シドニー）＝NSW、ビクトリア（メルボルン）＝VIC、ノーザンテリトリー（ウルル）＝NT ⑦滞在予定、履歴に関する質問のあてはまるものにチェック ⑧検疫・税関に関する質問のあてはまるものにチェック ⑨パスポートと同じサインと記入年月日 ⑩現地連絡先電話番号&eメールアドレス&住所（なければ空欄でOK） ⑪緊急時の連絡先（日本の家族など） ⑫搭乗した国 ⑬職業 ⑭国籍 ⑮生年月日 ⑯（旅行者はBのみ記入）滞在予定期間、居住国、旅行目的

ETASビザの申請

オーストラリア旅行は短期でもETASビザが必要。取得方法は①オーストラリア移民局のウェブサイトでの取得と②旅行・ビザ取得代理店を通しての取得のふたつ。下記の表を参考に手続きをしよう。従来のビザのようなパスポートへのスタンプやシール添付などはなく、持参する必要もなし。不安な人は代理店によってはETAS登録証明書を発行してくれることも。また、ツアーの場合は旅行会社が申請してくれることもあるので確認して。

最大滞在日数は3ヵ月間だが、許可日から1年間は何度でも入国が可能。ただしパスポートが変わると、その時点でETASも失効するのでご注意を！

ETAS申請に必要なもの
● 滞在期間中有効なパスポート
● クレジットカード
● 申請料金

ETAS申請とビザ取得代理店

会社・組織名	料金	支払い方法	URL
オーストラリア移民局	$20（システム使用料）	クレジットカードのみ	www.eta.immi.gov.au/ETAS3（日本語あり）
トラベルドンキー	$5（ツアー・ホテル申込の場合）	クレジットカードのみ	www.traveldonkey.jp/australia
テレキュートETASセンター	880円	クレジットカードのみ	www.telecute.co.jp/etas
ビューグラント	550円	クレジットカード、銀行振込、ペイパル	shop.viewgrant.com
ビザ次郎	825円	クレジットカード、郵便振替、銀行振込	www.jep.org/visajiro

オーストラリアの検疫について

オーストラリアは検疫が厳しいので、基本的には食品類は持ち込まないのが無難。ただし持っている場合はきちんと申告を。虚偽申告には高い罰金が科せられる。

●入国時に申告が必要なもの
乾燥果物／野菜／焼き菓子・ケーキ類／麺類・米／紅茶・コーヒー・ジュースなどの飲料／スパイス・薬草類／あらゆる形態の種子類／皮・毛皮／すべての木製品および骨董品／ドライフラワー・松かさ・ポプリ／スポーツ・キャンプ・ゴルフ用品など

●持ち込みが禁止されているもの
牛乳・乳製品／卵・卵製品／青果物／生きている（繁殖力のある）動植物／肉・ジュース・サケ・マス製品／種子や種子を使った工芸品など／生のナッツ類／土・砂／カレールー・インスタントみそ汁など

機内で配られるオーストラリアへの入国カードは日本語で表記してありますが、サイン以外はアルファベットでの記入が必要です。

空港から市内へ 各都市 アクセスガイド

日本からの国際線フライトに加えて、国内でもメインの移動手段になる空の旅。
空港から市内へのアクセスは、フライトの間にちょこっと予習してどこの空港からも、スムーズにホテルまで移動しちゃお♪

市内交通 → 別冊MAPへ

ケアンズ

ケアンズ国際空港 Cairns Airport
URL www.cairnsairport.com

タクシー Taxi
料金…約$25
所要時間…10〜15分
3人以上ならタクシーがラクチンでおトク。空港を出たところのタクシー乗り場から乗車。ホテル名を告げて。

シャトルバス Bus
空港内のシャトルバス＆コーチトランスファーカウンターでチケットを購入しよう。市内の指定したホテルで降ろしてくれる。だいたいフライトに合わせた時間で運行しているので、待ち時間もそんなにない。

料金…$15〜
所要時間…20〜30分（ケアンズ市内まで）

●エクセレンス・コーチ
URL www.excellencecoaches.com
（ポートダグラス$50〜）

●エアポート・コネクション
URL www.tnqshuttle.com
（ケアンズ$18〜、ポートダグラス$45〜）

ゴールドコースト＆ブリスベン

ブリスベン国際空港 Brisbane Airport
URL www.bne.com.au

ゴールドコースト空港 Gold Coast Airport
URL goldcoastairport.com.au

タクシー Taxi
料金…$60〜65（ゴールドコースト空港から）
所要時間…30分

ゴールドコースト空港から3人以上ならシャトルバスよりも安上がりで早い。ワンボックスタイプのタクシーは料金も割高に。ブリスベン国際空港からは片道70km、所要90分。料金は$150〜200程度と高くつくのでおすすめはできない。

シャトルバス Bus
料金…$22〜　所要時間…30分（ゴールドコースト空港）
料金…$54〜　所要時間…90分（ブリスベン国際空港）

シャトルバスはフライトの到着時間に合わせて出発するものがほとんど。空港のシャトルバスサービスカウンターで行き先を告げてチケットを買おう。ゴールドコーストなら宿泊ホテル名を言えばOK。空港へ行くときはホテルのフロントで予約をしてもらうのが最もラクチン。

●スカイバス（ゴールドコースト空港）
URL skybus.com.au （ゴールドコースト、バイロンベイともに$15）

●コニクション・エアポートトランスファー
URL www.con-x-ion.com （ゴールドコースト空港からサーファーズパラダイス$15〜／ブリスベン国際空港からゴールドコースト$35〜）

トラム＆バス Tram & Bus
料金…$6（バス料金）
所要時間…約35分（バス乗車時間）

GリンクでBroadbeach South Stationまで行き、空港行き777番バスに乗り換えることもできる。go cardを利用すれば、さらに安くなる。

エアトレイン Train
料金…$35〜
所要時間…90分

ブリスベン国際空港からゴールドコーストまで最も安く行けるのが、空港から出ている電車。ゴールドコーストの最寄り駅はネラングNerang駅。そこから745番バスに乗り換えて終点がサーファーズパラダイス。ネラング駅などからゴールドコースト各ホテルまで専用車で送迎してくれるエアトレイン・コネクト（$57）サービスもある。
URL www.airtrain.com.au

市内から空港までシャトルバスに乗るときはホテルやツアー会社でお願いすると予約できました。（京都府・つっちー）

シドニー シドニー国際空港（シドニー・キングスフォードスミス空港） Sydney Airport (Sydney Kingsford Smith Airport)
URL www.sydneyairport.com.au

 タクシー Taxi
料金…$45〜55
所要時間…20分
3人以上ならタクシーが便利。空港外のタクシー乗り場に並んで、乗り場の人に指示されたタクシーに乗ろう。ホテル名に加えて住所があると伝わりやすい。

 エアポートリンク Train
料金…$19.4　所要時間…10〜15分
国際線ターミナルから国内線ターミナルを経由してシドニー駅と市内主要駅を回る列車。荷物が少なくて、シドニーに土地勘がある人にはおすすめ。
URL www.airportlink.com.au

 シャトルバス Bus
料金…$15〜　所要時間…30分
市内のホテルや指定した場所に行ってくれる乗り合いバス。人数が集まり次第の発車かつ何ヵ所も巡回するので時間が読めない欠点はあるけど、安さではイチバン。
URL www.kst.com.au（予約可）

空港から市内へ／エアラインガイド

 メルボルン メルボルン国際空港（タラマリン空港） Melbourne Airport　アバロン空港 Avalon Airport
URL melbourneairport.com.au　URL www.avalonairport.com.au

 タクシー Taxi
料金…$55〜60（タラマリン空港）
所要時間…30分
メルボルン国際空港（タラマリン）から市街までは約22km。3人以上や荷物が多くて移動が大変な人にはおすすめ。空港を出るとタクシースタンドがある。

 シャトルバス Bus
料金…$19.75　所要時間…30分（メルボルン国際空港）
料金…$24　所要時間…1時間（アバロン空港）
最も手軽で安く市街地に出るならシャトルバスがおすすめ。約10分間隔で運行している。サザン・クロス駅で下車、そこから各ホテルまでのバスに振り分けられるので降りたところにあるカウンターもしくは係員に宿泊するホテル名を告げる。市内から空港へはホテルのフロントでピックアップをお願いしよう（☎03-9600-1711）。
URL www.skybus.com.au

オーストラリアのエアライン 1
URL www.qantas.com

オーストラリア最大のエアライン
カンタス航空 Qantas Airways
オーストラリア全土に充実のネットワーク
カンガルーがシンボルマークのカンタス航空は、オーストラリア最大の航空会社。羽田からシドニー＆メルボルン、関空からシドニー、成田からブリスベンへ直行便を運航。国内線もオーストラリア各都市を結んでいる。スーパーカンガルーやウォークアバウト・パスも要チェック！ パーソナルエンタテインメントシステムや和洋選べる食事サービスなど機内サービスも充実、快適な空の旅を楽しんで！

オーストラリアのエアライン 2
URL www.jetstar.com

思い立ったらスグ行けちゃう！
ジェットスター Jetstar Airways
オフシーズンを狙って最安をゲット！
カンタス航空のLCCブランド。シンプルなサービスとリーズナブルな価格で、思い立ったらスグ！ の気軽さがポイント。成田からケアンズとゴールドコースト、関空からケアンズへの直行便を運航。オーストラリア国内約20都市に就航している。ネット予約からカンタンに予約が可能。預け荷物などのオプションは慎重に選んで。

オーストラリアへびゅ〜ん！

まだある！ オーストラリア国内のLCC
国内線での移動を考えているなら、予約前にこっちで料金をチェックしてみるのも◎。予約はすべてウェブサイトからで、支払いにはクレジットカードが必要です。

●バージン・オーストラリア　Virgin Australia
ブリスベンを拠点に主要都市含め国内外約40都市を結ぶ。
URL www.virginaustralia.com

●タイガー・エア　Tigerair
シドニー、メルボルンを拠点にケアンズやゴールドコーストなど国内約20都市に就航。
URL tigerair.com.au

ジェットスターの預け荷物は15kgまで。帰りの荷物が増えたら24時間前までにネットで預け荷物容量を追加購入しておこう。　177

旅の便利帳

オーストラリア旅行で知っておくと便利なあれこれをぎゅっとまとめました。
楽しく、便利に、快適にバケーションを満喫するために
出発前、飛行機の中でチェックしておいてね。

お金・クレジットカード

お金

オーストラリアの通貨単位はオーストラリアドル（A$＝本書内では$と表記）、補助単位はオーストラリアセント（A¢）。A$1＝A¢100。2020年4月現在、A$1は約70円。紙幣はA$100、A$50、A$20、A$10、A$5。硬貨はA$2、A$1、A¢50、A¢20、A¢10、A¢5。外貨は米ドル、ユーロ同様に日本円の両替もほとんどの場所で両替が可能。

クレジットカード

オーストラリアでは大型店舗やホテルはもちろん、マーケットなどの小規模店舗までクレジットカードが利用できる。VISAかマスターであれば大丈夫。支払い時に「Tap or Pin?（タップにしますか？ 暗証番号にしますか？）」と聞かれることが多い。"タップ"は日本国内発行のカードでは利用できないので、「PIN please」と答えよう。サインがいい場合は「Signature please」。また、カードの種類によっては手数料がチャージされるショップやホテルもあるので、支払い時に確認しておこう。

ATM

ATMは空港や駅、ショッピングモール、繁華街など都市部であれば必ず見つかる。基本的に24時間オープン。VISA、Plus、MasterCard、Maestro、Cirrusなどのマークが入った国際キャッシュカードまたはクレジットカードで現地通貨のキャッシングが可能。事前に暗証番号と合わせて海外利用限度額をカード会社に確認を。利率は日割りなので早期に返済したい。

電話

街なかの公衆電話、ホテルの部屋の電話、どちらも国際電話はかけられるけど、料金にはご注意を。日本の携帯電話を海外で使うときも、出発前に料金とカバーエリアを確認して。最も割安なのはセイグッダイ・コーリングカード Say G'day Calling Cardをはじめとしたプリペイドコーリングカード。最近はツーリスト向けのSIMカードも購入できる。

日本からオーストラリアへ

国際電話会社の番号 001/0033/0061など ＋ 010 ＋ 国番号 61 ＋ 相手の番号（市外局番の最初の0は取る）

東京03-1234-5678にかける場合

オーストラリアから日本へ

0011（0011）＋ 81 ＋ 3-1234-5678

現地での電話のかけ方

● 市内通話は（ ）内に書かれた市外局番をはずして番号をかける。
● 市外通話は（ ）内に書かれた番号を、0も含めてかける。

インターネット

オーストラリアでは、ホテルなどではWi-Fiが無料でないところもあり、無料の場合でもデータ容量に制限があるところも多い。場所を選ばず、リーズナブルにネット接続するなら、日本でモバイルWi-Fiルーターをレンタルしていくのがベストだろう。事前予約をして、出発当日に空港カウンターで借り出し、帰国日に空港で返却できる。

機種にもよるが、ひとつの機器で最大10台まで接続できるので、グループ旅行でも1台のレンタルでOK。旅行先での情報チェックや、SNS更新も気軽にできる。日数やデータ容量によって金額は変わるので、いくつかのプランを比較検討してみよう。

オーストラリアのATM手数料は$3前後かかることも。できるだけ両替した現金とクレジットカードを使いました。（長野県・トミー）

電源・電圧

電圧は240/250ボルト、周波数は50ヘルツ。プラグはハの字型のOタイプ。コンセントのそばにあるスイッチを入れないと電気が流れないようになっているものも多い。高電圧なので、日本の電化製品を使用する場合は電圧範囲を確認して。変圧器、変換プラグはあったほうがベター。

トイレ

街なかでトイレを探すときは、ショッピングセンターやカフェ、ファストフード店やホテルなどを探そう。店によってはトイレを使うのにカギが必要な場合もあるので、店員にひと声かけて。また、国立公園内にあるトイレは水洗でなくコンポスト式なので、ゴミは持ち帰るのがマナー。

郵便・小包

旅の思い出に絵ハガキや手紙を出してみるのはいかが？ 日本までの郵便は4日〜1週間程度で届く。ハガキや50グラム以内の封書なら$2.50の切手を貼ってポストに入れるだけ。高級ホテルのフロントでも対応してくれる。小包は1kgで約$30程度。
URL auspost.com.au

マナー

基本的にはカジュアルでOKなオーストラリア。ただし高級レストランにはドレスコードもあるので、TPOに合わせた服装を忘れずに。また、ショップなどでは入ったときに「ハーイ」と挨拶をするのも忘れずに。アイコンタクトもなしで商品にふれるのは失礼な態度ととられる。

ショッピング

オーストラリアのショップはほとんどが平日、土日に関わらず18時までには閉店。ただし木曜（一部例外あり）はレイトナイト・ショッピングデーとして多くのショップが21〜22時までオープン、遅くまで買い物を楽しめる。また、観光地のおみやげ店は毎晩遅くまで開いている。

TRS

旅行者が免税店以外での買い物でもGST（消費税）の払い戻しが受けられるのがTRS制度。60日以内に購入したものであること、1点もしくは1店舗での買い物金額が$300以上であること、手荷物として持ち出す（液体以外は預け荷物にしない）ことが条件。国際空港の出国審査通過後のTRSブースで申告できる。あらかじめアプリで申告書類を作成しておくことも可能（Tourist Refund Scheme）。払い戻しは出発の30分前で締め切られる。

レストラン

オーストラリアではアルコール販売がライセンス制であるため、レストランには"BYO（Bring Your Own）"と"Licensed"の2種類がある。前者はアルコール持ち込みOKの意味、後者はアルコール提供があるという意味。BYOは持ち込み料としてひとり$1〜3をチャージされるのが一般的。

水

水道水は硬水。沸かして飲むぶんには問題ないが、胃腸が弱い人はミネラルウォーターを購入しよう。600mLで$2〜4。

チップ

基本的にはチップの習慣はないが、高級ホテルやレストラン、タクシーで重い荷物を運んでもらった場合は$1〜2程度の心づけを。

旅の便利帳

旅の安全情報

オーストラリアは女の子だけで旅しても安全な国だけど
初めての海外旅行、初めてのオーストラリアなら、トラブルが起きないか不安……。
でも知っておけば防げることもいっぱいあるんです。

注意してね〜

治安

オーストラリアは基本的にはとても治安のよい国。人もおおらかでフレンドリー、外国人にも親切だ。それでも最後まで楽しい旅行にするために、日本とは違うということを前提において、無防備な行動は避けるのがイチバン。

たとえば日本ではよく見かけるカフェやレストランで席をキープするために荷物を置いたまま、注文やトイレのために席を立ってしまうのは不注意。必ず同伴の人やガイドさんに荷物を見てもらうか、どうしても大きな荷物で動かせないときは「Would you keep an eye for a minute?（ちょっとだけ見ててもらえますか？）」など隣の席の人や店員さんにお願いして。また、明かりが多く、人通りもある繁華街ならともかく、少し離れたホテルまで女の子だけで夜道を歩いて帰るのも考えもの。少々割高でもタクシーで帰るなどの安全対策は万全に！

海外で最もカンタンで基本的な安全対策はとにかく挨拶をすること。道で会う通りすがりの人でも、ツアーに同乗した人でも、お店でもオージーはとにかく「ハーイ」や「ハロー」の挨拶を交わすことが多い。これはフレンドリーなだけでなく、自分の身を守るため。何かあったときにお互い助け合えるという役割も果たしているのです。

病気・健康管理

海へ、森へとどうしても体力を使うツアーに参加する機会が多くなるオーストラリアの旅行。疲れもだんだん溜まりやすくなるので、体調管理は万全に。イチバン気をつけたいのが日本の5〜6倍もあるといわれる紫外線。体力を奪うのはもちろん、ヤケドに近いような日焼けをしてしまうことも。帽子、サングラス、日焼け止め、薄手の長袖などは必須です！

海外旅行保険

オーストラリアのツアーは安全性に関しては厳しい基準を設けているけど、高所や森、海など、事故はいつどこで起きるかわからないもの。できるだけすみやかに治療をしてもらえるように、「短期間だから保険はいいや」なんて考えないようにね。病気やケガだけでなく、携行品の盗難などもカバーされるので、入っておくと安心です。

こんなことにも気をつけて！

事前に知って、トラブルはできるだけ避けよう！

エピソード1　スリ・ひったくりに注意

人々が楽しい気分になる週末の繁華街は要注意。シドニーにある南半球いちの歓楽街キングスクロスの週末の深夜はスリやひったくりだけでなく、麻薬・売春の取り締まりに次々と警察が出動する要注意エリア。女の子だけで行くことのないようにね。

エピソード2　アボリジニの聖地では

ウルル＆カタ・ジュタでは、アボリジニに関することはとてもセンシティブな問題。勝手に写真を撮るのはトラブルの火種になることもしばしばです。アボリジニアーティストや彼らの作品を撮影するときは、必ずひと声かけて承諾をとってね。

エピソード3　海の事故には十分注意を

オーストラリアの海や川では人食いザメやクロコダイルによる死亡事故が毎年起きています。ビーチなどでは、必ず監視員やツアーガイドさんの指示に従ってね。大丈夫、と油断して沖や禁止エリアに出て行くのは厳禁です！

シドニーでは街中のあちこちに両替所がありますが、それぞれレートがかなり違います。数軒見比べるのがベター。（高知県・ましゃ）

トラブル1 パスポートを紛失したら

まずは現地警察署と現地日本領事館に届け出て手続きを

パスポートをなくしたら、まずは警察署でパスポートの紛失・盗難届出証明書を発行してもらおう。それを持って最寄りの大使館、または領事館で旅券失効手続きを。パスポートは新規で発給してもらうか（発行まで1〜2週間）、渡航書という仮の書類（発行まで2〜3日）で帰国するかを選べる。

パスポートの失効手続き、新規発給、帰国のための渡航書発給の申請に必要な物

- □ 現地警察等が発行する紛失・盗難届出証明書
- □ 写真2枚（縦4.5×横3.5cm）
- □ 戸籍謄本または抄本（6ヵ月以内に発行のもの）
- □ 旅程が確認できるもの（eチケットやツアー日程表など）
- □ パスポートのコピーや運転免許証など身元確認書類（※申請手数料は、申請内容により異なります）

トラブル2 事件・事故にあったら

すぐに警察や日本領事館で対応してもらう

置き引きや盗難にあった場合は警察にまず連絡を。事件や事故に巻き込まれた場合は警察や領事館に相談する。英語が話せない人はオーストラリア政府や海外旅行保険の翻訳・通訳サービスを利用するのがスムーズ。

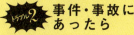

緊急連絡先

救急車・消防・警察	**000**
通訳・翻訳サービスTIS	13-14-50 (年中無休・24時間)
日本国出張駐在官事務所（ケアンズ） 07-4051-5177	Map 別冊P.9-D2
日本国総領事館（シドニー） 02-9250-1000	Map 別冊P.18-B2
日本国総領事館（メルボルン） 03-9679-4510	Map 別冊P.26-A2

トラブル3 クレジットカードを紛失したら

至急カード会社に連絡を警察にも届け出て

まずは第三者に悪用されないように各クレジットカード会社に電話してカードをストップさせよう。その後、警察に行って紛失・盗難届出証明書を発行してもらって。

緊急連絡先

カード会社

アメリカンエキスプレス	+65-6535-2209
JCB	0011-800-00090009
マスター	1800-120-113
ダイナース	+81-3-6770-2796
VISA	+1-303-967-1090

トラブル4 病気になったら

緊急時は日本語に対応してくれる

休養や市販の薬で改善しない場合は、各都市に日本語の通じる病院があるので知っておこう。

緊急連絡先

病院

ケアンズ24時間日本語医療サービス（ケアンズ） Cairns 24Hour Medical Service Map 別冊P.8-B2	1800-688-909
日本語医療センター（ゴールドコースト） International Medical Centre Map 別冊P.14-B2	07-5526-3532
タウンホール・クリニック日本語医療サービス（シドニー） Town Hall Clinic Japan Medical Service Map 別冊P.20-A2	1800-355-855
日本語医療センター（メルボルン） International Medical Centre Map 別冊P.27-C3	1800-777-313

トラブル5 荷物を忘れたら

ホテルやツアー会社に念のため連絡を

特定のお店やホテルなど、忘れ物をした場所がわかっている場合はともかく、路上や交通機関での忘れ物は戻ってくる可能性が低いので十分注意して。もしホテルでの紛失やツアー中のできごとなら、連絡して見つかったときの対応を相談して。帰国後でも費用を負担すれば送ってくれる場合もある。

その他連絡先

保険会社（日本のカスタマーセンター）

AIU保険会社	0011-81-98-941-2227
損保ジャパン 日本興亜	0120-666-756

航空会社

カンタス航空	13-13-13
ジェットスター	13-15-38
日本航空	1800-531-870
全日空	1800-081-765

大使館・領事館

日本国総領事館（ブリスベン）	07-3221-5188
日本国大使館（キャンベラ）	02-6273-3244
日本国総領事館（パース）	08-9480-1800

貴重品の紛失に備え、現金、カード、パスポートのコピー、海外旅行保険の書類は分散して持つようにしてね。

オーストラリアの おすすめホテルカタログ

aruco厳選！

せっかく旅行するなら、ホテルにもこだわりたいもの。
予算や目的に合わせて、上手なホテル選びをすれば
旅もいっそう楽しくなるはず。

TYPE 1 ドミトリーステイ
とにかく安さ重視なら

ドミトリーステイは、部屋ではなくベッドを借りるというスタイルの宿泊。ひと部屋で6～8人というのが最も多いパターンだけど、多いときには30人部屋というのも！ひとり旅やできるだけ宿泊費を抑えたい学生旅にはおすすめ。宿泊費の高いオーストラリアでは、どこにでもあるスタイル。思いがけない出会いがあるかもしれない一方で、騒音や共同バスなどが気になる人には難しいかも。
荷物置きのロッカーにカギがかかるか、男女別部屋か、入口のセキュリティは万全かなども選ぶときに注意して。

予算 …… ★☆☆
快適さ …… ★☆☆
セキュリティ …… ★☆☆

コスパがいちばん！

TYPE 2 パブ・B&Bステイ
オーストラリアならでは

オーストラリアのどこの街にもあるパブでは宿泊ができる。オーストラリアに禁酒法があったころに「深夜まで酒を提供していいのはホテルだけ」というルールがあったために宿泊施設を設けたともいわれている。多くは個室だがバスルームは共用というスタイル。もちろん下のパブではお酒やパブめしが楽しめるのもメリット。
B&B（ベッド&ブレックファスト）は、宿泊と朝食がセットになった小規模な宿泊施設。アットホームな雰囲気で女性ひとりでも宿泊しやすい。

予算 …… ★★☆
快適さ …… ★★☆
セキュリティ …… ★☆☆

アットホーム

TYPE 3 コンドミニアムステイ
大人数や長期滞在なら

コンドミニアムは長期滞在する人のための、アパートメントタイプの宿泊施設。とはいえ1泊からでも宿泊できるところも多く、グループ旅行や家族旅行など大人数の旅行ならオススメ。場合によってはホテルより安上がりになることもある。
一番の特徴は、キッチンやランドリーなどが備え付けられているので、暮らすように旅ができること。ファーマーズマーケットの食材を自分で調理したりと思いどおりのペースで過ごせる。多くの場合ルームサービスはない。

予算 …… ★★★
快適さ …… ★★★
セキュリティ …… ★★★

おうちみたい

TYPE 4 ホテルステイ
サービス充実で安心

もっともポピュラーな滞在方法がホテル。グレードによって大きく違いはあるものの、フロントがあり、さまざまなサービスを受けられ、ルームサービスが利用できるなど基本的には同じ。
ただし都市型のホテルとリゾートホテルではまったく別物。都市型のホテル選びをするときはホテルでの滞在時間を考えて、それに見合う予算やロケーションから考えよう。リゾートホテルの場合は、どっぷりバカンス！という気持ちでフンパツして選ぶのがオススメ。

予算 …… ★★★
快適さ …… ★★★
セキュリティ …… ★★★

いたれりつくせり！

ケアンズ

シャングリ・ラ ホテル ザ マリーナ ケアンズ
Shangri-La Hotel The Marina, Cairns

マリーナを望む開放的な立地

ケアンズを代表するラグジュアリーホテル。アライバルラウンジなどゲスト目線の行き届いたサービスはピカイチ。客室はモダンでオシャレなインテリア。

Map 別冊P.9-C1　ケアンズ中心部
- Pier Point Rd.　07-4031-1411　スーペリアルーム$340〜、1ベッドルームスイート$470〜、ホライゾンクラブルーム$455〜　Card A.D.J.M.V.　リーフフリートターミナルから徒歩2分　URL www.shangri-la.com

ヒルトン・ケアンズ
Hilton Cairns

ホテルステイを贅沢に楽しめる

ケアンズのウォーターフロント、トリニティ湾のそばに建つ波形がユニーク&スタイリッシュなホテル。8階は全室ジェットスパバスタブ付ゲストルーム。

Map 別冊P.9-D1　ケアンズ中心部
- 34 Esplanade　07-4050-2000　スタンダード$299〜、デラックス$349〜、スパルーム$369〜など　Card A.D.J.M.V.　リーフフリートターミナルから徒歩3分　URL cairns.hilton.com

ライリー、ア クリスタルブルック コレクション リゾート
Riley, a Crystalbrook Collection Resort

とびきり贅沢なビーチフロント!

2019年オープンのケアンズで話題のラグジュアリーホテル。エスプラネード沿いの最高のロケーションで、すぐ目の前はビーチ! レストランも高評価。

Map 別冊P.9-B2　ケアンズ中心部
- 131-141 Esplanade　07-4252-7777　シールーム$319〜　Card A.J.M.V.　リーフフリートターミナルから徒歩約10分　URL crystalbrookcollection.com

パシフィック・ホテル・ケアンズ
Pacific Hotel Cairns

ケアンズいち便利なロケーション

主要観光スポットがすべて歩いてすぐというケアンズ最高の立地。近隣の高級ホテルに比べるとリーズナブルなのもうれしい。客室はリニューアルされ快適。

Map 別冊P.9-C2　ケアンズ中心部
- 43 Esplanade　07-4051-7888　スタンダード$185〜、エグゼクティブ$220〜、デラックス$250〜　Card A.D.J.M.V.　リーフフリートターミナルから徒歩3分　URL www.pacifichotelcairns.com

イル・パラッツォ・ブティックホテル
Il Palazzo Boutique Hotel

暮らすようにステイできる

ナイトマーケット(P.67)の隣、ケアンズ中心地にあるホテル。全室キッチン&リビング・ベッドルームのアパートメントタイプ。便利&快適に過ごせる。

Map 別冊P.9-C2　ケアンズ中心部
- 62 Abbott St.　07-4041-2155　1ベッドルームスイート$250〜　Card M.V.　ナイトマーケット隣　URL www.ilpalazzo.com.au

グリーン島

グリーンアイランドリゾート
Green Island Resort

ロマンチックな贅沢リゾート

グリーン島唯一のラグジュアリーリゾートホテル。客室はゆったりとしたつくりで、宿泊費にはグリーン島でのさまざまなアクティビティが含まれている。

Map 別冊P.6-B3　グリーン島
- Green Island, Cairns　07-4031-3300　アイランドスイート$720、リーフスイート$820　Card M.V.　URL www.greenislandresort.com.au/japanese
※2020年6月末まで工事のため休業予定

ハミルトン島

ビーチクラブ
Beach Club

大人だけのラグジュアリー空間

ホテルから一歩出ればビーチという最高の立地。ゲスト専用ビーチエリアもある。18歳未満は宿泊できない大人のモダン&スタイリッシュリゾート。

Map 別冊P.28-A3　キャッツアイビーチ
- 9 Resort Dr., Hamilton Island　07-4946-8000　$780〜　Card A.J.M.V.　URL www.hamiltonisland.com.au/accommodation/

→P.45

リーフビューホテル
Reef View Hotel

ゆったりくつろげる広い客室

ハミルトン島内最大規模のホテル。客室は通常のホテルの約2倍。全室海側に面しており、キャッツアイビーチを一望できる。フロントには日本語デスクも。

Map 別冊P.28-A3　キャッツアイビーチ
- 12 Resort Dr., Hamilton Island　07-4946-9999　ガーデンビュールーム$390〜550、コーラルシービュールーム$480〜590、リーフスイート$760〜920　Card A.J.M.V.　URL www.hamiltonisland.com.au/accommodation/

→P.45

パームバンガロー
Palm Bungalow

リーズナブルなバンガロー

緑に囲まれたバンガロータイプのロッジは3人まで宿泊可能。家族連れはもちろん、友達同士の旅行にもオススメ。ミニキッチンも併設されている。

Map 別冊P.28-A3　キャッツアイビーチ
- Resort Dr., Hamilton Island　13-73-33　バンガロー$440〜　Card A.J.M.V.　URL www.hamiltonisland.com.au/accommodation/

オーストラリアのおすすめホテルカタログ

モスマン

世界遺産の森に贅沢ステイ！
シルキーオークスロッジ
Silky Oaks Lodge
[高級][中級][エコノミー]

世界のベストスパ＆リゾートに選出されたこともある思いきり贅沢なバカンスホテル。プライベート熱帯雨林で静かな時間を過ごせる。スパのみの利用もOK。

Map 別冊 P.6-A1　モスマン
🏠 Finlayvale Rd., Mossman　☎07-4098-1666
ステューディオルーム＄398、デラックスツリーハウス＄628ほか
Card A.D.J.M.V.　✈ケアンズから車で1時間半、有料送迎サービスあり
✉info@silkyoakslodge.com.au
URL www.silkyoakslodge.com.au

ウルル

まさに砂漠の中のオアシス！
セイルズ・イン・ザ・デザート・ホテル
Sails in the Desert Hotel →P.104
[高級][中級][エコノミー]

エアーズロックリゾート内最高級の5ツ星ホテル。客室にはアボリジニアートのエッセンスがあちこちに。ダイニングやスパなどの施設も充実のホテル。

Map 別冊 P.10-A1　エアーズロックリゾート
🏠 163 Yulara Dr., Yulara　☎02-8269-8010　スーペリア＄540〜　Card A.D.J.M.V.
URL www.ayersrockresort.com.au/accommodation

スタンダード＋αの4ツ星
デザートガーデンズ・ホテル
Desert Gardens Hotel →P.103
[高級][中級][エコノミー]

リゾート内のホテルで唯一ウルルビュールームがあるのが特徴。上質よりやや手ごろながら、サービスも施設もリゾートホテルと呼ぶに十分な実力派。

Map 別冊 P.10-A1　エアーズロックリゾート
🏠 1 Yulara Dr., Yulara　☎02-8296-8010　ガーデンビュー＄430〜
URL www.ayersrockresort.com.au/accommodation

オシャレなブティックホテル
ロストキャメルホテル
Lost Camel Hotel →P.103
[高級][中級][エコノミー]

2018年7月にリニューアルしたエアーズロックリゾート内のホテル。ショップが集まるリゾートタウンスクエアに隣接したロケーションなのも便利。

Map 別冊 P.10-A1　エアーズロックリゾート
🏠 Ayers Rock, Yulara Dr., Yulara　☎02-8296-8010
スタンダードルーム＄390〜　URL www.ayersrockresort.com.au/accommodation

ひとり旅や予算重視派にはココ
アウトバック・パイオニア・ホテル
Outback Pioneer Hotel & Lodge →P.103
[高級][中級][エコノミー]

スタンダード、バジェットの個室ルームやロッジ、ドミトリーとさまざまなスタイルから選べるエコノミーホテル。ワイルドなアウトバックが味わえそう。

Map 別冊 P.10-A2　エアーズロックリゾート
🏠 2 Yulara Dr., Yulara　☎02-8296-8010　（ホテル）バジェット＄230〜、スタンダード＄265〜〈ロッジ〉20人部屋ドミトリー＄38〜（男女別）、4人部屋ドミトリー＄46〜、4人部屋プライベート＄184〜
URL www.ayersrockresort.com.au/accommodation

ゴールドコースト

ゴールドコーストのシンボル！
Q1 リゾート＆スパ
Q1 Resort & Spa
[高級][中級][エコノミー]

サーファーズパラダイスでひときわ目をひくのっぽのビル。生活に必要なものがすべて揃うコンドミニアムタイプの客室からは絶景を楽しむことができる。

Map 別冊 P.14-B3　サーファーズパラダイス
🏠 9 Hamilton Ave., Surfers Paradise　☎07-5630-4500　1ベッドルームスパアパートメント＄265〜、2ベッドルームアパートメント＄325〜など
Card M.V.　✈GリンクでSurfers Paradise駅からすぐ
URL www.Q1.com.au

エリア随一のエンタメホテル
ザ・スター・ゴールドコースト
The Star Gold Coast
[高級][中級][エコノミー]

「ジュピターズ・ホテル＆カジノ」として親しまれていたホテルが「ザ・スター」としてリニューアル。カジノや有名レストランなどのエンタメ要素も健在。

Map 別冊 P.13-D3　ブロードビーチ
🏠 1 Casino Dr., Broadbeach　☎07-5592-8100
スーペリアデラックスキングルーム＄338〜、コーナーバルコニーデラックスツインルーム＄413〜など　Card A.D.J.M.V.
✈ブロードビーチノース駅から徒歩5分　URL star.com.au

交通アクセス◎なホテル
クラウンプラザ・サーファーズパラダイス
Crown Plaza Surfers Paradise
[高級][中級][エコノミー]

トラム駅が目の前にありサーファーズパラダイス中心地までわずか10分。ビーチへも徒歩5分。最上階には回転式レストラン「Four Winds 360」がある。

Map 別冊 P.13-D2　ブロードビーチ
🏠 2807 Gold Coast Hwy., Surfers Paradise　☎07-5592-9900　ツイン／ダブル＄199〜、キング＄229〜、アパートタイプ＄229〜　Card A.J.M.V.　✈サーファーズパラダイスからGリンクで10分、Florida Gardens駅前
URL www.crowneplazasurfersparadise.com.au

バイロンベイ

どこをとってもオシャレ☆空間
ジ・アトランティック
The Atlantic →P.116
[高級][中級][エコノミー]

開放的なビーチタウン、バイロンベイのリラックスムードを味わえるオシャレホテル。客室に加えて、各棟には共通キッチンを完備。開放的なステイが叶う。

Map 別冊 P.15-D3　バイロンベイ
🏠 13 Marvell St., Byron Bay　☎02-6685-5118
スタンダード＄235〜　Card A.J.M.V.　✈バイロンベイ中心部から徒歩7分　URL www.atlanticbyronbay.com

シドニーやメルボルンなど都市部のホテルは直前の予約が取りにくい。リーズナブルに泊まるならホテル探しは早めに！

モートン島

イルカのいるリゾート島ステイ
タンガルーマ・ワイルドドルフィン・リゾート →P.46
Tangalooma Wild Dolphin Resort

高級 中級 エコノミー

モートン島にあるアイランドリゾート。ホテルやヴィラ、アパートメントなど、旅の人数や目的に応じてさまざまなスタイルから選ぶことができる。

Map 別冊P.12-B1 モートン島

⌂ Tangalooma, Moreton Island ☎ 1300-652-250
￥ $229〜（ホテルタイプの場合） Card A.D.J.M.V.
㉺ ブリスベンのホルトストリート港からフェリーで75〜90分
URL bookings.tangalooma.com/jp/home/

シドニー

シドニー湾を望む絶景ホテル
シャングリ・ラ ホテル シドニー
Shangri-La Hotel, Sydney

高級 中級 エコノミー

シドニー湾に突き出た高台にあるラグジュアリーホテル。客室からはオペラハウスなどシドニーの絶景を望む。もちろん客室や設備、サービスも超一流。

Map 別冊P.18-A1 ロックス

⌂ 176 Cumberland St., The Rocks ☎ 02-9250-6000
￥ デラックスダーリングハーバービュールーム＄235〜、デラックスオペラハウスシティビュールーム＄250〜ほか Card A.D.J.M.V.
㉺ サーキュラーキー駅から徒歩5分 URL www.shangri-la.com

ガーリーキュートなB&B
ビクトリアコートホテル・シドニー
Victoria Court Hotel Sydney

高級 中級 エコノミー

歴史的重要地区でもあるビクトリアストリートにあるB&B。暖炉やサンルームもあり、まるで友人宅を訪ねたようなアットホームなステイができる。

Map 別冊P.18-B3 キングスクロス

⌂ 122 Victoria St., Sydney-Potts Point ☎ 02-9357-3200
￥ スタンダード＄99〜180、スーペリア＄135〜210、プレミア＄230〜330（朝食込） Card A.D.J.M.V.
㉺ キングスクロス駅から徒歩5分 URL www.VictoriaCourt.com.au

人気のサリーヒルズのホテル
シティ・クラウン・モーテル →P.139
City Crown Motel

高級 中級 エコノミー

サリーヒルズのメインストリート、クラウン通りにあるちょっぴりレトロなモーテル。客室はシンプルだが、パディントンも徒歩圏内の立地はメリット大。

Map 別冊P.21-C1 サリーヒルズ

⌂ 289 Crown St., Surry Hills ☎ 02-9331-2433
￥ スタンダードダブル＄125〜、ダブル／シングルルーム＄149〜ほか Card A.M.V.

注目エリア、キングスクロス
ベイズウォーター シドニー
The Bayswater Sydney

高級 中級 エコノミー

やや小さめの部屋ながら、スタイリッシュな客室でサービスもよく快適ステイができる。注目オシャレエリア、ポッツポイントにも徒歩圏内で駅もすぐそば。

Map 別冊P.19-C3 キングスクロス

⌂ 17 Bayswater Rd., Kings Cross ☎ 02-8070-0100
￥ スモールダブル＄185〜、キングスタンダード＄197〜など Card A.J.M.V.
㉺ キングスクロス駅から徒歩2分 URL www.sydneylodges.com

1日の終わりはパブで締め！
ケグ＆ブリュー
Keg & Brew

高級 中級 エコノミー

サリーヒルズ中心部から徒歩約5分程度、セントラルステーションからも徒歩3分という好立地。パブの2階が客室でバスルームは共用。古いけど清潔さは◎。

Map 別冊P.19-C2 サリーヒルズ

⌂ 26 Foveaux St., Surry Hills ☎ 02-9212-1740
￥ バジェットルームスタンダード＄89〜、ラージキングスタンダード＄115〜など Card A.M.V.
㉺ セントラル駅から徒歩2分 URL kegandbrew.com.au

メルボルン

人気のオシャレホテル
ザ・プリンス
The Prince

高級 中級 エコノミー

メルボルンからトラムで約15分、バカンス気分漂う街、セントキルダにあるブティックホテル。館内のシンプル＆シックなインテリアは気分がアガる！

Map 別冊P.24-A3 セントキルダ

⌂ 2 Acland St, St Kilda ☎ 03-9536-1111 ￥ ブティックルーム＄115〜ほか Card A.M.V. ㉺ トラムルート12でSt Kilda/Fitzroy St駅（Stop143）から徒歩1分
URL theprince.com.au

どこに行くにも便利で快適！
クラリオンスイーツ・ゲートウェイ
Clarion Suites Gateway

高級 中級 エコノミー

目の前はトラム駅、フェデレーションスクエアやCBDのショッピングエリアも徒歩圏内。ホテルながらキチネット付きの広々とした客室も快適そのもの。

Map 別冊P.26-B3 CBD

⌂ 1 William St., CBD ☎ 03-9296-8888
￥ ストゥーディオ＄200〜、スイート＄230〜 Card A.D.J.M.V.
㉺ フリンダース・ストリート駅から徒歩5分
URL www.clarionsuitesgateway.com.au

サザンクロス駅から徒歩3分
グレート・サザンホテル・メルボルン
The Great Southern Hotel Melbourne

高級 中級 エコノミー

空港への始発となるサザンクロス駅からすぐの大型ホテル。トラム駅もすぐそこで街中どこへ行くにも便利。客室はシンプルながら、お手ごろ価格が魅力だ。

Map 別冊P.26-A3 CBD

⌂ 44 Spencer St., CBD ☎ 03-9629-6991 ￥ スタンダードクイーン＄100〜、ファミリールーム＄162〜など Card A.D.J.M.V. ㉺ サザンクロス駅から徒歩3分
URL greatsouthernhotel.com.au

地球誕生から現代まで！
オーストラリアの歴史かんたんガイド

「オーストラリアには歴史がない」といわれますが、いえいえそんなことはありません。
ここには宇宙規模の歴史がつまっているのです。

オーストラリア大陸の誕生
海面の上昇や下降のかたちになったのは約6000年前

現在

6500万年前（第三紀）

南極大陸と分離
東ゴンドワナ大陸が南極大陸とオーストラリア大陸になる

オーストラリア大陸

南極大陸

キラキラ輝くオパールの正体はなに？
7色に輝くオパール。その正体は1億年前の恐竜時代に堆積にした貝殻や樹木。実に世界シェアの9割がオーストラリア産。

オーストラリア固有の動植物がうまれたわけ
大陸が分裂を繰り返すうちに、地理的に取り残されていったのが現在のオーストラリア。珍しい動植物が生き残れたのは外敵がいなかったから。
→P.54
→P.112

なんて壮大なストーリー！

地球誕生からオーストラリア大陸ができるまで

1億年前（ジュラ紀〜白亜紀）

西ゴンドワナ大陸
東ゴンドワナ大陸

ゴンドワナ大陸が東西に
現在のオーストラリアと南極が東ゴンドワナ大陸として分離

46億年前
誕生！

地球誕生
宇宙に散らばる微惑星が衝突や合体を繰り返して地球が誕生

生命誕生のひみつストロマトライト
27億年前に誕生したストロマトライトは地球で初めて光合成を行い酸素を作り出した生物。正体はシアノバクテリア。

1.5億年前（ペルム紀）

パンゲア大陸

2億年前（三畳紀）

ローラシア大陸

ゴンドワナ大陸

オーストラリアとインドは地続きだった!?
「ゴンドワナ」とはサンスクリット語（インドの言語）で「ゴンド族の庭」という意味。大陸移動の前はインドと地続きだった。

ゴンドワナ大陸が分離
パンゲア大陸が北のローラシア大陸と南のゴンドワナ大陸に

パンゲア大陸が誕生
地球上にあったすべての大陸が衝突して超大陸パンゲアができる

大陸はひとつだったんだ！

index

▶：プチぼうけんプランで紹介した物件

見る・遊ぶ

名称	エリア	ページ	別冊MAP
アサートン高原めぐり＆グルメツアー	アサートン高原	59	
エスプラネード・ラグーン	ケアンズ中心部	67	P.9-C1
▶ オーストラリアン・バタフライ・サンクチュアリ	クランダ	29	P.6-B2
クランダ観光フリーコース	クランダ	27	—
▶ クランダ・コアラ・ガーデン	クランダ	28,30	P.6-B2
▶ クランダ鉄道	クランダ	27	P.6-B2
グリーン島	グリーン島	48,49,50	P.6-B3
ケアンズ水族館	ケアンズ中心部	67	P.8-B2
▶ ケアンズ・ズーム＆ワイルドライフドーム	ケアンズ中心部	30,63	P.9-D2
ケアンズ・リージョナルギャラリー	ケアンズ中心部	66	P.9-C2
シティプレイス	ケアンズ中心部	66	P.9-C2
ジャプカイ・アボリジナル・カルチャーパーク	ケアンズ郊外	94	P.6-B2
▶ スカイレール	クランダ	27	P.6-B2
ズースティック5	ワンゲティ	53	P.6-A1
世界遺産モスマン渓谷とポートダグラスツアー	モスマン渓谷	61	—
セントモニカズ・カテドラル	ケアンズ中心部	66	P.8-B2
どきどき動物探険ツアー	アサートン高原	53	P.6-B
熱気球ツアー	アサートン高原	65	—
▶ ハートリーズ・クロコダイル・アドベンチャーズ	ワンゲティ	31,53	P.6-A1
▶ バードワールド・クランダ	クランダ	29	P.6-B2
バロネラパーク	イニスフェイル	57	P.7-D3
バロン川半日ラフティング	バロン渓谷	62	P.6-B2
▶ ミコマスケイ・クルーズ	グレートバリアリーフ	24	P.6-A3
モスマン渓谷	モスマン渓谷	60,61	P.6-A1
ライトアップ☆バロネラパーク	イニスフェイル	57	—
▶ レインフォレステーション・ネイチャーパーク	クランダ	27	P.6-B2
▶ ワイルドライフ・ハビタット	ポートダグラス	30	P.6-A1
キャッツアイビーチ	キャッツアイビーチ	39	P.28-A3
ジャーニー・トゥ・ザ・ハート	ウィットサンデー諸島	43	—
スパ・ウーメディリン	キャッツアイビーチ	44	P.28-A3
ハートリーフ＆ホワイトヘブンビーチ遊覧飛行	ウィットサンデー諸島	43	—
ホワイトヘブン・ビーチ／ヒルインレット1日ツアー	ホワイトヘブン・ビーチ	40	P.28-A2
マリーナビレッジ	マリーナ	38	P.28-A2
ワイルドライフ	キャッツアイビーチ	44	P.28-A3
ワン・ツリー・ヒル	ヒルサイド	39	P.28-A1
ウィンジリ・アート＋ミュージアム	リゾート周辺	102	P.10-A1
ウルル（エアーズロック）	ウルル	90	P.10-B3
ウルル＝カタ・ジュタ・カルチュラルセンター	ウルル周辺	93	P.10-B3
▶ ウルル＝カタ・ジュタ国立公園	ウルル周辺	22,96	P.10
▶ ウルルサンライズ＆カタ・ジュタツアー	ウルル周辺	23	—
▶ ウルルのふもと散策とサンセットツアー	ウルル周辺	23	—
エアーズロックリゾート	リゾート周辺	102	P.10-B3
カタ・ジュタ（オルガ）	カタ・ジュタ周辺	23,91	P.10-B1
キングスキャニオン1日ツアー	キングスキャニオン	100	P.2-B2
クニヤウォーク	ウルル周辺	92	P.10-B3
セグウェイ・ツアー	ウルル周辺	93	—
先住民族ブッシュタッカーフード体験	リゾート周辺	96	P.10-A1
フィールド・オブ・ライト	ウルル周辺	23	—
ヘリコプター・フライト	リゾート周辺	91	P.10-A1
マラウォーク	ウルル周辺	92	P.10-B3
マルクアーツ	リゾート周辺	97	P.10-B3
リルウォーク	ウルル周辺	93	P.10-B3
▶ カランビン・ワイルドライフ・サンクチュアリ	カランビン	31,121	P.12-B2
Q1スカイポイント	サーファーズパラダイス	106	P.14-B3
クリスタル・キャッスル	バイロンベイ郊外	122	P.12-B3
サーフィン半日レッスン	サーファーズパラダイス	108	—
ジェットスキー	ブロードウォーター	109	P.13-C1
ジェットボートライド	ブロードウォーター	108	P.13-C2
ジャストレンタカー		121	—
スプリングブルック国立公園	ゴールドコースト郊外	112	P.12-B3
スプリングブルックの奇跡	ゴールドコースト郊外	112	—
▶ タンガルーマ・ワイルドドルフィン・リゾート	モートン島	46	P.12-B1
ナチュラルブリッジ・ツチボタルツアー	ゴールドコースト郊外	113	—
パラセイリング	ブロードウォーター		P.13-C1
▶ バーレイヘッズ	バーレイヘッズ	34,120	P.12-B2
ポイントデンジャー展望台	ツイードヘッズ	123	P.13-B2
クリスタル・キャッスル	バイロンベイ郊外	122	P.12-B3
ケープ・バイロン・ライトハウス	バイロンベイ	114	P.15-D1
ザ・ファーム・バイロンベイ	バイロンベイ	115	P.12-B3
メインビーチ・バイロンベイ	バイロンベイ		P.15-D2
王立植物園	サーキュラーキー	125	P.18-B2
オペラハウスツアー＆テイスティングプレート	サーキュラーキー	126	—
キングスクロス	キングスクロス	124	P.19-C3
コカトゥー・アイランド	ミルソンズ・ポイント	125	P.18-A2
サーキュラーキー	サーキュラーキー	124	P.18-A2
ジェノランケーブ	ブルーマウンテンズ国立公園	145	P.3-D3
シドニー・オペラハウス	サーキュラーキー	124,126,128	P.18-A2
シドニータワーアイ	CBD	129	P.20-A3
シドニー・ビジターセンター	ロックス	11	P.18-A2
ダーリングハーバー	ダーリングハーバー	125	P.20-A1
ハイドパーク	CBD	125	P.20-A3
バイロン・ルックアウト	ロックス	128	P.18-A2
ビッグバス・シドニー	—	124,別冊16	P.18-19
ブリッジクライムシドニー	ロックス	128	P.18-A1
ブルーマウンテンズ	シドニー郊外	144	P3-D3
ブルーマウンテンズ（山）エコツアー	ブルーマウンテンズ国立公園	145	P.3-D3
ポートスティーブンス（海）エコツアー	ポートスティーブンス	146	P.3-D3
ポートスティーブンス（四輪バギー）エコツアー	ポートスティーブンス	147	P.3-D3
▶ ボンダイ・ビーチ	ボンダイビーチ	35	P.19-D3
ミセスマックォーリーズ・ポイント	サーキュラーキー	129	P.18-A3
ロックス	ロックス	125,129	P18-A2
王立植物園	サウスヤラ	151	P.25-D3
王立展示館（ロイヤル・エキシビション・ビルディング）	カールトン	150	P.25-C1
クイーンビクトリア・マーケット	CBD	151	P.24-B2
グレートオーシャンロード・ツアー	—	166	P.3-C3
国立ビクトリア美術館	サウスバンク	151	P.25-C4
戦争慰霊館（シュライン・オブ・リメンブランス）	サウスヤラ	151	P.25-D4
セントパトリックス大聖堂	CBD	150	P.25-C2
ビクトリア州議事堂	CBD	150	P.27-D2
フィッツロイ・ガーデンズ	イーストメルボルン	150	P.25-D2
▶ ブライトン・ビーチ	ブライトン	34	P.25-D3外
フリンダース・ストリート駅	CBD	150	P.27-C3
ペンギンパレード・ツアー	—	169	P.3-C3
ホージャー・レーン	CBD	153	P.27-C3
メルボルン・スター	ドックランズ	151	P.24-A2
メルボルン博物館	カールトン	151	P.25-C1
ユーレカ・スカイデッキ	CBD	151	P.25-C3

名称	エリア	ページ	別冊MAP
ワイナリー・テイスティング・ツアー	–	169	P.3-C3

食べる

名称	エリア	ページ	別冊MAP
オーカーレストラン	ケアンズ中心部	83	P.9-D1
カフィエンド	ケアンズ中心部	86	P.9-C2
キャンディ	ケアンズ中心部	86	P.9-C2
▶ クランダ・レインフォレストコーヒー	クランダ	29	本誌P.29
ジミーズ	ケアンズ中心部	85	P.9-C3
▶ ジャーマンタッカー	クランダ	29	本誌P.29
▶ ジャパニーズティーハウス・バスク	クランダ	28	本誌P.29
スヌージーズ・ヘルスバー	ケアンズ中心部	87	P.9-C2
ダンディーズ	ケアンズ中心部	82	P.9-D1
ダンディーズ・ケアンズ・アクアリウム	ケアンズ中心部	85	P.8-B2
チェゼスト	ケアンズ中心部	87	P.9-C2
▶ 隼	クランダ	28	本誌P.29
ブッシュファイヤー・フレームグリル	ケアンズ中心部	85	P.9-C2
ブルー・マリーン・ビストロ	ケアンズ中心部	86	P.9-D1
ブラウン・スター	ケアンズ中心部	84	P.9-C1
ペティートカフェ	クランダ	28	本誌P.29
ペーパークレーン	ケアンズ中心部	84	P.8-B2
▶ ホームメイド・トロピカル・フルーツアイスクリーム	クランダ	28	本誌P.29
メルドラムス・パイズ・イン・パラダイス	ケアンズ中心部	87	P.9-C2
ラ・フェッタチーナ	ケアンズ中心部	84	P.9-C3
ラスティーズ・マーケット	ケアンズ中心部	80	P.9-C3
リリーパッド・カフェ	ケアンズ中心部	86	P.9-C2
ワーフ・ワン・カフェ	ケアンズ中心部	87	P.9-D2
▶ ポパイズ・フィッシュ&チップス	マリーナ	38	P.28-A2
ボブスベーカリー	マリーナ	44	P.28-A2
ボミーレストラン	マリーナ	44	P.28-A2
▶ ピッツェリア&ジェラートバー	マリーナ	44	P.28-A2
▶ マリナーズ	マリーナ	39	P.28-A2
▶ マリーナ・タバーン	マリーナ	44	P.28-A2
アウトバックパイオニアBBQ	リゾート周辺	102	P.10-A2
エアーズウォック	リゾート周辺	102	P.10-A1
ゲッコーズカフェ	リゾート周辺	102	P.10-A1
サウンド・オブ・サイレンス・ディナー・エクスペリエンス	ウルル周辺	98	P.10-A2
サザンスカイBBQディナー	ウルル周辺	23, 98	P.10-B3
ESPL. コーヒーブリュワーズ	サーファーズパラダイス	107	P.14-B2
サーファーズパラダイス・ライフセービングクラブ	サーファーズパラダイス	106	P.14-B3
ソルト・ミーツ・チーズ	サーファーズパラダイス	110	P.14-A3
チェンマイ・タイ	ブロードビーチ	110	P.13-D2
ハードロック・カフェ	サーファーズパラダイス	107	P.14-B2
パピアーノ	サーファーズパラダイス	111	P.14-B2
パラドックス・コーヒー・ロースターズ	サーファーズパラダイス	111	P.14-A3
パンケークス・イン・パラダイス	サーファーズパラダイス	111	P.14-B3
ビーチカフェ	サーファーズパラダイス	111	P.14-B2
ブルックリンデポ	サーファーズパラダイス	111	P.14-A3
ホッグス ブレス・カフェ	サーファーズパラダイス	111	P.14-B2
ワイルド・フィッシュ&チップス	ブロードビーチ	110	P.13-D3
コンビ	バイロンベイ	117	P.15-D2
スリー・ブルー・ダックス	バイロンベイ郊外	117	P.12-D3
バイロン・コーナー・ストア	バイロンベイ	117	P.15-C2
フォーク	バイロンベイ郊外	117	P.15-C2外
アンバーサンド・カフェ・ブックストア	パディントン	137	P.21-D2
インフィニティ・ベーカリー	パディントン	132	P.21-D2
エル・ロコ・アット・スリップイン	ダーリングハーバー	134	P.20-A2
カワ・カフェ	サリーヒルズ	139	P.21-C1
▶ キャリッジワークス・ファーマーズマーケット	レッドファーン	36	P.19-D1
クー	アレクサンドリア	141	本誌P.140
▶ ザ・グラウンズ・オブ・アレキサンドリア	アレクサンドリア	37, 140	P.19-D1
ジー・ピックル	サリーヒルズ	131	P.19-C2
シラス	バランガルー	130	P.18-B1
チャイニーズ・ヌードルハウス	ヘイマーケット	135	P.19-C1
チャット・タイ	ヘイマーケット	134	P.20-B2
テキストブック・ブーランジェリー&パティスリー	アレクサンドリア	141	本誌P.140
バー・レッジオ	ダーリングハースト	135	P.19-C2
バスチャー	ヘイマーケット	130	P.20-B2
パンケーキ・オン・ザ・ロックス	ロックス	132	P.18-A2
ビルズ	ダーリングハースト	133	P.21-C2
フィッシュ・ブッチャリー	パディントン	131	P.21-D3
フィッシュマーケット	ダーリングハーバー	125	P.20-A1外
フォー・エイト・ファイブ	サリーヒルズ	138	P.21-D1
▶ フラワー&ストーン	ウールームールー	36	P.20-B3
ブルー・バー・オン36	ロックス	129	P.18-B1
ブレッド&サーカス	アレクサンドリア	140	本誌P.140
ポーチ&パーラー	ボンダイビーチ	133	P.19-D3
メッカ・コーヒー・ロースターズ	アレクサンドリア	141	本誌P.140
メッシーナ・ジェラート	サリーヒルズ	138	P.21-D1
モノポール	ポッツポイント	130	P.18-B3
▶ ルーベン・ヒルズ	サリーヒルズ	37	P.21-D1
ロードネルソン・ブリュワリー	ロックス	131	P.18-A1
インダストリー・ビーンズ	フィッツロイ	159	P.25-C1
エクイタブルプレイス	CBD	163	P.26-B3
オークションルーム	ノースメルボルン	154	P.24-B1
ギディアップ	サウスメルボルン	157	P.24-B3
キリニー・コピティアム	サウスメルボルン	162	P.27-D2
コイ・ターキッシュ・レストラン	サウスメルボルン	162	P.24-B3
コトル・オン・コベントリー	サウスメルボルン	157	P.24-B3
サウス・メルボルン・マーケット	サウスメルボルン	157	P.24-B3
シェ・ドレ	サウスメルボルン	157	P.24-B3
シャンハイ・ストリート	CBD	163	P.27-C2
シンプリー・スパニッシュ	サウスメルボルン	160	P.24-B3
スミス&ドーターズ	フィッツロイ	161	P.25-C1
セントアリ・コーヒーロースターズ	サウスメルボルン	156	P.25-C3
ソイ38	CBD	162	P.27-D2
チンチン	CBD	160	P.27-D3
デグレーブ・エスプレッソ	CBD	152	P.27-C3
どんぶり	CBD	163	P.27-C1
ハートベイカー・バンミー	CBD	162	P.27-C3
ファンタンゴ	ノースメルボルン	155	本誌P.155
フィッツ	フィッツロイ	161	P.25-C1
ブッチャーズ・ダイナー	CBD	160	P.27-D2
ブレッド・クラブ	ノースメルボルン	155	本誌P.155
プロバー&サン	サウスメルボルン	157	P.24-B3
ミートボール&ワインバー	CBD	161	P.27-D3
モークチョコレート	ノースメルボルン	155	P.24-B1
ロースティング・ウェアハウス	ノースメルボルン	155	P.24-B1
ワンダーバオ	CBD	163	P.27-C1

買う

名称	エリア	ページ	別冊MAP
アンシエント・ジャーニーズ	ケアンズ中心部	67	P.9-C2
ウールワース	ケアンズ中心部	75	P.9-C2
オーストラリアン・レザー・カンパニー	ケアンズ中心部	71,73	P.9-C2
ケアンズ・セントラル	ケアンズ中心部	66	P.9-C3
ゴー・ヴィタ・チェリーズ	ケアンズ中心部	66	P.9-C3
コールス	ケアンズ中心部	75	P.9-C3
▶ スティルウォーター・ワークショップ	クランダ	29	本誌P.29
セティ・バスショップ	クランダ	29	本誌P.29
ナイトマーケット	ケアンズ中心部	67	P.9-C2
バウチ	ケアンズ中心部	73	P.9-D2
フジイストア	ケアンズ中心部	71,73	P.9-D2
ポートダグラス・サンデーマーケット	ポートダグラス	81	P.6-A1
メイキン・ホッピー	ケアンズ中心部	73	P.9-C2
▶ アグ・シンス1974	サーファーズパラダイス	33	P.12-B2
パシフィック・フェア	ブロードビーチ	106	P.13-D3
ビーチフロントマーケット	サーファーズパラダイス	107	P.14-B2
イコウ	バイロンベイ	119	P.15-D2
ゴー・ヴィタ	バイロンベイ	119	P.15-C3
サントス・オーガニックス	バイロンベイ	118	P.15-C3
デウス・エクス・マキナ	バイロンベイ	119	P.15-C2
バイロンベイ・クッキーズ	バイロンベイ	118	P.15-C2
バイロン・ファーマーズ・マーケット	バイロンベイ	115	P.12-B3
ファンディーズ・ホールフード・マーケット	バイロンベイ	118	P.15-C2
ボディビース	バイロンベイ	119	P.15-D2
ラブ・バイロンベイ	バイロンベイ	118	P.15-C2
アーキテクツ・ブックショップ	サリーヒルズ	138	P.21-D1
イソップ	パディントン	137	P.21-D2
インキュ	パディントン	137	P.21-D3
イン・ベッド	パディントン	136	P.21-D2
オンダ	パディントン	136	P.21-D2
キングスクロス・サンデーマーケット	キングスクロス	142	P.18-B3
クイーンビクトリア・ビルディング	CBD	124	P.20-A2
▶ クリティカル・スライド（TCSS）	サウス・ボンダイ	35	P.19-D3外
グリープ・マーケット	グリープ	143	P.19-C1
サリーヒルズ・マーケット	サリーヒルズ	142	P.21-D1
サルベーション・アーミー	サリーヒルズ	139	P.19-C2
シーズ・フラッシュバック	サリーヒルズ	139	P.19-C2
ジャスト・ウィリアム・チョコレート	パディントン	137	P.21-D3
ズー・エンポリウム	サリーヒルズ	139	P.21-C1
スタンダード・ストア	サリーヒルズ	138	P.21-D1
タイトル	サリーヒルズ	138	P.21-D1
パークルー・ブックス	パディントン	136	P.21-D2
パディントン・マーケット	パディントン	142	P.21-D3
パピネル	パディントン	137	P.21-D2
ボンダイ・マーケット	ボンダイビーチ	142	—
ミッチェルロード・アンティーク＆デザインセンター	アレクサンドリア	141	本誌P.140
Uターン・リサイクルファッション	パディントン	139	P.21-C1
ユートピア・グッズ・テキスタイルズ	パディントン	136	P.21-D2
リー・マシューズ	パディントン	137	P.21-D2
ロゼール・マーケット	ロゼール	142	—
ロックス・マーケット	ロックス	143	P.18-A2
イエスターイヤー	フィッツロイ	158	本誌P.158
オーストラリアン・スティッチ	フィッツロイ	159	P.25-C1
オーストラリアン・バイ・デザイン	CBD	165	P.27-C3
カテドラル・アーケード	CBD	153	P.27-C3
クレメンタイン	CBD	165	P.27-C3
ザ・ファブリック・ストア	フィッツロイ	159	P.25-C1
ザ・ペット・グローサー	サウスメルボルン	156	本誌P.156
シェフズ・ハット	サウスメルボルン	156	本誌P.156
ストレンジャー・ザン・パラダイス	ノースメルボルン	155	P.24-B1
ゼッタ・フローレンス	フィッツロイ	159	P.25-C1
ネスト	サウスメルボルン	156	本誌P.156
パーフェクト・ポーション	フィッツロイ	158	本誌P.158
ハンター・ギャザラー	フィッツロイ	159	P.25-C1
ブロック・アーケード	CBD	153	P.17-C2
ペーパーポイント	サウスメルボルン	156	本誌P.156
ヘムレー・ストア	フィッツロイ	158	本誌P.158
ポメグラネイト	サウスメルボルン	156	本誌P.156
マーティン・フェラ・ヴィンテージ	ノースメルボルン	155	本誌P.155
メルボルナリア	CBD	165	P.27-D2
メルボルンショップ・バイ・ルンビ	CBD	165	P.27-C2
ロイヤル・アーケード	CBD	152	P.27-C2
ローズストリート・マーケット	フィッツロイ	158	P.25-C1
ロスト・アンド・ファウンド・マーケット	フィッツロイ	158	P.25-C1

泊まる

名称	エリア	ページ	別冊MAP
イル・パラッツォ・ブティックホテル	ケアンズ中心部	183	P.9-C2
グリーンアイランドリゾート	グリーン島	50,183	P.6-B3
シャングリ・ラ ホテル ザ マリーナ ケアンズ	ケアンズ中心部	183	P.9-C1
シルキーオークスロッジ	モスマン	184	P.6-A1
パシフィック・ホテル・ケアンズ	ケアンズ中心部	183	P.9-C2
ライリー、ア クリスタルブルック コレクション リゾート	ケアンズ中心部	183	P.9-B2
ヒルトン・ケアンズ	ケアンズ中心部	183	P.9-D1
パームバンガロー	キャッツアイビーチ	45,183	P.28-A3
ビーチクラブ	キャッツアイビーチ	45,183	P.28-A3
リーフビューホテル	キャッツアイビーチ	45,183	P.28-A3
アウトバック・パイオニア・ホテル	リゾート周辺	103,184	P.10-A2
セイルズ・イン・ザ・デザート・ホテル	リゾート周辺	104,184	P.10-A1
デザートガーデンズ・ホテル	リゾート周辺	103,184	P.10-A1
ロストキャメル・ホテル	リゾート周辺	103,184	P.10-A1
Q1 リゾート＆スパ	サーファーズパラダイス	184	P.14-B3
クラウンプラザ・サーファーズパラダイス	ブロードビーチ	184	P.13-D2
ザ・スター・ゴールドコースト	ブロードビーチ	184	P.13-D3
ジ・アトランティック	バイロンベイ	116,184	P.15-D3
タンガルーマ・ワイルド・ドルフィン・リゾート	モートン島	46,185	P.12-B1
ケグ＆ブリュー	サリーヒルズ	184	P.19-C2
シティ・クラウン・モーテル	サリーヒルズ	139,185	P.21-C1
シャングリ・ラ ホテル シドニー	ロックス	185	P.18-A1
ビクトリアコートホテル・シドニー	キングスクロス	185	P.18-B3
ベイズウォーターシドニー	キングスクロス	185	P.19-C3
クラリオンスイーツ・ゲートウェイ	CBD	185	P.26-B3
グレート・サザンホテル・メルボルン	CBD	185	P.26-A3
ザ・プリンス	セントキルダ	185	P.24-A3

名称	エリア	ページ	別冊MAP
ワイナリー・テイスティング・ツアー	–	169	P.3-C3

食べる

名称	エリア	ページ	別冊MAP
オーカーレストラン	ケアンズ中心部	83	P.9-D1
カフィエンド	ケアンズ中心部	86	P.9-C2
キャンディ	ケアンズ中心部	86	P.9-C2
▶ クランダ・レインフォレストコーヒー	クランダ	29	本誌P.29
ジミーズ	ケアンズ中心部	85	P.9-C3
▶ ジャーマンタッカー	クランダ	29	本誌P.29
▶ ジャパニーズティーハウス・バスク	クランダ	28	本誌P.29
スヌージーズ・ヘルスバー	ケアンズ中心部	87	P.9-C2
ダンディーズ	ケアンズ中心部	82	P.9-D1
ダンディーズ・ケアンズ・アクアリウム	ケアンズ中心部	85	P.8-B2
チェゼスト	ケアンズ中心部	87	P.9-C2
▶ 隼	クランダ	28	本誌P.29
ブッシュファイヤー・フレームグリル	ケアンズ中心部	85	P.9-C2
ブルー・マリーン・ビストロ	ケアンズ中心部	86	P.9-D1
ブラウン・スター	ケアンズ中心部	84	P.9-C1
ペティートカフェ	クランダ	28	本誌P.29
ペーパークレーン	ケアンズ中心部	84	P.8-B2
▶ ホームメイド・トロピカル・フルーツアイスクリーム	クランダ	28	本誌P.29
メルドラムス・パイズ・イン・パラダイス	ケアンズ中心部	87	P.9-C2
ラ・フェッタチーナ	ケアンズ中心部	84	P.9-C3
ラスティーズ・マーケット	ケアンズ中心部	80	P.9-C3
リリーパッド・カフェ	ケアンズ中心部	86	P.9-C2
ワーフ・ワン・カフェ	ケアンズ中心部	87	P.9-D2
▶ ポパイズ・フィッシュ&チップス	マリーナ	38	P.28-A2
ポブズベーカリー	マリーナ	44	P.28-A2
ポミーレストラン	マリーナ	44	P.28-A2
ピッツェリア&ジェラートバー	マリーナ	44	P.28-A2
マリナーズ	マリーナ	39	P.28-A2
▶ マリーナ・タバーン	マリーナ	44	P.28-A2
アウトバックパイオニアBBQ	リゾート周辺	102	P.10-A2
エアーズウォーク	リゾート周辺	102	P.10-A1
ゲッコーカフェ	リゾート周辺	102	P.10-A1
サウンド・オブ・サイレンス・ディナー・エクスペリエンス	ウルル周辺	98	P.10-A2
サザンスカイBBQディナー	ウルル周辺	23, 98	P.10-B3
ESPL.コーヒーブリュワーズ	サーファーズパラダイス	107	P.14-B3
サーファーズパラダイス・ライフセービングクラブ	サーファーズパラダイス	106	P.14-B3
ソルト・ミーツ・チーズ	サーファーズパラダイス	110	P.14-A3
チェンマイ・タイ	ブロードビーチ	110	P.13-D2
ハードロック・カフェ	サーファーズパラダイス	107	P.14-B2
バビアーノ	サーファーズパラダイス	111	P.14-B2
パラドックス・コーヒー・ロースターズ	サーファーズパラダイス	111	P.14-A3
パンケークス・イン・パラダイス	サーファーズパラダイス	111	P.14-B3
ビーチカフェ	サーファーズパラダイス	107	P.14-B2
ブルックリンデポ	サーファーズパラダイス	111	P.14-A3
ホッグス ブレス・カフェ	サーファーズパラダイス	111	P.14-B2
ワイルド・フィッシュ&チップス	ブロードビーチ	110	P.13-D3
コンビ	バイロンベイ	117	P.15-D2
スリー・ブルー・ダックス	バイロンベイ郊外	117	P.12-B3
バイロン・コーナー・ストア	バイロンベイ	117	P.15-C2
フォーク	バイロンベイ郊外	117	P.15-C2外
アンバーサンド・カフェ・ブックストア	パディントン	137	P.21-D2
インフィニティ・ベーカリー	パディントン	132	P.21-D2
エル・ロコ・アット・スリップイン	ダーリングハーバー	134	P.20-A2
カワ・カフェ	サリーヒルズ	139	P.21-C1
▶ キャリッジワークス・ファーマーズマーケット	レッドファーン	36	P.19-D1
クー	アレクサンドリア	141	本誌P.140
▶ ザ・グラウンズ・オブ・アレキサンドリア	アレクサンドリア	37, 140	P.19-D1
ジー・ピックル	サリーヒルズ	131	P.19-C2
シラス	バランガルー	130	P.18-B3
チャイニーズ・ヌードルハウス	ヘイマーケット	135	P.19-C1
チャット・タイ	ヘイマーケット	134	P.20-B2
テキストブック・ブーランジェリー&パティスリー	アレクサンドリア	141	本誌P.140
バー・レッジオ	ダーリングハースト	135	P.19-C2
バスチャー	ヘイマーケット	135	P.20-B2
パンケーキ・オン・ザ・ロックス	ロックス	132	P.18-A2
ビルズ	ダーリングハースト	133	P.21-C2
フィッシュ・ブッチャリー	パディントン	131	P.21-D3
フィッシュマーケット	ダーリングハーバー	125	P.20-A1外
フォー・エイト・ファイブ	サリーヒルズ	138	P.21-D1
▶ フラワー&ストーン	ウールームールー	36	P.20-B3
ブルー・バー・オン36	ロックス	129	P.18-B4
ブレッド&サーカス	アレクサンドリア	140	本誌P.140
ポーチ&パーラー	ボンダイビーチ	133	P.19-D3
メッカ・コーヒー・ロースターズ	アレクサンドリア	141	本誌P.140
メッシーナ・ジェラート	サリーヒルズ	138	P.21-D1
モノポール	ポッツポイント	130	P.18-B3
▶ ルーベン・ヒルズ	サリーヒルズ	37	P.21-D1
ロードネルソン・ブリュワリー	ロックス	131	P.18-A1
インダストリー・ビーンズ	フィッツロイ	159	P.25-C1
エクイタブルプレイス	CBD	163	P.26-B3
オークションルーム	ノースメルボルン	154	P.24-B1
ギディアップ	サウスメルボルン	157	P.24-B3
キリニー・コピティアム	CBD	162	P.27-D2
コイ・ターキッシュ・レストラン	サウスメルボルン	162	P.24-B3
コトル・オン・コベントリー	サウスメルボルン	157	P.24-B3
サウス・メルボルン・マーケット	サウスメルボルン	157	P.24-B3
シェ・ドレ	サウスメルボルン	157	P.24-B3
シャンパイ・ストリート	CBD	163	P.27-C2
シンプリー・スパニッシュ	サウスメルボルン	160	P.24-B3
スミス&ドーターズ	フィッツロイ	161	P.25-C1
セントアリ・コーヒーロースターズ	サウスメルボルン	156	P.25-C3
ソイ38	CBD	162	P.27-D2
チンチン	CBD	160	P.27-D3
デグレーブ・エスプレッソ	CBD	152	P.27-C2
どんどん	CBD	163	P.27-C1
ハートベイカー・バンミー	CBD	162	P.27-D2
ファンタンゴ	ノースメルボルン	155	本誌P.155
フィッツ	フィッツロイ	161	P.25-C1
ブッチャーズ・ダイナー	CBD	160	P.27-D2
ブレッド・クラブ	ノースメルボルン	155	本誌P.155
プロバー&サン	サウスメルボルン	157	P.24-B3
ミートボール&ワインバー	CBD	161	P.27-D2
モークチョコレート	ノースメルボルン	155	P.24-B1
ロースティング・ウェアハウス	ノースメルボルン	155	P.24-B1
ワンダーバオ	CBD	163	P.27-C1

買う

名称	エリア	ページ	別冊MAP
アンシエント・ジャーニーズ	ケアンズ中心部	67	P.9-C2
ウールワース	ケアンズ中心部	75	P.9-C2
オーストラリアン・レザー・カンパニー	ケアンズ中心部	71, 73	P.9-C2
ケアンズ・セントラル	ケアンズ中心部	66	P.9-C3
ゴー・ヴィタ・チェリーズ	ケアンズ中心部	66	P.9-C3
コールス	ケアンズ中心部	75	P.9-C3
▶ スティルウォーター・ワークショップ	クランダ	29	本誌P.29
セティ・バスショップ	クランダ	29	本誌P.29
ナイトマーケット	ケアンズ中心部	67	P.9-C2
パウチ	ケアンズ中心部	73	P.9-D2
フジイストア	ケアンズ中心部	71, 73	P.9-D2
ポートダグラス・サンデーマーケット	ポートダグラス	81	P.6-A1
メイキン・ホッピー	ケアンズ中心部	73	P.9-C2
▶ アグ・シンス1974	サーファーズパラダイス	33	P.12-B2
パシフィック・フェア	ブロードビーチ	106	P.13-D3
ビーチフロントマーケット	サーファーズパラダイス	107	P.14-B2
イコウ	バイロンベイ	119	P.15-D2
ゴー・ヴィタ	バイロンベイ	119	P.15-C3
サントス・オーガニックス	バイロンベイ	118	P.15-C3
デウス・エクス・マキナ	バイロンベイ	119	P.15-C2
バイロンベイ・クッキーズ	バイロンベイ	118	P.15-C2
バイロン・ファーマーズ・マーケット	バイロンベイ	115	P.12-B3
ファンディーズ・ホールフード・マーケット	バイロンベイ	118	P.15-C2
ボディピース	バイロンベイ	119	P.15-D2
ラブ・バイロンベイ	バイロンベイ	118	P.15-C2
アーキテクツ・ブックショップ	サリーヒルズ	138	P.21-D1
イソップ	パディントン	137	P.21-D2
インキュ	パディントン	137	P.21-D3
イン・ベッド	パディントン	136	P.21-D2
オンダ	パディントン	136	P.21-D2
キングスクロス・サンデーマーケット	キングスクロス	142	P.18-B3
クイーンビクトリア・ビルディング	CBD	124	P.20-A2
▶ クリティカル・スライド（TCSS）	サウス・ボンダイ	35	P.19-D3外
グリープ・マーケット	グリープ	143	P.19-C1
サリーヒルズ・マーケット	サリーヒルズ	142	P.21-D1
サルベーション・アーミー	サリーヒルズ	139	P.21-D1
シーズ・フラッシュバック	サリーヒルズ	139	P.19-C2
ジャスト・ウィリアム・チョコレート	パディントン	137	P.21-D3
ズー・エンポリウム	サリーヒルズ	139	P.21-C1
スタンダード・ストア	サリーヒルズ	138	P.21-D1
タイトル	サリーヒルズ	138	P.21-D1
パークルー・ブックス	パディントン	136	P.21-D1
パディントン・マーケット	パディントン	142	P.21-D3
パピネル	パディントン	137	P.21-D2
ボンダイ・マーケット	ボンダイビーチ	142	—
ミッチェルロード・アンティーク＆デザインセンター	アレクサンドリア	141	本誌P.140
Uターン・リサイクルファッション	サリーヒルズ	139	P.21-C1
ユートピア・グッズ・テキスタイルズ	パディントン	136	P.21-C2
リー・マシューズ	パディントン	137	P.21-D2
ロゼール・マーケット	ロゼール	142	—
ロックス・マーケット	ロックス	143	P.18-A2
イエスターイヤー	フィッツロイ	158	本誌P.158
オーストラリアン・スティッチ	フィッツロイ	159	P.25-C1
オーストラリアン・バイ・デザイン	CBD	165	P.27-C3
カテドラル・アーケード	CBD	153	P.27-C3
クレメンタイン	CBD	165	P.27-C3
ザ・ファブリック・ストア	フィッツロイ	159	P.25-C1
ザ・ペット・グローサー	サウスメルボルン	156	本誌P.156
シェフズ・ハット	サウスメルボルン	156	本誌P.156
ストレンジャー・ザン・パラダイス	ノースメルボルン	155	P.24-B1
ゼッタ・フローレンス	フィッツロイ	159	P.25-C1
ネスト	サウスメルボルン	156	本誌P.156
パーフェクト・ポーション	フィッツロイ	158	本誌P.158
ハンター・ギャザラー	フィッツロイ	159	P.25-C1
ブロック・アーケード	CBD	153	P.17-D2
ペーパーポイント	サウスメルボルン	156	本誌P.156
ヘムレー・ストア	フィッツロイ	158	本誌P.158
ポメグラネイト	サウスメルボルン	156	本誌P.156
マーティン・フェラ・ヴィンテージ	ノースメルボルン	155	本誌P.155
メルボルナリア	CBD	165	P.27-D2
メルボルンショップ・バイ・ルンビ	CBD	165	P.27-C2
ロイヤル・アーケード	CBD	152	P.27-C2
ローズストリート・マーケット	フィッツロイ	158	P.25-C1
ロスト・アンド・ファウンド・マーケット	フィッツロイ	158	P.25-C1

泊まる

名称	エリア	ページ	別冊MAP
イル・パラッツォ・ブティックホテル	ケアンズ中心部	183	P.9-C2
グリーンアイランドリゾート	グリーン島	50, 183	P.6-B3
シャングリ・ラ ホテル ザ マリーナ ケアンズ	ケアンズ中心部	183	P.9-C1
シルキーオークスロッジ	モスマン	184	P.6-A1
パシフィック・ホテル・ケアンズ	ケアンズ中心部	183	P.9-C2
ライリー、ア クリスタルブルック コレクション リゾート	ケアンズ中心部	183	P.9-B2
ヒルトン・ケアンズ	ケアンズ中心部	183	P.9-D1
パームバンガロー	キャッツアイビーチ	45, 183	P.28-A3
ビーチクラブ	キャッツアイビーチ	45, 183	P.28-A3
リーフビューホテル	キャッツアイビーチ	45, 183	P.28-A3
アウトバック・パイオニア・ホテル	リゾート周辺	103, 184	P.10-A2
セイルズ・イン・ザ・デザート・ホテル	リゾート周辺	104, 184	P.10-A1
デザートガーデンズ・ホテル	リゾート周辺	103, 184	P.10-A1
ロストキャメル・ホテル	リゾート周辺	103, 184	P.10-A1
Q1 リゾート＆スパ	サーファーズパラダイス	184	P.14-B3
クラウンプラザ・サーファーズパラダイス	ブロードビーチ	184	P.13-D2
ザ・スター・ゴールドコースト	ブロードビーチ	184	P.13-D3
ジ・アトランティック	バイロンベイ	116, 184	P.15-D3
タンガルーマ・ワイルド・ドルフィン・リゾート	モートン島	46, 185	P.12-B1
ケグ＆ブリュー	サリーヒルズ	184	P.19-C2
シティ・クラウン・モーテル	サリーヒルズ	139, 185	P.21-C1
シャングリ・ラ ホテル シドニー	ロックス	185	P.18-A1
ビクトリアコートホテル・シドニー	キングスクロス	185	P.18-B3
ベイズウォーターシドニー	キングスクロス	185	P.19-C3
クラリオンスイーツ・ゲートウェイ	CBD	185	P.26-B3
グレート・サザンホテル・メルボルン	CBD	185	P.26-A3
ザ・プリンス	セントキルダ	185	P.24-A3